즐겁

알고리즘과 프로그래밍 도감

이 책의 지원 사이트

이 책에 실린 예제 파일, 보충 설명, 정정 정보 등이 있습니다. 적절하게 활용해 주세요.
http://book.mynavi.jp/supportsite/detail/9784839960216.html

▼ 이 책은 2020년 11월 시점 정보를 바탕으로 작성했습니다. 이 책에 등장하는 제품, 소프트웨어, 서비스 버전, 화면, 기능, URL, 제품 제원 등의 정보는 모두 집필 시점의 상태입니다. 집필(번역) 후에 변경되었을 가능성이 있으니 양해 바랍니다.

▼ 이 책에 수록된 내용은 정보 제공만을 목적으로 합니다. 그러므로 독자 여러분의 책임과 판단에 따라 이 책을 활용해 주세요.

▼ 이 책을 만드는 과정에서 정확한 기술을 위해 노력했지만, 저자와 출판사는 이 책의 내용에 관해 어떠한 보증도 하지 않으며, 내용을 활용한 결과에 대한 어떠한 책임도 지지 않습니다. 미리 양해 바랍니다.

▼ 이 책에 등장하는 회사와 상품의 이름은 해당하는 각 회사의 상표 또는 등록상표입니다. 이 책 안에서는 ™과 ® 기호를 생략하였습니다.

머리말

이 책은 '알고리즘의 의미를 확실하게 알 수 있는 알고리즘 입문서'입니다.

▼

여러분 중에는 알고리즘이라고 하면 '어렵고 귀찮다'라고 느끼는 사람도 많을 것입니다. 그런 생각은 너무나도 안타까운 생각입니다.

▼

알고리즘이란 딱 잘라 말해서 '문제를 해결하기 위한 사고법'입니다. 컴퓨터 안에서만 존재하는 특별한 것이 아닙니다. 여러분의 일상생활에서도 흔히 실천하고 있는 것입니다. 문제를 해결하려면 '문제를 정리해서 무엇을 어떻게 하면 원하는 결과를 얻을 수 있을까'라는 점에 주목해야 합니다. 그것이 바로 알고리즘입니다.

▼

이 책에서는 컴퓨터 알고리즘을 사용해서 '문제를 해결하는 사고법'을 익힙니다.

- 이 알고리즘은 어떤 사고방식으로 문제를 해결할까?
- 이 순서로 무엇을 하려는 걸까?

등과 같이 알고리즘의 의미에 주목해서 일러스트와 그림을 통해 설명합니다.

▼

어렵게 느껴지던 알고리즘이라도 의미를 알게 되면 '뭐야, 별거 아니잖아'라며 기분 좋게 이해할 수 있습니다. 어렵게 생각하던 알고리즘을 부디 '문제 해결 도구'로써 여러분의 무기로 삼으시길 바랍니다.

▼

그렇다고 해도 머릿속으로 '의미를 이해하는 것'만으로는 금방 잊어버릴 것 같은 기분이 듭니다. 그래서 이 책에서는 실제로 여덟 가지 프로그래밍 언어를 사용해서 프로그램을 만들어 볼 것입니다. 이 중 여러분이 사용하는 프로그래밍 언어로 실행해 봅시다. '이해한 대로 알고리즘이 작동하는가'를 시험해 보고 직접 느껴 보세요.

▼

여덟 가지 프로그래밍 언어는 '많은 사람들이 사용하는 프로그래밍 언어'라고 생각해서 선택한 언어입니다. 이 언어만이 중요하다거나, 알고 있으면 자랑할 수 있다는 말은 아닙니다. 혹시 여러분이 사용하는 언어가 아니라도 너그럽게 봐주시길 바랍니다.

▼

웹 사이트를 개발할 때 사용하는 언어로는 JavaScript(자바스크립트)와 PHP. 하드웨어를 개발할 때 사용하는 언어로는 C. 스마트폰 앱을 개발할 때 사용하는 언어로는 Swift(스위프트)와 Java(자바). 머신 러닝(Machine learning)과 딥 러닝(Deep learning)에서 사용하는 언어로는 Python(파이썬). 최근 어린이를 위한 프로그래밍 교육에서 사용하는 언어인 Scratch(스크래치)와 Visual Basic(비주얼 베이직). 이렇게 여덟 종류의 프로그래밍 언어를 사용하였습니다.

▼

알고리즘이 같은 프로그램을 여덟 가지 프로그래밍 언어로 나열해 보면 재미있는 점을 발견할 수 있습니다. '많은 프로그래밍 언어 사이에는 공통점이 있구나'라던가 '이 언어에는 이런 특징이 있구나'라고 알아차릴 수도 있습니다.
여러분이 다른 프로그래밍 언어를 알고 싶을 때, 언어 사이의 공통점과 차이점을 알고 있다면, 그 언어를 쉽게 이해할 수 있습니다.

▼

이제 '알고리즘의 의미'와 '프로그래밍 언어'에 관해 배워 봅시다.

▼

마지막으로 이 책을 집필하는 데 도움을 주신 후쿠시마 노부유키 씨, 요시다 겐이치 씨, 데라조노 마사후미 씨, 그리고 일러스트를 그려주신 마쓰무라 마키오 씨에게 감사 말씀드립니다.

모리 요시나오

CONTENTS

제3장

데이터 구조와 알고리즘 기본

제4장

간단한 알고리즘

제5장

검색 알고리즘

제6장

정렬 알고리즘

제 1 장

알고리즘이란?

알고리즘이란 무엇일까요?
프로그램과 알고리즘은 어떻게 다를까요?
알고리즘과 사람 사이의 관계를 알아봅시다.

1.1 알고리즘이란?

알고리즘이란?

프로그래밍 언어는 어느 정도 이해했고 개발환경 사용법도 대략 알겠는데, 막상 직접 프로그램을 만들려고 하니 생각대로 잘되지 않았다는 분도 많을 것입니다.
그 이유는 알고리즘에 대해 잘 몰라서 일 수도 있습니다.

▼

어떤 분들은 알고리즘에 대해 거부감을 느끼는 사람도 있을 것입니다.
'복잡한 컴퓨터 동작 원리'나 '수식을 조합해서 만든 어려운 것'이라는 이미지를 가지고 있기 때문입니다.
하지만 알고리즘은 여러분 가까이에 있습니다.

알고리즘은 딱 잘라 말해서 문제 해결방법입니다.

▼

어떤 문제를 해결하고 싶을 때 여러분은 '어떤 방법으로 해결할까?'나, '구체적으로 어떤 순서로 실행할까?'와 같은 생각을 할 것입니다.
바로 이러한 문제를 해결하기 위한 '사고법과 순서'가 알고리즘입니다.

알고리즘 = 문제 해결방법

그러므로 알고리즘(문제 해결방법)을 모르면, 막상 직접 프로그램을 만들려고 해도 잘 만들 수 없습니다.

▼

기술 서적에서는 알고리즘을 수식으로 사용합니다.
또한 한국어로도 알고리즘(=문제 해결방법)을 쓸 수도 있습니다. '쓴 대로 실행해서 문제를 해결할 수 있다'면 훌륭한 알고리즘입니다.
알고리즘을 작성하는 방법에는 수식이나 문장 외에도 플로차트라는 그림으로 작성하는 방법도 있습니다.

▼

각자에게 맞는 방법으로 알고리즘을 만들면 됩니다.

그럼 이제 알고리즘이란 어떤 것인지 살펴보겠습니다.

1.2 프로그램과 알고리즘의 차이

컴퓨터를 사용하는 목적은?

여러분 주변에는 여러 가지 컴퓨터가 있습니다. 개인용 컴퓨터, 게임기, 가전제품 안에 들어 있는 것도 있습니다.
무엇을 위해 사용하는지는 제각각입니다. '데이터를 검색하고 싶다', '데이터를 집계하고 싶다'와 같이 데이터를 처리하거나 '좋아하는 음악을 듣고 싶다', '게임을 하고 싶다', '3D 프린터로 입체물을 만들고 싶다' 등 용도에 따라 컴퓨터를 사용하기도 합니다.

▼

조금 더 폭넓은 시각으로 보면 공통점을 찾을 수 있습니다. 모두 문제를 해결하기 위해 사용한다는 것입니다.

▼

문제라고 하면 너무 거창하니 이해하기 쉽도록 인간의 욕구라고 바꿔 말하겠습니다.
'데이터를 검색하고 싶다', '데이터를 집계하고 싶다', '좋아하는 음악을 듣고 싶다', '게임을 하고 싶다', '3D 프린터로 입체물을 만들고 싶다'
이러한 '하고 싶다'는 바람이 전부 인간의 욕구입니다. 컴퓨터는 이러한 인간의 욕구를 만족시키기 위해 동작합니다.

> 컴퓨터를 사용하는 목적 = 문제를 해결하는 것(인간의 욕구를 만족시키는 것)

프로그램이란?

컴퓨터는 문제를 해결하기 위해 작동합니다. 이때 컴퓨터는 프로그램으로 동작합니다. '여러 종류의 프로그램'이 있어서 컴퓨터는 '여러 가지 일'을 할 수 있습니다.

프로그램이란 과연 무엇일까요?
프로그램(program)의 어원을 알아보면 이해할 수 있습니다.
'program'이란 'pro(미리)'와 'gram(쓴 것)'이라는 두 단어로 되어 있습니다.
즉 프로그램은 '미리 쓴 것'이라는 의미입니다.

프로그램 = 미리 쓴 것

일상생활에서도 프로그램이란 용어를 사용합니다. '콘서트 프로그램'이나 '운동회 프로그램', '다이어트 프로그램' 등 여러 가지 프로그램 등 일상생활 속에서 찾아볼 수 있습니다.
이러한 프로그램은 '이제부터 할 일을 미리 적어놓은 것'이라는 의미입니다.
컴퓨터 프로그램도 마찬가지입니다. 컴퓨터 프로그램이란 '이제부터 컴퓨터가 할 일을 미리 적어놓은 것'입니다. 그러니 결코 이해할 수 없는 주문이 나열된 것이 아닙니다.

컴퓨터 프로그램 = 컴퓨터가 할 일을 미리 적은 것

알고리즘이란?

컴퓨터는 프로그램에 적힌 대로 명령을 실행해서 문제를 해결합니다. 어떻게 '적힌 대로 명령을 실행하는 것'만으로 문제를 해결할 수 있을까요?
만약 '적당히 명령을 늘어놓은 프로그램'이라면 문제를 해결할 수 없습니다. 문제를 해결하려면 제대로 작성해야만 합니다.

▼

즉 프로그램에서 중요한 것은 '문제 해결방법'입니다.
그리고 이 '문제 해결방법'이야말로 알고리즘입니다.

알고리즘 = 문제 해결방법

하지만 초보자라면 알고리즘을 의식하지 못할 수도 있습니다.
어쩌면 '프로그램은 알겠는데 알고리즘은 왜 필요한 거야?'라고 생각할 수도 있습니다.

▼

예를 들면, 초보자를 위한 프로그래밍 책에서는 알고리즘을 생각하지 않아도 프로그램을 만들 수 있습니다. 또한 인터넷에서 프로그램을 찾아 '복사&붙여넣기'만 해도 동작하는 프로그램을 만들 수 있습니다. 그렇지만 이런 방법은 미리 준비한 알고리즘을 옮겨 놓은 것 뿐이며 '문제 해결방법'을 이해한 것이 아닙니다.

▼

'복사&붙여넣기'로 만든 프로그램을 고치려고 일부를 바꿔 작성했더니 생각했던 대로 동작하지 않았던 적이 있나요? 알고리즘(문제 해결방법)을 모르는 상태에서 프로그램을 만들려고 해도 제대로 되지 않는 것은 당연한 일입니다.

▼

알고리즘은 문제를 해결하는 '생각'이며 프로그램은 알고리즘을 미리 적은 '언어'입니다. '생각'과 '언어'를 올바르게 준비하지 않으면 컴퓨터는 생각대로 일하지 않습니다.

프로그램을 만드는 것 = 알고리즘을 생각한다 + 프로그래밍 언어로 작성한다

프로그램에 관한 용어

프로그램에 관한 여러 단어를 여기에서 확인해봅시다.

프로그램 = 컴퓨터가 할 일을 미리 적은 것
알고리즘 = 문제 해결방법
프로그래밍 = 프로그램을 만드는 것(알고리즘을 생각해서 프로그램을 작성하는 것)
프로그래머 = 프로그램을 만드는 사람(알고리즘을 생각해서 프로그램을 작성하는 사람)
프로그래밍 언어 = 프로그램을 작성할 때 사용하는 언어
소스 코드 = 인간이 작성한 상태의 프로그램
이진 코드 = 인간이 작성한 프로그램을 컴퓨터가 실행할 수 있는 상태로 만든 것
코딩 = 프로그램을 작성하는 일
코더 = 프로그램을 작성하는 사람
컴파일러 = 소스 코드를 이진 코드로 변환하는 시스템
인터프리터 = 소스 코드를 이진 코드로 변환하면서 실행하는 시스템

1.3 알고리즘을 생각해보자

알고리즘은 어떻게 생각하면 될까요?

알고리즘은 컴퓨터의 설계도이니까 컴퓨터 같은 두뇌를 가진 사람만이 만들 수 있을까요?

▼

그렇지 않습니다. '알고리즘을 생각한다'는 것은 '문제를 해결할 방법을 생각한다'는 것입니다. 보통 사람이 일상생활 속에서 '문제를 해결하는 것처럼' 말입니다.

문제는 정리해서 생각한다

문제를 해결하려 해도 멍하게 생각해서는 생각을 정리할 수 없습니다. 먼저 알고 있는 부분을 분명히 '정리하는 것'이 중요합니다.

알고리즘을 생각할 때도 마찬가지입니다. 갑자기 알고리즘을 생각하는 것이 아니라 알고 있는 부분을 먼저 정확히 정리합니다.

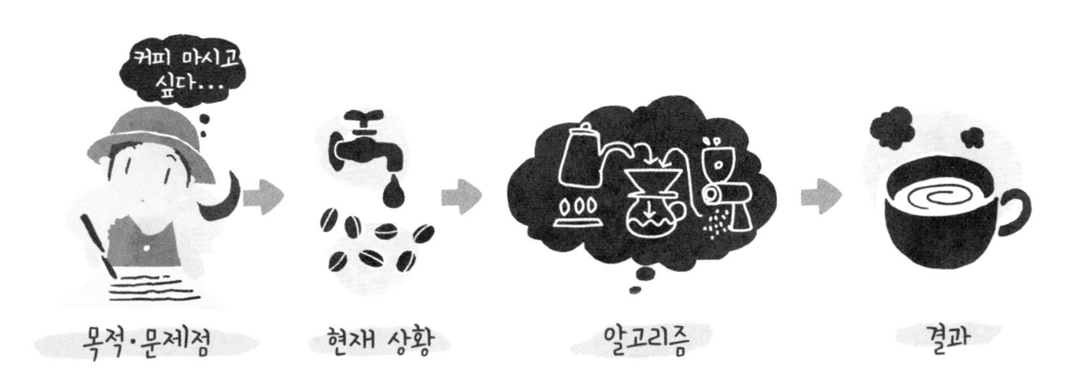

알고리즘을 생각할 때 중요한 것은

1) 목적

2) 현재 상황

3) 결과

를 분명히 하는 것입니다.

1) 목적

먼저 '목적은 무엇인가'를 분명히 하는 것이 중요합니다.

당연하다고 생각할 수도 있지만, 목적을 분명히 하지 않고 무심코 프로그래밍을 시작하는 일은 흔합니다.

목적을 분명히 하지 않고 프로그래밍을 시작해 버리면, 원래 의도에서 벗어나서 '쓸모없는 프로그램'을 만들게 됩니다.

2) 현재 상황

'현재 상황은 어떻게 되어 있는가'를 파악하는 것도 중요합니다.

어떤 상태인지를 모르면 해결할 방법이 없습니다.

어떤 데이터를 가졌는지, 어떤 전제조건으로 해결하려는 것인지를 분명히 합니다.

컴퓨터에서는 이것을 '입력(Input)'이라 합니다.

3) 결과

'어떤 결과를 원하는가'를 분명히 합니다.

값을 하나 출력하면 되는지, 많은 데이터를 출력해야 하는지, 그림이나 애니메이션으로 표현해야 하는지, 여러 가지 형태의 결과가 있습니다.

컴퓨터는 이것을 '출력(Output)'이라 합니다.

▼

이렇게 '목적', '현재 상황', '결과'를 분명히 하면 생각해야 하는 부분을 줄일 수 있습니다.

▼

'현재 상황(입력)'으로부터 무엇을 어떻게 하면 '원하는 결과(출력)'가 나오느냐는 부분에 주목해서 생각할 수 있게 됩니다.

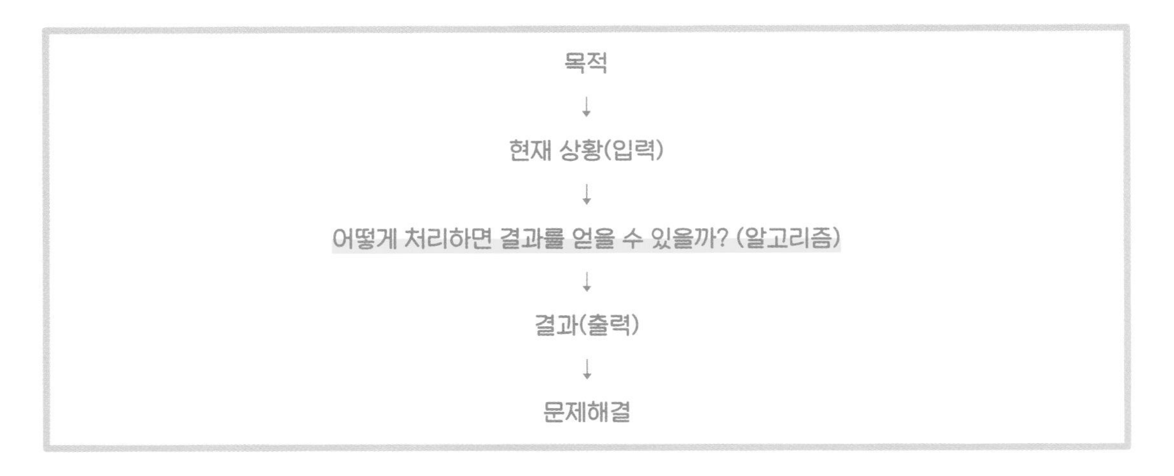

라이브러리는 '조상의 지혜'

문제를 정리했다면 이제 '알고리즘(문제 해결방법)'을 생각합니다.
그렇지만 처음부터 혼자서 알고리즘을 생각하는 것은 간단한 일이 아닙니다. 어려울 때는 다른 사람이 만든 알고리즘을 이용합니다.

▼

인간이 살아가는 동안 만나는 문제와 비슷한 문제는 많이 있습니다. 이미 옛날 사람들도 비슷한 문제를 해결하며 극복해왔습니다.
'옛날 사람들이 만든 문제 해결방법'을 '조상의 지혜'라고 합니다.

▼

예를 들면, 바둑과 장기에서 널리 알려진 문제를 해결하는 방법을 '정석'이라 하고 맛있는 요리를 만들고 싶다는 문제를 해결하는 방법을 '레시피'라고 합니다. 이런 것들이 모두 '조상의 지혜'입니다.

▼

컴퓨터 알고리즘에서도 '조상의 지혜'를 빌릴 수 있습니다.
그것을 '라이브러리'라 부릅니다.
이제까지 많은 프로그래머 선배들이 프로그래밍을 하면서 같은 문제를 만나 다양한 방법으로 문제를 해결했습니다. 그런 알고리즘 중에서도 특히 효율적이며 사용하기 쉬운 알고리즘을 정리해서 모아둔 것이 '라이브러리'입니다.

▼

라이브러리를 사용할 때는 만들어준 선배 프로그래머들에게 감사한 마음을 갖도록 합니다.

알고리즘을 직접 만들어보자!

라이브러리만으로는 모든 문제를 해결할 수는 없습니다. 이전에 없었던 '새로운 문제'와 개별 안건처럼 '세세한 문제'는 라이브러리만으로는 대응할 수 없습니다. 그럴 때는 본인이 직접 알고리즘을 생각해야 합니다.
이럴 때 바로 '여러 가지 알고리즘을 이해하고 있는 것'이 중요합니다.

▼

복잡한 알고리즘도 대부분 '여러 가지 알고리즘의 조합'으로 이루어져 있습니다. 처음 보면 어떻게 이런 어려운 것을 생각해낼 수 있을까 생각하겠지만, 정리해서 살펴보면 몇 개의 알고리즘을 조합하여 만든 알고리즘이라는 것을 알 수 있습니다.

> 알고리즘을 조합하여 새로운 알고리즘을 만들 수 있다

예를 들면, 어떤 게임에서는 '아이템과 아이템을 합성'해서 새 아이템을 만들 수 있습니다. '강화된 아이템'을 만들거나 '새로운 기능을 가진 아이템'을 만들 수 있습니다.

마찬가지로 알고리즘도 조합하면 '강화된 알고리즘'을 만들거나 '새로운 기능을 가진 알고리즘'을 만들 수 있습니다.

'알고리즘을 조합해서 새로운 알고리즘을 만든다'라는 지혜를 잘 이용하는 것이 좋습니다.

어떻게 조합해서 알고리즘이 만들어지는지는 이 책 뒷부분에서 설명하겠습니다.

물론 반드시 조합할 필요는 없습니다. 한 '알고리즘의 동작 원리'에서 힌트를 얻어서 새로운 알고리즘을 생각해 낼 수도 있습니다.

▼

부디 '여러 알고리즘의 동작 원리'를 이해하고 '알고리즘의 본질'을 익히기를 바랍니다.

1.4 여러 가지 알고리즘

이제 알고리즘의 종류와 자주 사용하는 알고리즘을 요약한 내용을 살펴봅시다.

정렬(Sort) 알고리즘

'많은 데이터를 순서대로 정렬하고 싶다'라는 문제를 해결하는 알고리즘입니다.
많은 데이터를 다룰 때 필요한 기본적인 알고리즘입니다. 데이터베이스에 있는 데이터를 지정한 순서대로 표시하거나 Excel에서 데이터를 정렬할 때 등 많은 파일을 날짜나 크기순으로 정렬할 때 같은 상황에서 사용합니다.

검색(Search) 알고리즘

'많은 데이터 중에서 목적에 맞는 데이터를 찾고 싶다'라는 문제를 해결하는 알고리즘입니다.
많은 데이터를 다룰 때 필요한 데이터를 찾는 알고리즘입니다. 데이터 검색으로 유명한 구글이나 네이버 같은 포털 사이트에서 검색할 때에도 이와같은 검색 알고리즘을 사용합니다.

최단 경로 알고리즘

'출발점에서 도착점으로 갈 때 어떤 길이 최단 경로인지 알고 싶다'라는 문제를 해결하는 알고리즘입니다.
'자동차 내비게이션'과 '환승 안내'에서 이용하며 소요시간이 짧은 순, 환승 횟수가 적은 순, 요금이 저렴한 순 등 우선순위에 따라 찾는 경로를 찾을 수 있습니다.

암호화 알고리즘

'데이터를 남이 훔치거나 변경하면 곤란하다'라는 문제를 해결하는 알고리즘입니다.
데이터를 남이 읽거나 변경하지 못하는 형식으로 변환하며 개인정보와 기업정보 보안을 지키기 위한 중요한 알고리즘입니다.

데이터 압축 알고리즘

'큰 데이터는 통신과 보존이 어려우므로 일시적으로 작게 만들고 싶다'라는 문제를 해결하는 알고리즘입니다.
이미지를 압축하는 JPEG 압축과 파일 크기를 작게 만드는 ZIP 압축 등이 있습니다. 압축한 데이터 상태로는 데이터를 사용할 수 없으며 압축을 풀어서 사용합니다.

레이 트레이싱 알고리즘

'사진처럼 실제 같은 3D 컴퓨터 그래픽을 그리고 싶다'라는 문제를 해결하는 알고리즘입니다.
빛이 물체에 닿은 후 어떻게 반사하고, 통과하고, 굴절하는지를 반영해서 그림을 그립니다. 실제 같은 아름다운 이미지를 만들 수 있습니다.

제 2 장

여러 가지 프로그래밍 언어

세상에는 여러 가지 프로그래밍 언어가 있습니다.
각 언어의 특징, 용도, 동작 환경, 만들어진 때,
개발한 사람, 이름의 유래에 관해 설명합니다.

2.1 여러 가지 프로그래밍 언어

여러 가지 프로그래밍 언어

이제부터 '프로그래밍 언어의 종류'에 관해 살펴보겠습니다.

(프로그래밍 언어의 종류에 관해 알고 있다면 제3장으로 넘어 가도 됩니다)

▼

세상에는 여러 가지 프로그래밍 언어가 있습니다.

▼

종류가 많으면 공부하기 힘드니까 하나로 합치면 좋겠다고 생각할 수도 있을 텐데, 왜 여러 가지 프로그래밍 언어가 있는 걸까요?

그 이유는 '사용하는 목적'이 다르기 때문입니다. 그리고 언어에 따라 '잘하는 분야'가 다르기 때문입니다.

▼

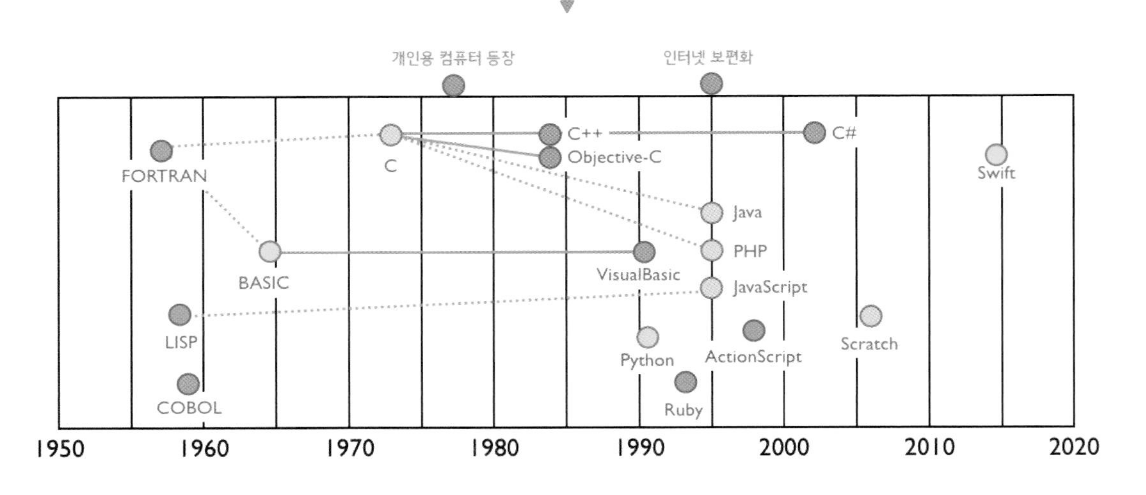

사무처리를 잘하는 프로그래밍 언어로 재미있는 게임을 만들기는 어렵고, 초보자를 위한 프로그래밍 언어로 높은 수준의 과학 계산을 처리하는 것은 무리입니다. 여러 가지 프로그래밍 언어가 있는 이유는 목적에 맞게 전문적으로 발전했기 때문입니다.

프로그래밍 언어 연표

여러 프로그래밍 언어의 탄생을 시대순으로 살펴보겠습니다. 새로운 목적이 생겨서 프로그래밍 언어가 만들어지거나, 반대로 프로그래밍 언어가 만들어져서 새로운 세계가 만들어졌습니다.

▼

초기 컴퓨터는 대형 컴퓨터로 연구소와 기업에서 사용했습니다. 그래서 과학 계산을 위한 FORTRAN, 인공지능을 위한 LISP, 사무처리를 위한 COBOL과 같은 언어가 있었습니다. 그 후, 초보자를 위한 BASIC, 하드웨어와 OS를 위한 C 언어가 만들어지고, 개인용 컴퓨터가 등장했습니다.

▼

개인용 컴퓨터가 보급되어 개인이 컴퓨터를 사용하게 되자, 더 쉬운 언어가 필요해졌습니다. 그래서 Mac용으로 Objective-C가 등장했고, BASIC은 Windows용 Visual Basic으로 변화했습니다. 그 외에도 많은 프로그래밍 언어가 만들어지고 점점 전문적이며 복잡하게 변화했습니다. 그래서 단순한 언어로 프로그래밍 할 수 있게 Python이 만들어졌습니다. Python은 최근 주목받고 있지만, 이렇게나 예전부터 있던 언어입니다.

▼

인터넷이 대중화되면서 인터넷에 적합한 언어가 등장했습니다. 서버용으로 Java와 PHP, Ruby, 브라우저용으로 JavaScript와 ActionScript가 만들어졌습니다. 그리고 C 언어는 C++로 진화한 다음, C#으로 더 진화했습니다. C#은 요즘 스마트폰 게임을 개발할 때 많이 사용하는 Unity에서 사용하는 언어입니다.

▼

어린이를 위한 프로그래밍 교육에도 관심이 높아지며 Scratch가 만들어졌습니다. 스마트폰이 보급되기 시작하자, iOS용 앱을 쉽게 개발하기 위해 Swift가 만들어졌습니다.

▼

이렇게 새로운 목적이 생길 때마다 그 목적에 적합한 프로그래밍 언어가 만들어졌습니다.

프로그래밍 언어 실행 환경 지도

'사용하는 목적'에 따라 프로그래밍 언어는 달라지지만, '실행하는 곳의 차이'도 사용하는 프로그래밍 언어 종류에 영향을 미칩니다. 프로그램은 각 언어에 '가장 적합한 곳'에서 실행해야 합니다. JavaScript는 브라우저용 언어이므로 개인용 컴퓨터의 브라우저에서 동작합니다. PHP는 서버용 언어이므로 서버에서 동작합니다. C 언어는 하드웨어와 OS용 언어이므로 임베디드(Embedded, 내장형) 기기와 개인용 컴퓨터에서 동작합니다. Java는 가상머신이나 여러 컴퓨터에서 사용하기 위해 만들어진 언어이므로, 임베디드 기기와 개인용 컴퓨터, 서버, 안드로이드에서 동작합니다.

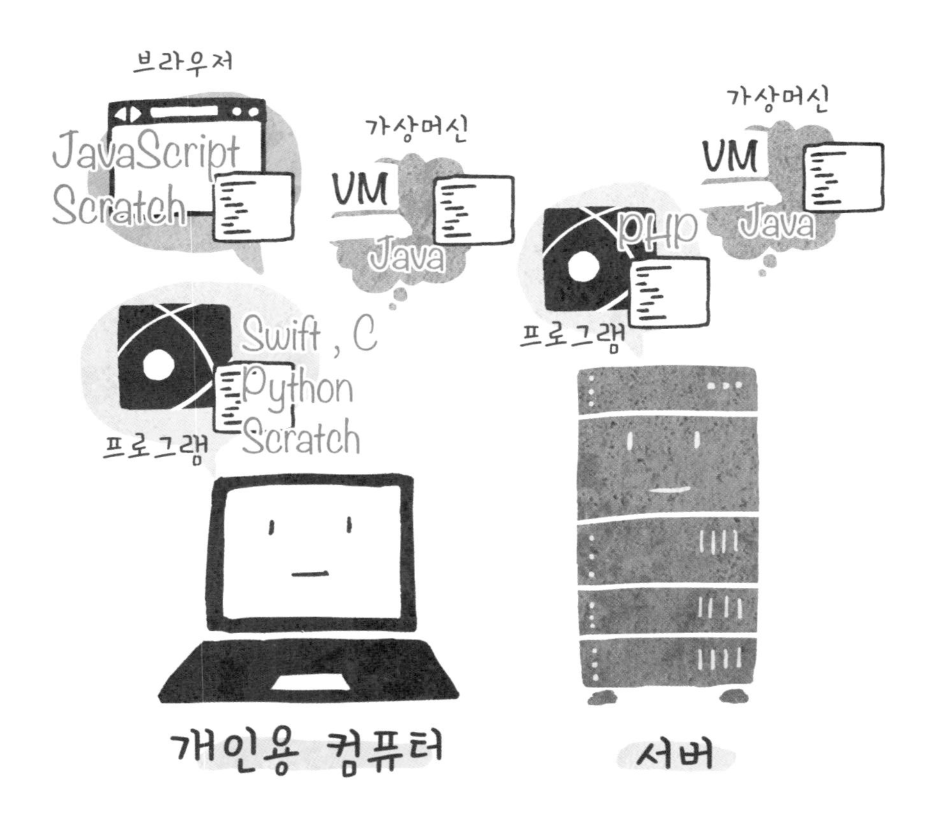

Swift는 Apple사의 소프트웨어용으로 만들어진 언어라서 iPhone, iPad, Mac, Apple Watch, Apple TV 등에서 동작합니다. Python은 여러 컴퓨터에서 동작할 수 있게 만들어진 언어라서 Windows와 Mac, Raspberry Pi 등에서 동작합니다. Scratch는 어린이 교육용 언어로 개인용 컴퓨터, Raspberry Pi, 브라우저에서 동작합니다. Visual Basic은 개인용 컴퓨터용 언어로 개인용 컴퓨터에서 동작합니다.

▼

프로그래밍 언어 사이에는 많은 차이가 있습니다. 그 차이에 관해 좀 더 자세히 알아보겠습니다.

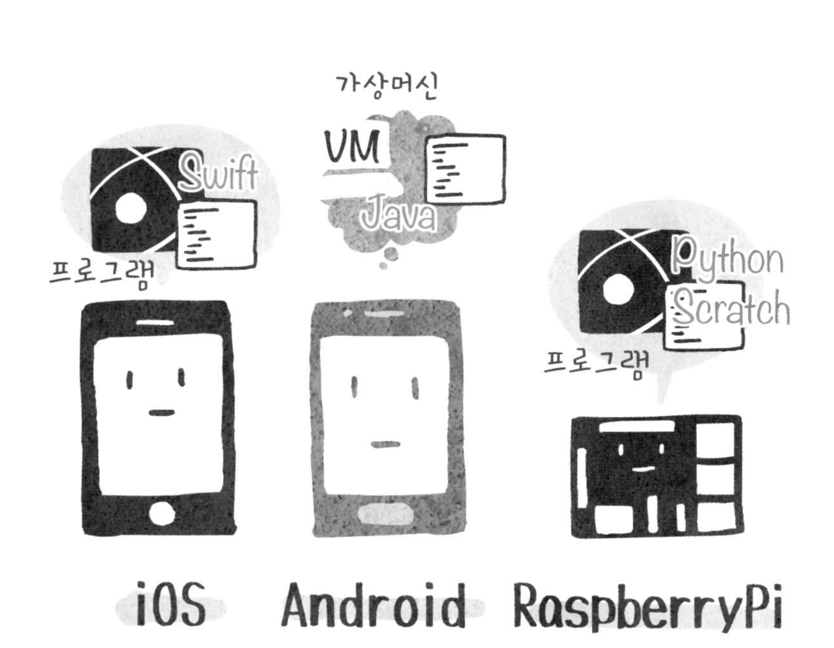

2.2 JavaScript

자바스크립트

JavaScript 언어란?

JavaScript 언어는 웹브라우저용으로 만든 프로그래밍 언어입니다.
웹 사이트 대부분이 JavaScript를 사용하므로 사용자는 자신도 모르게 JavaScript 프로그램을 이용합니다. 그러므로 아주 친근한 프로그래밍 언어라 할 수 있습니다. 버튼을 누르면 팝업창을 표시하고, 양식 입력 확인을 하고, 표시하는 이미지를 무작위로 바꾸는 것과 같은 동작을 브라우저에서는 JavaScript 프로그램으로 실현합니다.
예전부터 존재하던 LISP 언어의 영향을 받아 만들어진 함수형 프로그래밍 언어입니다. 이름이 Java와 비슷하지만, Java와는 발상이 다른 언어입니다(C, Visual Basic 등 프로그래밍 언어 대부분은 절차형 프로그래밍 언어입니다). 그렇지만 자유도가 높아서 별로 어렵게 생각하지 않아도 사용할 수 있는 쉬운 언어이기도 합니다. 자바스크립트가 등장했을 때 Java가 주목받고 있었기 때문에 JavaScript라고 이름 붙였습니다.
웹브라우저용으로 만든 프로그래밍 언어입니다만 최근에는 서버에서 동작하는 Node.js와 같은 JavaScript도 등장했습니다.

프로필

- **등장 시기**
  1995년 Netscape Communications사의 브랜든 아이크가 만들었습니다.
- **잘하는 분야**
  브라우저에서 동작하는 웹/앱 개발과 작은 장치를 실제로 설치하는 작업을 잘합니다.
- **이름의 유래**
  개발 당시는 LiveScript라고 불렀지만, 당시 Java가 크게 주목받고 있어서 JavaScript로 이름을 바꿨습니다.

실행 환경

JavaScript 언어는 웹브라우저에서 동작합니다.

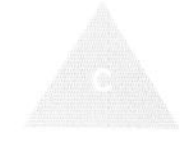

- **장점**

  웹 관련 개발에는 빠질 수 없는 프로그래밍 언어이므로 프런트-엔드 엔지니어에게는 필수입니다. jQuery 등 많은 라이브러리가 있으며, 간편하게 이용할 수 있는 것이 매력입니다. 웹브라우저에서 실행하므로 특별한 소프트웨어를 사용하지 않으며, 문서 편집기로 간편하게 개발할 수 있습니다. 만든 프로그램 파일을 웹브라우저에서 열기만 하면 동작합니다.

- **단점**

  웹브라우저에서 동작하게 만드는 언어이므로 무거운 데이터 처리에는 맞지 않습니다. 기본적으로 모든 브라우저에서 동작하지만, 브라우저 종류에 따라 동작이 조금씩 달라지기도 합니다.

개발 환경 예

JavaScript 언어는 스크립트 언어이므로 문서 편집기만으로 개발할 수 있습니다.
SublimeText, Vim, Brackets처럼 JavaScript에 적합한 편집기도 있습니다.
HTML 안의 '<script>' ~ '</script>' 사이에 프로그램을 입력하여 제작합니다.

개발 순서 예

1) 메모장과 같은 문서 편집기를 실행하여 JavaScript 코딩을 합니다.
2) 확장자를 '.html'로 입력하여 프로그램을 저장합니다.
3) HTML 파일을 웹브라우저에서 열면 JavaScript 프로그램이 실행됩니다.

간단한 동작 확인은 문서 편집기를 사용하지 않고 Google Chrome을 이용할 수 있습니다. 메뉴에서 [도구 더 보기] ▶ [개발자 도구]를 선택합니다(Google Chrome에서 F12 키를 눌러도 됩니다). 여기서 [Sources] ▶ [Snippets] ▶ [New Snippet]을 선택하면 JavaScript 언어를 입력할 수 있는 화면이 나타납니다. 여기에 JavaScript 언어로 코딩하고 Ctrl + Enter 키를 누르면 동작을 확인할 수 있습니다.
※ 해당 기능을 사용할 경우에는 <script> ~ </script>를 생략합니다.

문법의 특징

JavaScript 언어는 정통파 언어라 초보자도 쉽게 알 수 있는 언어입니다.
변수, 배열을 만들 경우 앞에는 사용 용도에 따라 변수에 var이나 let, 상수에는 const를 붙여야합니다. 값을 표시할 경우 개발 중이라면 'console.log()'를 사용해서 별도의 창에 표시할 수 있으며 일반적인 실행 중에 표시할 경우에는 'document.writeln()'으로 웹 페이지에 표시하거나 'alert()'으로 다이얼로그에 표시합니다.

주요 문법

변수	var 변수명 = 값; 또는 let 변수명 = 값;
배열	var 배열명 = [값, 값, ...]; 또는 let 배열명 = [값, 값, ...];
배열의 개수	배열명.length
값 확인	console.log(값);
값 표시	document.writeln(값, 값, ...) alert(값 + 값 + ...);

조건 분기	if (조건식1) {
	    조건식1이 성립할 때 처리
	} else if (조건식2) {
	    조건식2가 성립할 때 처리
	} else {
	    조건이 성립하지 않을 때 처리
	}

반복	for (i = 0; i < 반복 횟수; i++) {
	    반복처리
	}

내림차순 반복	for (j = 종료 값; j > 시작 값; j--) {
	    반복처리
	}

1행 주석	// 주석
여러 행 주석	/* 주석 */

PHP 언어란?

PHP 언어는 서버용으로 개발한 언어입니다.
쉬운 언어이므로 초보자도 금방 이해할 수 있습니다.
웹 사이트에서 사용한다는 점은 JavaScript 언어와 비슷하지만, JavaScript 언어는 동작하는 곳이 '브라우저'라면 PHP 언어는 '서버'라는 점에서 큰 차이가 있습니다.
PHP 프로그램은 웹서버에 두고 사용합니다. 인터넷으로 연결된 여러 사람의 요청에 대응하는 부지런한 프로그래밍 언어입니다. 브라우저에서 요청하면 웹서버에서 PHP 프로그램을 실행하고 그 결과를 브라우저에 보냅니다.
자료, 상품 데이터 등 많은 데이터를 서버에 준비하고, 사용자가 그 데이터를 이용할 때 사용합니다.
WordPress에서도 사용합니다. 웹서버에는 사이트를 표시하기 위한 데이터베이스가 있어서 사용자가 요청하면, 웹서버가 표시 페이지를 만들어서 브라우저에 표시합니다.

프로필

- **등장 시기**
  1995년 라스무스 러도프가 만들었습니다.
- **잘하는 분야**
  서버에서 동작하는 웹 시스템, WordPress 등의 CMS 맞춤제작에 적합합니다.
- **이름의 유래**
  개인 홈페이지(Personal Home Page)의 머리글자를 따서 만들었다고 합니다. 정식 명칭은 'PHP : Hypertext Preprocessor'입니다.

실행 환경

PHP 언어는 개인용 컴퓨터와 서버에서 동작합니다.

- **장점**

  웹 서비스를 개발하기 위한 언어로 만들어졌으므로, 데이터베이스 접근과 문자열 처리와 같은 웹 서비스에서 자주 처리하는 작업을 간단하게 기술할 수 있는 장점이 있습니다. 배울 때 어렵지 않아서 초보자에게 추천합니다. 라이브러리도 풍부합니다.

- 단점

  실행속도가 빠르지 않습니다. 짜집기로 진화한 언어이므로, 최근 스마트한 프로그램은 만들기 어려운 경향이 있습니다.

개발 환경 예

PHP 언어는 스크립트 언어이므로 문서 편집기에서 만들 수 있습니다.

JavaScript처럼 HTML의 ‘〈?php’ ~ ‘?〉’ 사이에 입력해서 만듭니다.

서버에서 처리하므로 프로그램을 동작하려면 HTML 파일을 서버에 업로드해야 합니다. PHP는 임대 서버 대부분에서 실행할 수 있으므로 임대 서버를 빌리면 바로 시험할 수 있습니다.

개발 순서 예

1) 메모장과 같은 문서 편집기를 실행하여 PHP 언어로 코딩합니다.
2) 확장자를 ‘.html’로 입력하여 프로그램을 저장합니다.
3) HTML 파일을 서버에 업로드합니다.
4) 웹브라우저에서 서버에 있는 HTML 파일을 열면 PHP 프로그램을 실행합니다.

문법의 특징

PHP 언어는 독특하게 변수와 배열 이름에 ‘$’을 붙입니다.

데이터 종류가 숫자인지 문자인지 상관하지 않고 사용할 수 있으므로 쉽게 사용할 수 있는 언어입니다.

변수 값을 표시할 때는 ‘echo’, ‘print()’, ‘printf()’로 표시할 수 있습니다. 배열 값을 표시할 때는 ‘print_r()’을 사용하면 내용을 통째로 표시할 수 있습니다.

주요 문법

변수	$변수명 = 값;
배열	$배열명 = array(값, 값, ...);
배열의 개수	count($배열명)
값 표시	echo "값"; 또는 print(값); 또는 print_r(값); 또는 alert(값 + 값 + ...); printf(출력할 데이터 형식;, 값) 또는 document.writeln(값, 값, ...);

조건 분기	if (조건식1) {
	    조건식1이 성립할 때 처리
	} else if (조건식2) {
	    조건식2가 성립할 때 처리
	} else {
	    조건이 성립하지 않을 때 처리
	}

반복	for ($i = 0; $i 〈 반복 횟수; $i++) {
	    반복처리
	}

내림차순 반복	for ($j = 종료 값; $j 〉 시작 값; $j--) {
	    반복처리
	}

1행 주석	// 주석 또는 # 주석
여러 행 주석	/* 주석 */

C 언어란?

C 언어는 하드웨어와 OS용 언어입니다.
예전부터 있던 언어이며 많은 프로그래밍 언어의 바탕이 되었습니다.

▼

C++, C#, Objective-C 등 여러 언어로 진화했습니다. 그리고 Java 등 많은 언어에 영향을 주었습니다.

▼

예전부터 있던 언어이므로 최근 주류 언어와 비교하면 약간 오래된 느낌이 있지만, 하드웨어에 가까운 영역을 다루는 언어이므로 빠른 프로그램을 만들 수 있습니다. OS, 내장형 기기라고 부르는 가전제품과 로봇, 게임기의 게임 개발 등에 사용합니다. '기술자에게는 필수적인 프로그래밍 언어'입니다.

프로필

- **등장 시기**
  1972년 미국 AT&T 벨 연구소의 브라이언 커니건, 데니스 리치가 만들었습니다.
- **잘하는 분야**
  개인용 컴퓨터에서 동작하는 소프트웨어, 업무 시스템, 내장형 기기에서 실행하는 소프트웨어 개발에 적합합니다.
- **이름의 유래**
  C 언어보다 먼저 있던 B 언어의 후속으로 개발되어서 C 언어라는 이름을 붙였습니다. (B 언어는 그전에 있던 BCPL 언어를 기본으로 만들었기 때문에 B 언어라고 불렀습니다.)

실행 환경

C 언어는 개인용 컴퓨터와 내장형 기기에서 실행합니다.

Java Script
PHP
C
Java
Swift
Python
Visual Basic
Scratch

- **장점**
  처리속도가 빠른 것이 특징입니다. 메모리에 접근할 수 있으므로 고속 프로그램을 만들 수 있으며, 메모리가 적은 내장형 기기에도 적합합니다.

- **단점**
  프로그래머가 입력해야 할 부분이 많으므로 어려운 언어입니다. 소스 코드 입력량도 많아지는 경향이 있습니다. 메모리 확보와 포인터 조작 등을 올바르게 이해하지 않고 만들면 금방 폭주해버립니다.

개발 환경 예

C 언어는 컴파일을 시행하여 실행 파일을 만들기 때문에 Microsoft Visual Studio나 Xcode 등과 같은 '개발 환경'이 필요합니다.

개발 순서 예(Windows)

1) Microsoft Visual Studio를 실행한 후 Visual C++의 신규 프로젝트를 만듭니다.
2) C 언어로 코딩을 합니다.
3) F5 키를 누르면 컴파일 후, 실행됩니다.

개발 순서 예(Mac)

1) Xcode를 실행한 후 신규 프로젝트를 만듭니다. [OS X] ▶ [Command Line Tool]을 선택하고 Language에서 C 언어를 선택합니다.
2) C 언어로 코딩을 합니다.
3) 메뉴에서 [Product] ▶ [Run]을 선택하면 실행됩니다.

문법의 특징

C 언어는 메모리를 관리해야 하므로 객체지향과 같은 대규모 프로그램을 만들 경우 편리한 방법이 없다는 특징이 있습니다.
배경 개수를 조사하는 명령이 없고, 변수와 배열을 만들 때 변수 데이터 형식을 지정해야 하므로 프로그래머가 잘 생각해서 만들어야 하는 부분이 많습니다. 변수의 값을 표시할 때는 'printf()'로 표시할 수 있습니다.

주요 문법

변수	변수 데이터 형식 변수명 = 값;
배열	배열 데이터 형식 배열명 = {값, 값, ... };
배열의 개수	sizeof(배열명)/sizeof(배열 데이터 형식);
값 표시	printf("출력할 데이터 형식", 값);

조건 분기	if (조건식1) {
	    조건식1이 성립할 때 처리
	} else if (조건식2) {
	    조건식2가 성립할 때 처리
	} else {
	    조건이 성립하지 않을 때 처리
	}

반복	for (int i = 0; i < 반복 횟수; i++) {
	    반복처리
	}

내림차순 반복	for (int j = 종료 값; j > 시작 값; j--) {
	    반복처리
	}

1행 주석	// 주석
여러 행 주석	/* 주석 */

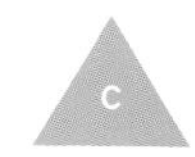

2.5 Java

자바

Java(자바) 언어란?

Java 언어는 '하드웨어에 의존하지 않는 프로그래밍 언어'입니다.

Java 언어는 '가상머신'이라고 하는 가상의 컴퓨터에서 실행하도록 만듭니다. 컴퓨터에서 가상머신을 실행하고 그 가상머신에서 실행하면 됩니다. 달리 말하자면, 가상머신만 있으면 어떤 컴퓨터에서도 동작하는 '하드웨어에 의존하지 않는 언어'입니다.

그러므로 개인용 컴퓨터의 응용프로그램부터 웹 앱, 공공 시스템, 대기업의 기간 시스템, 내장형 기기, 안드로이드 앱 등 각종 상황에서 사용합니다.

대표적인 객체지향 언어입니다.

프로필

- **등장 시기**
  1995년 Sun Microsystems사의 제임스 고슬링이 만들었습니다.
- **잘하는 분야**
  개인용 컴퓨터와 내장형 기기, 안드로이드 등에서 동작하는 앱 개발에 적합합니다.
- **이름의 유래**
  개발자가 카페에서 커피 이름을 보고 붙였다고 합니다.
- **장점**
  C 언어에서는 메모리를 관리하는 것이 힘든 일이었지만, Java 언어는 메모리가 부족해지면 자동으로 불필요한 메모리를 해방하는 가비지 컬렉션(Garbage Collection)이라는 편리한 기능이 있어서, 메모리를 관리하기 수월해졌습니다. C 언어만큼 처리속도가 빠르지는 않지만, 스크립트 언어보다는 빠른 것이 장점입니다.

실행 환경

Java 언어는 개인용 컴퓨터와 스마트폰 등에 있는 가상머신에서 동작합니다.

• **단점**

Java 언어는 오래된 언어이므로 새로운 기능이 많이 추가되지 않아서 성숙하였다는 인상이 있고, 입력하는 프로그램 양이 많아지는 경향이 있습니다.

또한, 가비지 컬렉션은 편리하긴 하지만, 메모리가 부족해지면 자동으로 작동해서 실행 속도가 갑자기 느려지는 결점이 있습니다. 특히 실시간성이 중요한 게임 등에서 이런 일이 생기면 곤란하므로, 가비지 컬렉션이 일어나지 않도록 프로그래밍을 생각해야 하는 등, 특수한 알고리즘을 생각할 필요가 있습니다.

개발 환경 예

Java 언어는 컴파일하여 실행 파일을 만들어야 하므로 Eclipse, Android Studio 등과 같은 '개발 환경'이 필요합니다. 또한 Java 언어로 개발하려면 'JDK(Java Development Kit)'를 설치해야 합니다.

개발 순서 예

1) Eclipse를 실행하여 Java 프로젝트를 만듭니다.
2) Java 언어로 코딩합니다.
3) 메뉴에서 [Build Project]를 선택하면, 프로그램을 컴파일해서 실행 파일을 만듭니다.
4) 메뉴에서 [Run]을 선택하면 만든 파일을 실행합니다.

문법의 특징

Java 언어 문법은 C 언어를 기본으로 하므로, C 언어를 아는 사람에게는 이해하기 쉬운 언어입니다.
값을 표시하려면 'System.out.println()' 등을 사용합니다. 또한 C 언어와 마찬가지로 변수와 배열을 만들 때 변수 데이터 형식을 지정해야합니다.

주요 문법

변수	변수 데이터 형식 변수명 = 값;
배열	배열 데이터 형식 배열명 = {값, 값, ...};
배열의 개수	배열명.length
값 표시	System.out.println(값);

조건 분기	if (조건식1) {
	조건식1이 성립할 때 처리
	} else if (조건식2) {
	조건식2가 성립할 때 처리
	} else {
	조건이 성립하지 않을 때 처리
	}

반복	for (int i = 0; i < 반복 횟수; i++) {
	반복처리
	}

내림차순 반복	for (int j = 종료 값; j > 시작 값; j--) {
	반복처리
	}

1행 주석	// 주석
여러 행 주석	/* 주석 */

2.6 Swift

스위프트

Swift 언어란?

Swift 언어는 iPhone, iPad 앱을 만들기 위한 프로그래밍 언어입니다.
그리고 Mac 앱도 만들 수 있습니다.
'iOS용 앱을 만들기 위해서는 빼놓을 수 없는 프로그래밍 언어'입니다.
예전에 주로 iPhone용 앱을 개발할 때 쓰던 언어는 Objective-C 언어였습니다. Objective-C 언어는 C 언어를 객체지향 언어로 기능을 확장한 언어로, 기능을 계속하면서 추가면서 복잡해지고, 깔끔하지 않은 부분도 있습니다. 그래서 iPhone 앱 개발을 더 쉽게 하려고 Swift라는 새로운 언어를 만들었습니다.
Swift 언어의 장점은 '빠르다. 현대적이다. 안전하다'라는 세 가지입니다. 실행속도가 '빠르며', 새 언어에 익숙한 프로그래머도 이해하기 쉬운 '현대적인 언어'이고, 실행할 때 오류가 잘 발생하지 않는 앱을 만들 수 있는 '안전 기능을 갖춘 언어'입니다.

프로필

- **등장 시기**
  2014년 Apple사의 크리스 래트너가 만들었습니다.
- **잘하는 분야**
  iPhone, iPad, Mac, Apple Watch, Apple TV, Mac 용 앱을 개발할 수 있습니다.
- **이름의 유래**
  Swift 언어의 이름은 Swift 언어의 장점 중 하나인 '빠르다'라는 의미입니다. 또한 'Swift'에는 칼새라는 의미도 있어서 Swift의 아이콘으로 칼새 그림을 사용합니다.

실행 환경

Swift 언어는 iPhone, iPad, Mac, Apple Watch, Apple TV, Mac같은 iOS 기기에서 동작합니다.

IOS에서 동작합니다.

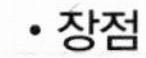

- **장점**
  iPhone 앱을 제작하기 위해 만든 언어이므로 iPhone 앱 개발에 적합합니다. 개발 환경인 Xcode와 잘 맞으며 Swift 언어로 앱을 만들 때 편리하게 활용할 수 있습니다. 또한, Swift 언어는 오픈소스라서 IBM이 클라우드 서비스에 사용하며, Google도 안드로이드 앱 개발 언어로 검토하는 등 iPhone 외에도 가능성이 넓어지고 있습니다.
- **단점**
  현재로는 Apple사의 iPhone과 Mac 앱 개발에만 사용할 수 있습니다.

개발 환경 예

Swift 언어는 컴파일해서 앱을 만들기 때문에 Mac의 Xcode라고 하는 '개발 환경'이 필요합니다(Xcode는 앱스토어에서 무료로 다운로드 받을 수 있으며, Windows에서 Swift 언어를 사용하려면 'Swift for Windows'를 다운로드하여 사용해야 합니다).

개발 순서 예(Mac)

1) Xcode를 실행한 후 신규 프로젝트를 만들어 Swift 언어로 코딩합니다.
2) 메뉴에서 [Product] ▶ [Run]을 선택하면, 프로그램을 컴파일해서 실행 파일을 만듭니다.
3) 자동으로 아이폰 시뮬레이터가 실행되면 시뮬레이터 안에서 앱을 실행합니다.

개발 순서 예(Windows)

1) 메모장과 같은 문서 편집기를 실행하여 Swift 언어로 코딩합니다.
2) 확장자를 '.swift'로 입력하여 프로그램을 저장합니다. 확장자는 반드시 소문자로 작성해야 합니다.
3) 'Swift for Windows' 앱을 실행한 후 'Select File' 버튼을 클릭하여 프로그램을 선택합니다.
4) 'Compile' 버튼을 클릭하여 컴파일을 진행합니다. 프로그램이 문제가 없다면 Logs에 'Successfully compiled'라는 메시지가 나타나면 'Run' 버튼을 클릭하여 프로그램을 실행합니다.

문법의 특징

Swift 언어 문법의 장점은 '안전 기능'입니다.

실제 기기에서 앱을 실행했을 때 오류가 발생하지 않도록, 오류가 발생할 것 같은 부분을 미리 확인해서 경고해줍니다. '옵션 형'과 '변수와 정수 확인이 엄격한 것' 등 다른 언어보다 오류 확인이 엄격한 측면이 있지만, Xcode에서 경고하지 않을 정도의 프로그램을 만들어서 실제 기기에서 앱을 실행할 때 실패하지 않도록 합니다. 변수, 배열을 만들 때는 앞에 변수에는 var, 상수에는 let을 붙여야 합니다. 반복 지정은 C 언어처럼 for를 사용할 수 없는 구문이므로, 범위를 지정합니다. 값을 확인할 때는 'print()'를 사용합니다. 이 도서에서는 Swift 3를 사용해서 설명합니다.

주요 문법

변수	var 변수명 = 값
배열	var 배열명 = {값, 값, ...}
배열의 개수	배열명.count
값 표시	print(값, 값, ...)

조건 분기	if (조건식1) {
	    조건식1이 성립할 때 처리
	} else if (조건식2) {
	    조건식2가 성립할 때 처리
	} else {
	    조건이 성립하지 않을 때 처리
	}

반복	for i in 0..<반복 횟수; i++) {
	    반복처리
	}

내림차순 반복	for j in stride (from : 종료 값, to : 시작 값, by : -1) {
	    반복처리
	}

1행 주석	# 주석
여러 행 주석	/// 주석 ///

Python 언어란?

Python 언어는 수치계산을 잘하는 '단순한 프로그래밍 언어'입니다.
Google, NASA, Pixar, Youtube, DropBox 등에서 사용하며, '단순해서 알아보기 쉬운 코드를 작성할 수 있다'라는 설계 사상을 바탕으로 만든 프로그래밍 언어입니다.
일반적인 프로그래밍 언어는 작성한 프로그래머에 따라 달라지기 쉽지만, Python 언어는 작성한 코드 사이에 차이가 생기기 어려워서 누가 작성해도 같은 프로그램을 작성할 수 있는 언어입니다.

▼

계산을 잘하는 언어이므로 빅데이터 해석과 인공지능 연구 등에서 중요한 언어입니다.
이용할 수 있는 라이브러리가 풍부한 것도 특징입니다.

프로필

- **등장 시기**
  1991년 네덜란드의 귀도 판 로썸이 만들었습니다.
- **잘하는 분야**
  수치계산을 잘하므로 빅데이터 해석과 딥러닝 연구에 적합합니다.
- **이름의 유래**
  만든 사람이 BBC의 유명 코미티 프로그램 Monty Python's Flying Circus(몬티 파이썬의 날아다니는 서커스)에서 이름을 가져왔다고 합니다. 또한, 'Python'에는 비단뱀이라는 의미도 있어 Python의 아이콘에는 비단뱀 그림을 사용합니다.

실행 환경

Python 언어는 기본적으로 UNIX에서 동작하지만, 개인용 컴퓨터와 라즈베리파이에서도 동작합니다.

- **장점**

  언어 사양이 적고 단순해서 다른 사람이 작성한 프로그램을 이해하기 쉬우며, 초보자에게 쉬운 언어입니다. 프로그램은 짧은데 깊이가 있다는 수학적인 매력도 있습니다.

  누가 작성해도 같은 프로그램이 되는 경향이 있으므로 초보자도 이해하기 쉽고, 정보 공유에 적합한 언어입니다.

- **단점**

  해외에서는 많이 사용하지만, 아쉽게도 한국에서는 아직 많이 사용하지 않습니다. 그러나 빅데이터 해석과 딥러닝이 중요해짐에 따라 나날이 중요한 언어가 되고 있습니다.

개발 환경 예

Python 언어는 스크립트 언어라서 문서 편집기로 개발할 수 있습니다.

Python을 'https://www.python.org'에서 다운로드 받아서 Windows나 Mac에 설치하면 '명령 프롬프트'나 '터미널'에서 실행할 수 있습니다.

작은 개인용 컴퓨터인 '라즈베리파이'의 OS인 Raspbian에 설치할 수 있으므로 그대로 사용할 수 있습니다.

개발 순서 예

1) 메모장과 같은 문서편집기에서 Python 언어로 코딩합니다.
2) 확장자를 '.py'로 입력하여 프로그램을 저장합니다.
3) 터미널에서 'python 파일명'을 입력하여 실행합니다.

※ 터미널에서 'python'을 입력하여 python을 실행할 수도 있으며, Visual Stuido에서 'Pyhton 애플리케이션'으로 프로젝트를 만들면 코드 수정이 용이합니다.

문법의 특징

Python 언어에는 큰 특징이 있습니다. 반복 등 '블록 처리(:) 다음 아랫줄은 반드시 인덴트(들여쓰기)로 해야만 한다.'는 점입니다. 블록 처리 범위를 다른 언어처럼 괄호로 처리하지 않고 '들여쓰기'만으로 하므로 주의합시다. 반복 처리 지정은 범위 지정으로 시행합니다.

이 책에서는 2008년에 등장한 Python 3를 사용해서 설명합니다.

주요 문법

변수	변수명 = 값
배열	배열명 = [값, 값, ...]
배열의 개수	len(배열명)
값 표시	print(값, 값, ...)

조건 분기	if (조건식1) :
	    조건식1이 성립할 때 처리
	elif (조건식2) :
	    조건식2가 성립할 때 처리
	else :
	    조건이 성립하지 않을 때 처리

반복	for i in range(반복 횟수) : 반복처리
내림차순 반복	for j in range(종료 값, 시작 값, −1) : 반복처리
1행 주석	// 주석
여러 행 주석	''' 주석 '''

2.8 Visual Basic

비주얼 베이직

BASIC 언어란?

BASIC 언어는 예전부터 있었던 '초보자를 위한 프로그래밍 언어'입니다.

초기 컴퓨터에서 많이 사용한 프로그래밍 언어입니다.

초보자에게 쉬운 언어로, 1970~80년대의 대부분 컴퓨터에서 동작했습니다. 그 무렵은 '하이텔'과 같은 PC 통신을 이용하거나 잡지, 도서를 통해서 공부를 하였습니다.

현재는 Microsoft사의 Excel이나 Word에서는 Visual Basic을 기반으로 동작하는 VBA 등에서 사용합니다. 'VB.NET Framework'또한 BASIC을 기반으로 사용하고 있습니다. 이 도서에서는 BASIC 언어 중 Visual Basic을 사용합니다.

※ 원서에서는 닌텐도를 이용한 IchigoJam BASIC을 사용하여 공부하지만 한국에서는 사용이 용이하지 않아 Visual Basic 위주로 설명합니다.

프로필

- **등장 시기**
  1991년에 Microsoft사에서 쉽고 간편하게 Windows 프로그램을 만들 수 있도록 출시했습니다.
- **잘하는 분야**
  인터프리터 언어라서 작성하고 바로 실행할 수 있어서 초보자에게 쉬운 언어입니다.
- **이름의 유래**
  BASIC의 이름은 'Beginner's All-purpose Symbolic Instruction Code(초보자를 위한 범용 기호 명령 코드)'의 머리글자입니다.
- **장점**
  기본적으로 순차적으로 실행하는 언어이지만, 특정한 구문에 LOOP를 만들어 지정한 LOOP로 점프해서 동작할 수 있는 단순하고 알기 쉬운

실행 환경

Visual Basic 언어는 개인용 컴퓨터에서 동작합니다.

Java Script
PHP
C
Java
Swift
Python
Visual Basic
Scratch

구조를 가진 프로그래밍 언어입니다. 인터프리터 언어라서 프로그램을 입력하면 손쉽게 실행할 수 있으므로 초보자에게 적합한 언어입니다.

• **단점**

프로그램을 자유롭게 작성할 수 있으므로 작성한 사람에 따라 프로그램이 크게 달라지기 쉽습니다. 특히 계획 없이 이리저리 점프하는 프로그램을 '스파게티 코드'라고 부르며, 수정과 개량이 어려운 프로그램으로 될 가능성이 있습니다. 그래서 프로그래밍 업계에서는 구조를 제대로 생각해서 프로그래밍하는 것이 중요하다고 여기고 있습니다. 또한, 수많은 개인용 컴퓨터에서 사용하면서 독자적인 기능을 추가하는 사례도 많아서 사투리가 많은 프로그래밍 언어입니다.

개발 환경 예

Visual Basic 언어는 인터프리터 언어라서 작성한 프로그램을 바로 실행할 수 있습니다. Microsoft사의 Visual Basic이나 Visual studio에서 프로젝트를 만들 수 있습니다. VBA의 경우 Excel의 개발 탭에서 매크로를 만들고 프로그램을 입력하여 실행할 수 있습니다.

▼

이 도서에서는 Visual studio를 사용해서 해설합니다. GUI 위젯을 사용하면 눈으로 보이는 '없는 것을 만들어 낸다'라는 '제작'의 재미를 맛볼 수 있는 즐거운 언어이지만 여기서는 GUI 위젯을 사용하지 않습니다.

개발 순서 예

1) Microsoft Visual Studio를 켜서 콘솔 앱(.Net Core)의 신규 프로젝트를 만듭니다.
2) Visual Basic 언어로 코딩합니다.
3) F5 키를 누르면 컴파일 후, 실행됩니다.

문법의 특징

BASIC 언어는 쉽게 배우고 쉽게 사용할 수 있도록 설계되었습니다. 그런 BASIC 언어의 뒤를 이어 받아 Visual Basic 언어는 간단한 GUI기반의 응용 프로그램의 개발뿐만 아니라, 복잡한 프로그램의 개발까지도 가능합니다. 또한 가비지 컬렉션(Garbage Collection)을 수행하며, 기본적인 객체 지향 프로그래밍을 지원합니다.

주요 문법

변수	Dim 변수명 As 변수 데이터 형식 = 값
배열	Dim 배열명 As 배열 데이터 형식 = {값, 값, ...}
배열의 개수	배열명.Length
값 표시	Console.WriteLine(값, 값, ...)
조건 분기	If 조건식 Than 조건식1이 성립할 때 처리 ElseIf 조건식2 Than 조건식2가 성립할 때 처리 Else 조건이 성립하지 않을 때 처리 End If
반복	For i = 0 To 반복 횟수 반복처리 Next
내림차순 반복	For j = 종료 값 To 시작 값 Step –1 반복처리 Next
1행 주석	REM 주석 혹은 ' 주석

2.9 Scratch

스크래치

Scratch 언어란?

Scratch 언어는 '어린이를 위한 비주얼 프로그래밍 언어'입니다. 색으로 구분된 블록을 골라 조합하기만 해도 프로그램을 만들 수 있습니다. '스프라이트'라고 부르는 고양이 등의 캐릭터를 프로그래밍으로 움직여서 애니메이션과 게임을 만들 수 있습니다.

겉모습은 장난감 같지만, Scratch 언어의 사고방식은 객체지향 프로그래밍 언어입니다. Scratch에 등장하는 스프라이트 사이에서는 메시지를 송수신하여 처리합니다.

비주얼 프로그래밍 언어로는 '엔트리', '앱 인벤터' 등이 있습니다.

프로필

- **등장 시기**
  2006년 매사추세츠공과대학(MIT) 미디어랩에서 미첼 레스닉이 만들었습니다.
- **잘하는 분야**
  어린이를 위한 프로그래밍 기초 학습과 간단한 실험에 적합합니다.
- **이름의 유래**
  DJ가 가볍게 곡을 믹스하는 느낌에서 이름을 가져왔다고 합니다.

실행 환경

Scratch 언어는 개인용 컴퓨터와 웹브라우저에서 동작합니다.

- **장점**

  키보드로 프로그램을 입력하지 않고 시각적인 블록을 조합하기만 해도 퍼즐 맞추는 것처럼 프로그래밍 기초학습을 할 수 있습니다.

  또한, 많은 교육 시설과 커뮤니티에서 이용합니다. 한국에서는 2018년도부터 엔트리를 교육용 프로그래밍 언어로 채택하였으며, 전국의 초/중등학교에서 많은 학생들이 엔트리를 이용한 수업을 하고 있습니다.

- **단점**

  간단하게 만들 수 있으므로 기초적인 것은 바로 체험할 수 있지만, 다른 프로그래밍 언어와 너무 달라서 다음 단계로 진행하기 어려운 면도 있습니다.

개발 환경 예

Scratch 언어는 비주얼 프로그래밍 언어이므로 전용 앱에서 실행합니다.
그림을 그리거나 소리를 골라서, 블록처럼 프로그램을 조합하여 프로그램을 완성한 채로 앱에서 실행할 수 있습니다.

▼

Windows와 Mac에서 Scratch 앱을 설치하여 사용할 수 있습니다.
라즈베리파이의 OS인 Rasbian은 처음부터 설치되어 있으므로 그대로 바로 사용할 수 있습니다.
Scratch 2.0 버전 이상부터는 웹브라우저에서 웹 앱으로 사용할 수 있습니다. 이 책에서는 Scratch 3.0 버전을 사용해서 설명합니다.

개발 순서 예

1) 메뉴에서 [만들기]를 선택해서 새로 만듭니다.
2) 색으로 구분된 분류 속에서 오른쪽의 스크립트 영역으로 블록을 드래그&드롭하여 나열해서 프로그램을 만듭니다.
3) '녹색 깃발'을 클릭하여 실행합니다.

문법의 특징

Scratch 언어는 고양이같은 캐릭터를 움직이기 쉽게 만든 프로그래밍 언어라서, 일반적인 프로그램을 만들려고 하면 오히려 표현하기가 번거로워지는 경향이 있습니다.
변수와 배열 등은 '변수' 항목에서 다룰 수 있으며, 값은 [변수] ▶ [변수 이름 보이기]를 실행하거나, [형태] ▶ [○ 말하기] ○에 배열이나 변수를 입력하여 출력하여 표시할 수 있습니다.

※ [변수] ▶ [변수 숨기기]를 하지 않는다면 실행화면에 변수의 값이 나타납니다. 따라서 [변수] ▶ [변수 보이기]를 실행하거나, [형태] ▶ [○ 말하기]를 사용하지 않아도 값을 표시할 수 있습니다.

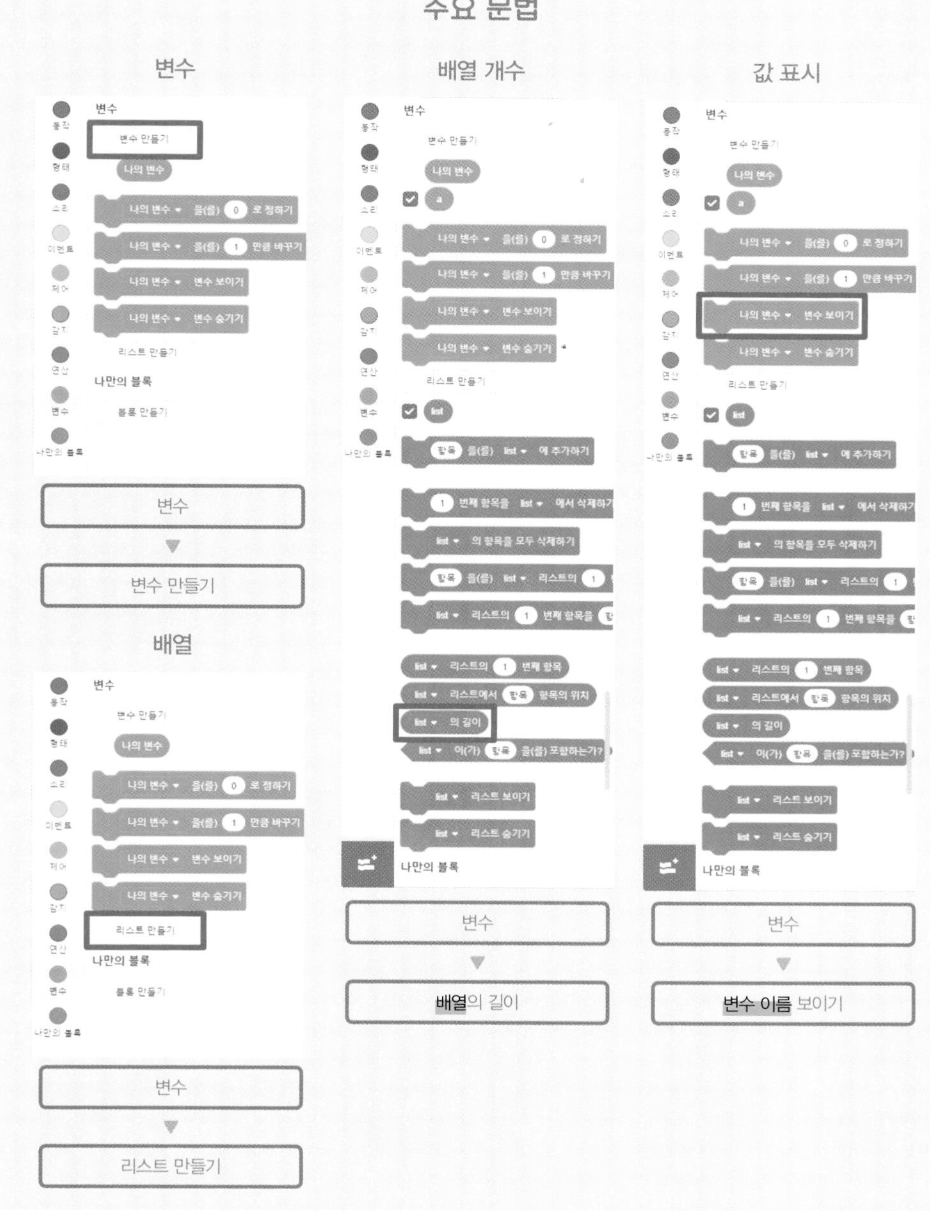

주요 문법
변수
변수 만들기
나의 변수
나의 변수 ▾ 을(를) 0 로 정하기
나의 변수 ▾ 을(를) 1 만큼 바꾸기
나의 변수 ▾ 변수 보이기
나의 변수 ▾ 변수 숨기기
리스트 만들기
나만의 블록
블록 만들기
변수
변수 만들기
배열
리스트 만들기
변수
리스트 만들기
배열 개수
list ▾ 의 길이
변수
배열의 길이
값 표시
변수
변수 이름 보이기

Java Script

PHP

Swift

Python

Visual Basic

Scratch

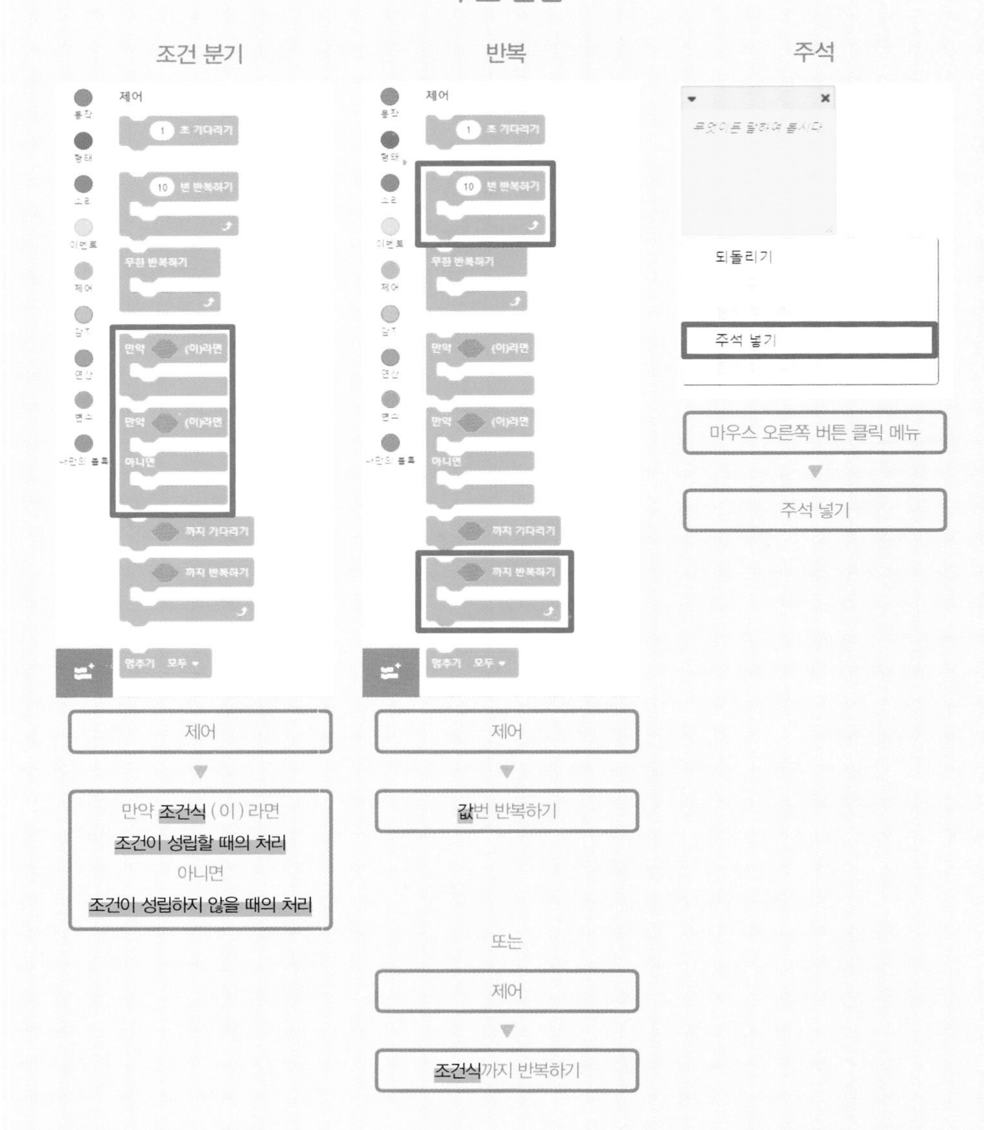
주요 문법
조건 분기
반복
주석
제어
1 초 기다리기
10 번 반복하기
무한 반복하기
만약 (이)라면
아니면
까지 기다리기
까지 반복하기
멈추기 모두
되돌리기
주석 넣기
제어
만약 조건식 (이) 라면
조건이 성립할 때의 처리
아니면
조건이 성립하지 않을 때의 처리
제어
값번 반복하기
또는
제어
조건식까지 반복하기
마우스 오른쪽 버튼 클릭 메뉴
주석 넣기

제 3 장

데이터 구조와 알고리즘 기초

알고리즘의 기초에 관해 알아봅시다.
알고리즘을 만드는 방법과 작성하는 방법, 데이터를 사용하는 방법에 관해 설명합니다.

3.1 데이터 구조

컴퓨터가 다룰 수 있는 데이터

실제로 알고리즘을 실행하려면 '데이터'가 필요합니다. '데이터'란 어떤 것인지 살펴보겠습니다.

▼

컴퓨터가 다룰 수 있는 데이터는 '수치'입니다. 왜냐하면, 컴퓨터는 전자회로로 만들어졌기 때문입니다. 온, 오프 상태를 1과 0으로 해서 이진수 계산을 시행하고, 그 이진수를 인간이 사용하는 십진수로 바꿔서 '일반적인 수치'로 사용합니다. 하지만 실제로 컴퓨터는 숫자만 다루지는 않습니다. 문자와 이미지, 음성, 동영상 등을 다루고, 가전제품과 로봇을 움직일 수도 있습니다. 어떻게 이런 일들이 가능할까요? 그것은 바로 '수치가 아닌 데이터도 수치화'해서 다루기 때문입니다.

문자

문자는 '문자 코드'라고 하는 '수치'로 바꿔서 다룹니다. 예를 들면, 'A'는 65, 'B'는 66과 같이 모든 문자마다 번호를 할당해서 다룹니다. 일반적으로 알파벳에서는 'ASCII 코드'를 사용하지만, 한글은 글자 조합이 너무 많아 ASCII 코드로는 부족합니다. 그래서 'EUC-KR', 'Unicode(UTF-8, UTF-16)'와 같은 문자 코드를 사용합니다. 다른 문자 코드로 해석하면 번호를 붙이는 방식이 달라서 문자를 올바르게 표현할 수 없습니다. 이때 흔히 이야기하는 '글자가 깨졌다'라는 표현을 사용합니다.

이미지

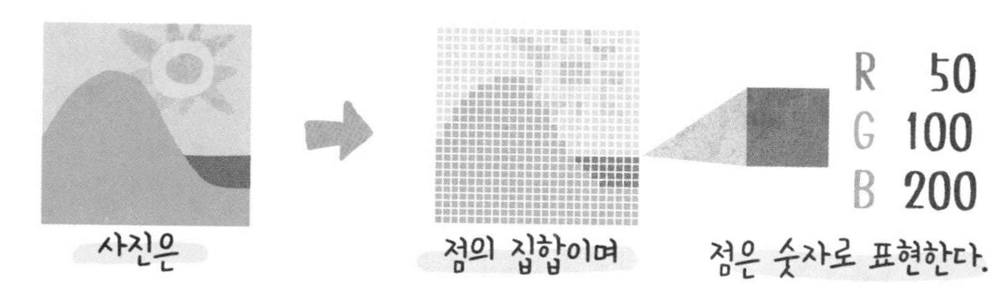

컴퓨터가 이미지를 다루는 방법을 이해하려면 먼저 점 하나에만 주목합니다. 한 점을 빛의 삼원색(빨간색, 녹색, 파란색)으로 분해해서 '각 색깔의 밝기'를 '수치'로 바꿉니다. 이런 점들을 가로 세로로 많이 나열하여 하나의 큰 이미지를 만듭니다. 이런 한 점을 '픽셀'이라 부릅니다.

동영상

동영상은 공책 종이 구석에 그림을 그린 후 종이를 넘겨서 그림이 움직이게 했던 것처럼, 연속하는 이미지를 고속으로 전환하여 움직이는 것처럼 보여줍니다. 이렇듯 '이미지 데이터가 많이 모여 있는 것'으로 판단하여 '수치'로 다룹니다.

음성

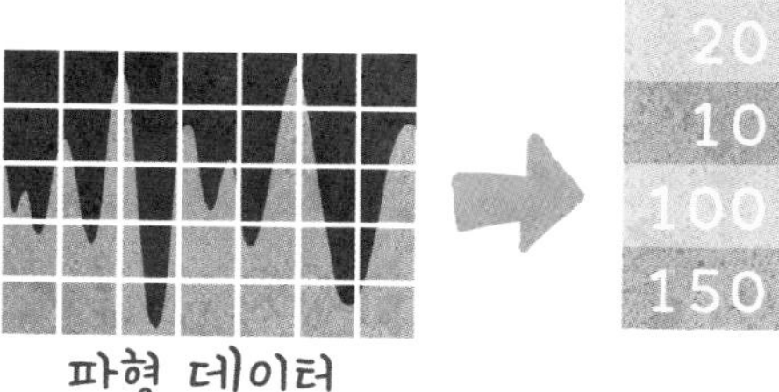

음성은 파형 데이터를 시간 축에서 잘게 나눈 다음, 각 시간 구간에서 '진폭의 값'을 수치로 하여 다룹니다.

가전제품과 로봇

가전과 로봇은 외부 전자부품과 연결해서 주변 상황을 조사하거나 물체를 조종합니다. 광센서와 온도 센서, 기울기 센서, 거리 센서와 같은 '입력 장치'를 사용하면 컴퓨터는 외부 상황을 '수치'로 받아들일 수 있습니다. 이와 반대로 외부 물체를 조종하려면, 모터, LED와 같은 '출력 장치'를 사용합니다. 모터를 움직이는 '시간과 각도 등'을 '수치'로 조종하거나, 'LED 번호'를 사용해서 점등 지시를 내릴 수 있습니다.

데이터 구조

이처럼 컴퓨터는 다양한 것들을 수치화해서 '데이터'로 다룹니다.

알고리즘에서는 많은 데이터를 다루므로, '어떻게 정리하면 다루기 편할까'를 생각하는 것이 중요합니다.

이러한 '데이터 정리방법'을 '데이터 구조'라고 합니다.

데이터 구조 = 데이터 정리방법

변수

데이터를 다룰 때 가장 기본이 되는 것이 '변수'입니다.

'변수'는 데이터를 넣는 상자 같은 것입니다. '이것은 ○○의 데이터입니다'라는 이름을 붙인 상자에 데이터를 넣어 알아보기 쉽게 하여 정리하거나 계산할 때 사용합니다.

▼

변수를 사용하는 방법에는 세 가지가 있습니다.

1) 선언 : 이름을 붙여서 변수를 만듭니다.

2) 대입 : 데이터를 넣어서 보존합니다(이미 데이터가 들어있을 때는 덮어씁니다).

3) 참조 : 데이터를 꺼내어 확인하거나 비교합니다.

단, 하나의 변수에는 하나의 데이터만 넣을 수 있습니다. 많은 데이터를 다루려면 많은 변수를 준비해야 하므로 작업이 힘들어집니다.

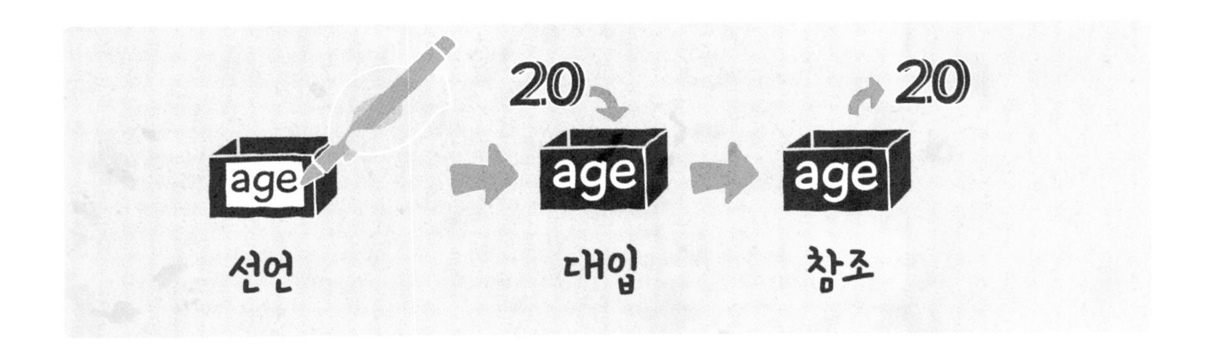

배열

'많은 데이터를 정리해서 다룰 때'는 배열을 사용합니다.
배열은 데이터를 넣는 수납장 같은 것이며, 서랍 하나하나가 변수입니다. '3번 서랍에 데이터를 넣는다', '5번 서랍의 데이터를 본다' 등 번호를 지정해서 데이터에 접근합니다.
앞부분의 번호는 기본적으로 0부터 시작합니다. 데이터가 세 개라면 0, 1, 2의 서랍이 됩니다.
배열은 도중에 데이터를 추가하거나 삭제하기가 어렵습니다. 예를 들면, '2번째에 데이터를 추가할 때'는 먼저 2번째부터 마지막까지의 데이터를 전부 뒤로 옮겨야 합니다. '2번째의 데이터를 삭제할 때'도 삭제한 다음 뒤의 데이터(3번부터 마지막까지)를 전부 앞으로 옮겨야 해서 작업이 어렵습니다.

> 장점 : 첨자로 지정해서 값에 접근하는 것에 적합하다.
>
> 단점 : 데이터 추가와 삭제가 어렵다.

리스트

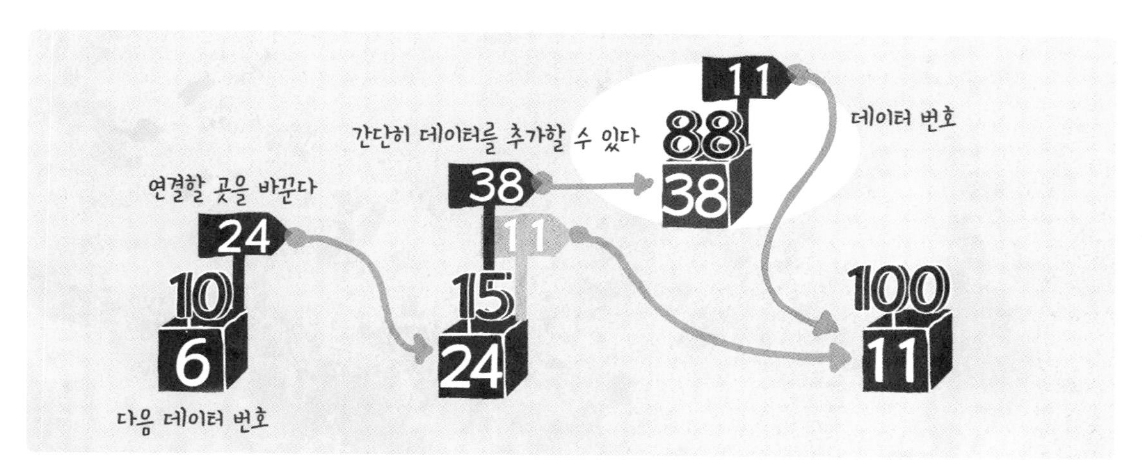

많은 데이터를 다루면서 '추가와 삭제를 자주 시행할 때'는 리스트를 사용합니다.
리스트는 각 데이터에 '다음에 연결되는 어떤 데이터'에 연결할 곳을 추가한 데이터 구조이며, 많은 데이

터를 순서대로 찾아갈 수 있습니다. 배열보다 복잡한 구조이지만, 데이터 추가와 삭제가 쉽습니다.

'어떤 데이터의 뒤에 새로운 데이터를 추가하고 싶을 때'는 새 데이터를 준비해서 연결할 곳을 바꾸기만 하면 됩니다.

'어떤 데이터를 삭제하고 싶을 때'도 연결할 곳을 바꾸기만 하면 됩니다. 단, '10번째 데이터값을 보고 싶을 때'는 앞에서부터 차례로 10번째 데이터까지 찾아가야 합니다.

장점 : 데이터 추가와 삭제에 적합하다.
단점 : 첨자로 지정해서 값에 접근하는 것이 어렵다.

큐(queue) : First In First Out(FIFO)

컴퓨터는 빠른 속도로 계산을 수행하지만, 복잡한 작업을 처리하려면 시간이 걸립니다. 이렇게 '시간이 걸리는 처리가 많이 있을 때'는 큐를 사용합니다.

큐는 '계산대에 사람이 줄을 서 있는 것 같은 상태'와 비슷해서 먼저 넣은 데이터가 먼저 나오는 데이터 구조입니다. 계산대에서는 가장 앞의 사람이 정산을 마칠 때까지 뒷사람은 기다려야 하고, 정산이 끝나면 다음 사람이 앞으로 갑니다. 마찬가지로 큐도 처리 순서를 기다리게 하고 차례로 처리하는 방법입니다.

개인용 컴퓨터에서는 '인쇄'와 '마우스 클릭'을 할 때 큐를 사용합니다. 많은 자료를 프린터에서 인쇄하려면 인쇄 대기 상태가 됩니다. 컴퓨터가 무거운 처리를 수행할 때 클릭을 많이 하면, 잠시 후에 밀려있던 인쇄 처리를 클릭한 순서대로 수행합니다.

스택(stack) : Last In First Out(LIFO)

'처리할 것을 일단 미루어두고 싶을 때'에 스택을 사용합니다.

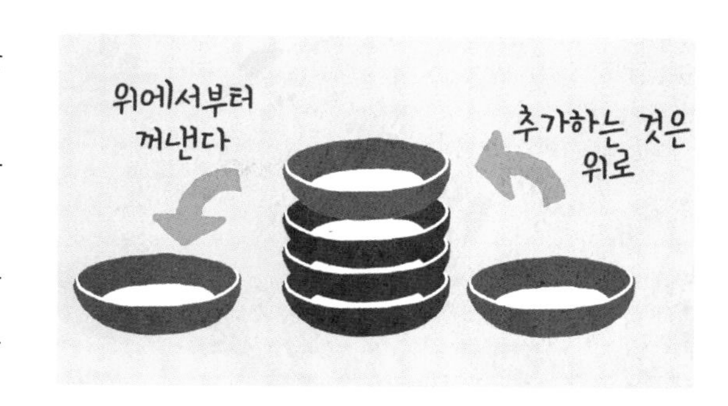

스택은 '접시를 접시 위에 쌓아가는 것과 같은 상태'라서 나중에 넣은 데이터가 먼저 나오는 데이터 구조입니다. 쌓은 접시에서 접시를 꺼내면 마지막에 올린 접시를 먼저 꺼내게 되고, 가장 먼저 놓은 접시를 가장 마지막에 꺼내게 됩니다.

개인용 컴퓨터에서는 '되돌리기'와 '브라우저에서 돌아가기 버튼을 누를 때' 사용합니다. 어떤 소프트웨어에서 되돌리기를 했을 때 마지막에 수행한 처리부터 취소합니다. 브라우저에서 여러 링크를 클릭해서 페이지를 점프했을 때, 돌아가기 버튼을 누르면 하나씩 앞 단계의 페이지로 돌아갑니다.

트리(tree) 구조

많은 데이터에서 '계층 구조'가 중요할 때는 트리 구조를 사용합니다.

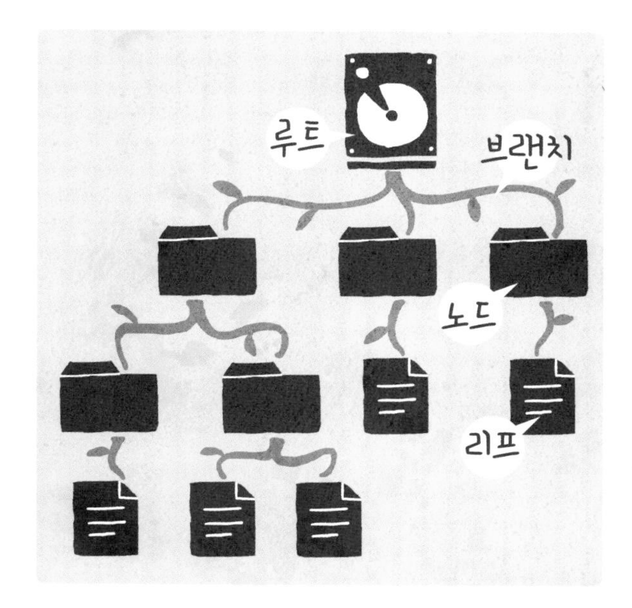

트리 구조는 한 개의 정점에서 데이터가 마치 나무처럼 여러 가지로 갈라져 가는 데이터 구조입니다. 나무에 비유해서 정점을 루트(뿌리), 가지가 갈라지는 부분을 노드(마디), 가지 부분을 브랜치(가지), 끝부분을 리프(잎)라고 합니다.

개인용 컴퓨터에서는 '하드디스크 등의 파일 시스템'에서 사용합니다. 하드디스크 안에 여러 파일 폴더가 있어서 각 폴더 안에 또 여러 폴더가 있는 상태입니다. 어떤 계층에 어떤 데이터가 있는지를 관리하기 쉬운 구조입니다.

▼

이러한 '데이터 구조'를 사용해서 알고리즘을 만들어 갑니다. 잘 사용할수록 알고리즘의 효율을 높일 수 있습니다.

3.2 플로차트

알고리즘을 그림으로 나타내는 방법

알고리즘을 그림으로 나타낼 때는 '플로차트(flowchart)'를 사용합니다.
플로차트는 '알고리즘을 생각하는 도구'로 자주 사용합니다.
(플로(flow)는 흐름, 차트(chart)는 그림이라는 의미이며, 번역하면 '흐름도'라고 할 수 있습니다.)

▼

'알고리즘의 흐름'을 그림으로 표현할 수 있어서 틀린 곳이 없는지를 직관적으로 점검할 수 있습니다.
또한, 프로그래밍 전 단계의 표현 방법이므로, 하나의 알고리즘을 여러 프로그래밍 언어에서 이용할 때도 도움이 됩니다.

플로차트에서 사용하는 기호

플로차트 기호는 사각형을 선과 화살표로 연결하는 것뿐이므로, 직관적으로 이해할 수 있습니다. 플로차트를 올바르게 작성하는 방법은 KS(한국산업표준) 규정하고 있지만, 엄밀한 개발 자료를 만드는 것이 아니라면 '직관적으로 알기 쉬운 도표'로 부담 없이 이용하는 것을 추천합니다.

▼

플로차트에는 주로 다음과 같은 기호가 있습니다.

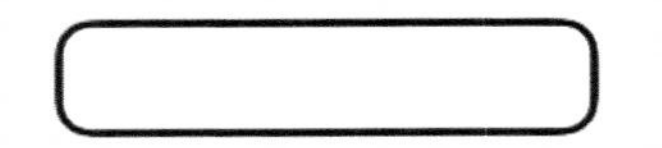

단말

알고리즘의 '시작'과 '종료' 기호입니다. 알고리즘의 처음과 끝에 사용합니다.

처리

'처리'를 나타내는 기호입니다. 순서대로 진행하는 명령에는 이 기호를 사용합니다.

직접 입력

'입력'을 나타내는 기호입니다. 진행 중 값을 손으로 키보드나 마우스 등을 이용해 직접 입력하는 경우에 이 기호를 사용합니다.

판단

조건으로 판단해서 '처리를 분기'하는 기호입니다. 조건에 따라 처리가 나눠질 때는 이 기호를 사용합니다.

반복

반복의 '시작'과 '끝'을 나타내는 기호입니다. 반복하는 범위를 이 기호로 감쌉니다.

서브루틴

'모아둔 처리'를 나타내는 기호입니다. 복잡한 알고리즘도 어느 정도 모아서 표시하면, 단순한 플로차트로 만들 수 있습니다.

흐름선

'처리의 흐름을 나타내는 선'입니다. 처리는 기본적으로 위에서 아래로 흐르지만, 아래에서 위로 향하는 흐름일 때 등 화살표로 방향을 분명히 합니다.

3.3 알고리즘의 기본

세 가지 기본 구조

알고리즘에는 세 가지 기본 구조가 있습니다. '순차 구조', '선택 구조', '반복 구조' 이렇게 세 가지입니다. 이 세 가지를 조합하면 여러 가지 알고리즘을 만들 수 있습니다.

순차 구조 : 위에서 아래로 실행한다

가장 기본적인 알고리즘 구조입니다. 나열한 처리를 위에서 차례대로 실행하는 것을 나타냅니다. 플로차트에서는 오른쪽 그림처럼 표시합니다.

선택 구조(조건 분기) : 만약 ~라면 실행한다

조건을 조사해서 어떤 처리를 수행할지를 선택하는 구조입니다. '조건과 맞을 때의 처리'를 준비하고, 조건과 맞았을 때만 그 처리를 수행할 수 있습니다.

'조건과 맞을 때의 처리'와 '조건과 맞지 않을 때의 처리'를 준비해서 반드시 어느 한쪽을 실행하는 구조도 있습니다.

플로차트에서는 다음 그림처럼 표시합니다.

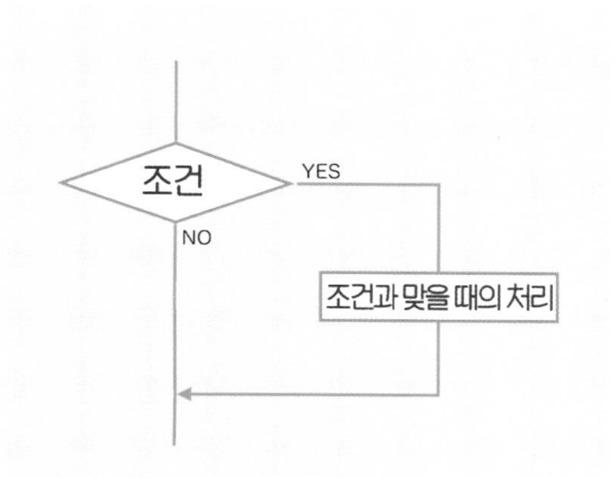

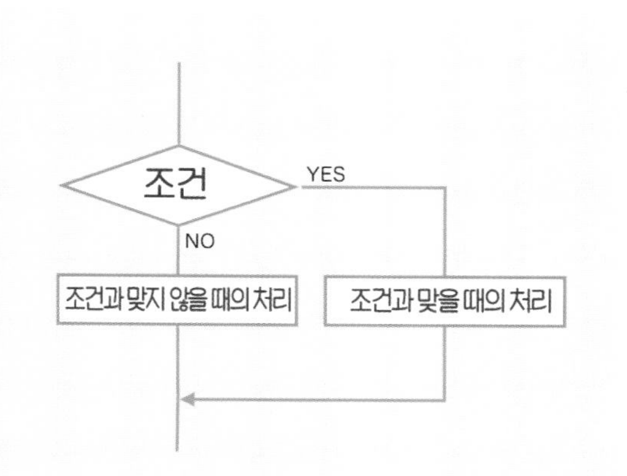

반복 구조(루프) : 반복 실행한다

조건과 맞으면 계속 같은 처리를 반복하는 구조입니다.

조건과 맞지 않으면 반복을 멈춥니다. 반복은 반드시 끝나는 조건이 필요합니다. 만약 반복이 끝나지 않는다면, '무한 루프'라고 하는 버그가 되므로 주의합시다.

플로차트에서는 오른쪽 그림처럼 표시합니다.

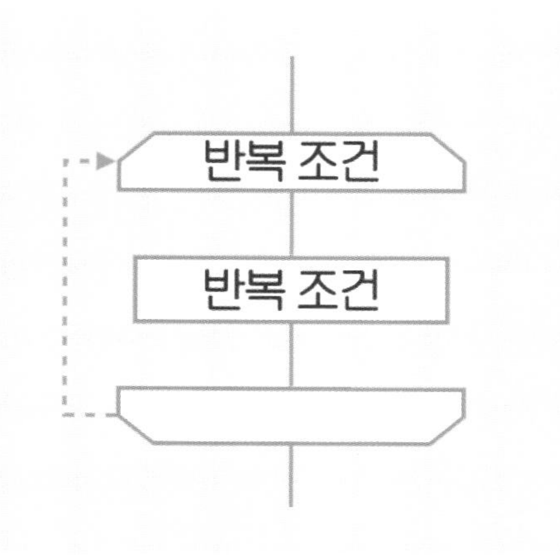

3.4
알고리즘에서 프로그램으로

이제 쉬운 예를 사용해서 '알고리즘으로 프로그램을 만드는 모습'을 살펴봅시다. 변수를 사용해서 '데이터를 저장하고 확인한다'라고 하는 프로그램을 생각해봅시다.

문제

컴퓨터에 '10'이라는 값을 저장한다.
그리고 저장되었는지를 그 값을 화면에 표시해서 확인하고 싶다.

이미지

우선 어떻게 처리하는지를 '이미지'로 생각해봅시다.

① 데이터를 저장할 변수를 만듭니다. 예를 들어 'a'라는 이름으로 만듭니다.
② 변수 'a'에 '10'이라는 값을 넣어서 저장합니다.
③ 저장한 변수의 값을 꺼내어 컴퓨터 화면에 표시합니다.

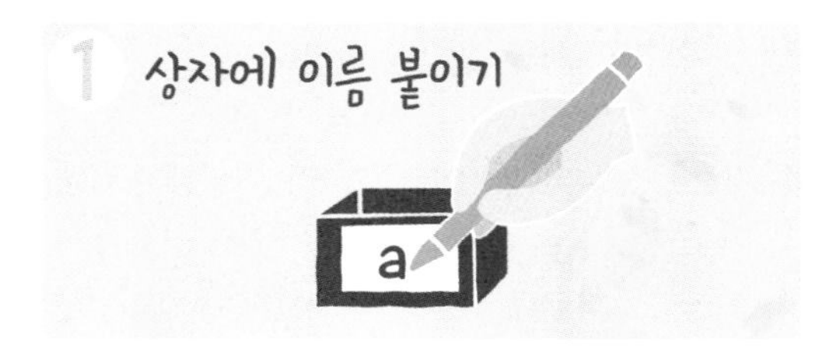

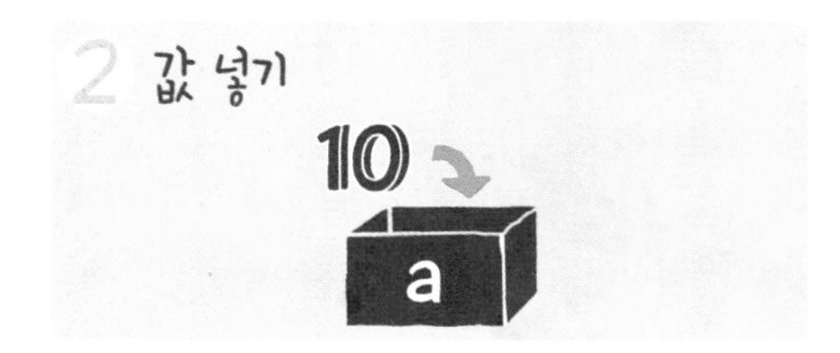

플로차트

이 과정을 플로차트로 표현해봅시다.

세 가지 처리를 순서대로 수행하므로 '순차 구조'로 처리합니다.

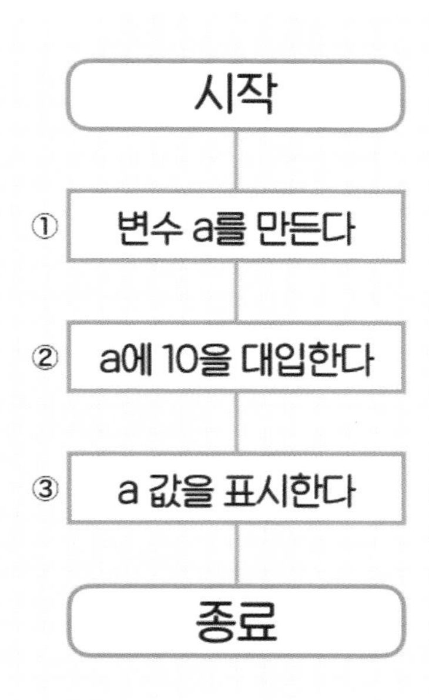

프로그램

이것을 실제로 프로그래밍 언어로 작성하면 어떻게 될까?

프로그래밍 언어는 '사용하는 목적'에 따라 달라집니다. 이 책에서는 여덟 종류의 프로그래밍 언어를 사용해서 각 언어에서 어떻게 작성하는지를 소개합니다.

'다른 부분'도 있지만, '비슷한 부분'도 많이 있는 것을 확인할 수 있을 것입니다.

JavaScript
에서는

JavaScript 언어는 변수 이름 앞에 'var'를 적어서 변수 데이터 형식을 지정합니다.

❶ 변수 선언과 ❷ 값 대입을 같은 행에서 함께 수행할 수 있습니다.

❸ 변수의 값을 표시하기 위해 'document.writeln()'을 사용합니다.

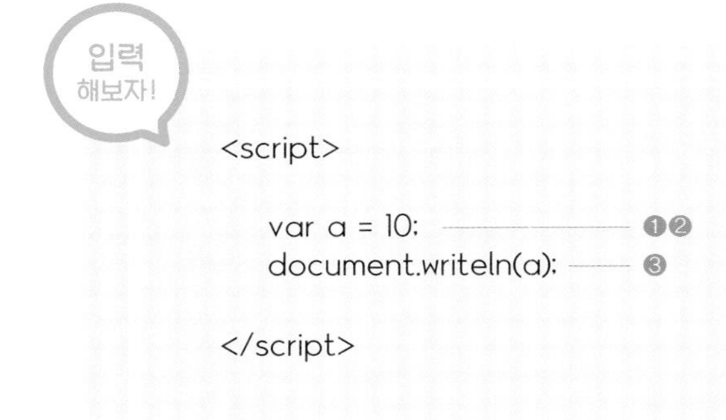


```
<script>

    var a = 10; ——— ❶❷
    document.writeln(a); ——— ❸

</script>
```

```
10
```

에서는

PHP 언어는 변수 이름 앞에 '$' 기호를 붙이는 것이 특징입니다.

❶ 변수 데이터 형식은 선언할 필요가 없으며 ❷ 변수 이름에 값을 대입하면 자동으로 변수를 만듭니다.

❸ 변수의 값을 표시하가 위해 'print()'를 사용합니다.

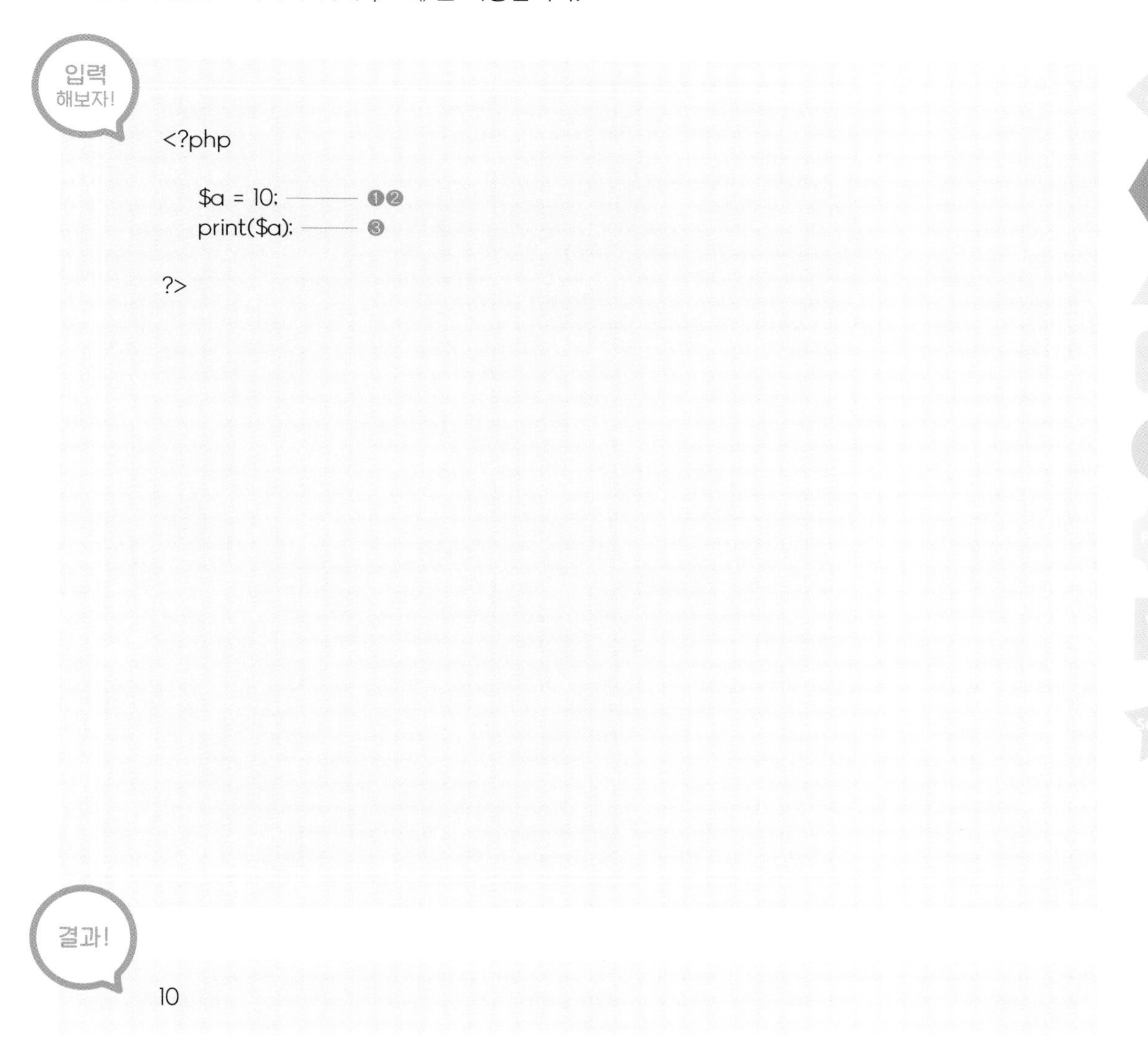

C
에서는

C 언어는 '프로그램으로서 실행하기 위한 준비'로 incldue와 main 함수가 필요합니다.
또한 '데이터를 다루는 방법'이 엄격하므로 변수를 선언할 때는 자료 형식에 따라 '데이터 형식'을 지정해야 합니다. 여기서는 정수를 다루므로 '데이터 형식'을 'int'로 작성합니다.

❶ 변수 선언과 ❷ 값 대입을 같은 행에서 함께 수행할 수 있습니다.

❸ 변수의 값을 표시하기 위해 'printf()'를 사용합니다. 이때도 자료 형식에 따라 '데이터 형식'을 지정해야 합니다. 여기서는 정수를 사용하므로 '%d'으로 지정합니다.

입력 해보자!

```
#include <stdio.h>

int main(int argc, char* argv[]) {

    int a = 10; ────── ❶❷
    printf("%d", a); ── ❸
}
```

```
10
```

Java
에서는

Java 언어는 '프로그램으로서 실행하기 위한 준비'로 Class와 main 메소드가 필요합니다.
또한, C 언어와 마찬가지로 '데이터를 다루는 방법'이 엄격하므로 변수를 선언할 때는 '데이터 형식'을 지정해야 합니다. 여기서는 정수를 사용하므로 '데이터 형식'을 'int'로 작성합니다.

❶ 변수 선언과 ❷ 값 대입을 같은 행에서 함께 수행할 수 있습니다.

❸ 변수의 값을 표시하기 위해 'System.out.println()'을 사용합니다.

```
class Var {
   public static void main(String[] args) {

      int a = 10; ―――――――――― ❶❷
      System.out.println(a); ―――――― ❸

   }
}
```

```
10
```

Swift
에서는

Swift 언어는 변수를 만들 때 변수 이름 앞에 'var'를 붙여 변수를 선언합니다.

Swift 언어도 C 언어처럼 '데이터를 다루는 방법'이 엄격하지만, 진화한 언어이므로 '10을 대입했다는 것은 정수를 다루는 변수구나'라고 Swift가 생각해주므로 '데이터 형식'을 기술할 필요가 없습니다.

❶ 변수 선언과 ❷ 값 대입을 같은 행에서 함께 수행할 수 있습니다.

❸ 변수의 값을 표시하기 위해 'print()'를 사용합니다.

```
var a = 10 ——— ❶❷
print(a) ——— ❸
```

```
10
```

Python
에서는

Python 언어의 프로그램에서 한국어를 다룬다면, ❶ 인코더를 'UTF-8'로 지정합니다.
❷ 변수 데이터 형식을 지정할 필요 없으며, ❸ 변수 이름에 값을 대입하면 변수를 선언합니다.
❹ 변수의 값을 표시하기 위해 'print()'를 사용합니다.

```
#-*-coding : UTF-8-*-    ❶
a = 10                   ❷❸
print(a)                 ❹
```

```
10
```

Visual Basic
에서는

Visual Basic 언어는 변수를 만들 때 변수 이름 앞에 'Dim'을 붙입니다. 이것이 변수 선언입니다. 변수 이름 다음에 'As'를 입력한 후 변수 데이터 형식을 지정합니다.

❶ 변수 선언과 ❷ 값 대입을 같은 행에서 함께 수행할 수 있습니다.

❸ 변수의 값을 표시하기 위해 'Console.WriteLine()'를 사용합니다.

```
Module VisualBasic
   Sub Main()

      Dim a As Integer = 10 ——— ❶❷
      Console.WriteLine(a) ——— ❸

   End Sub
End Module
```

```
10
```

Scratch
에서는

Scratch 언어는 비주얼 프로그래밍 언어이므로 만드는 방법이 다른 언어와 약간 다릅니다.

❶ 변수를 만들려면, [변수] ▶ [변수 만들기] 버튼을 클릭해서 변수를 만듭니다.

Scratch는 '깃발을 클릭'해서 실행합니다. 프로그램은 깃발을 클릭하면 실행을 시작하므로 [이벤트] ▶ [클릭했을 때] 블록을 드래그하고, 그 아래에 프로그램 블록을 추가합니다.

❷ 변수에 값을 넣을 때는 [변수] ▶ [a을(를) □로 정하기]를 사용합니다.

❸ 변수 값을 표시하려면 [형태] ▶ [a말하기]를 사용합니다. (변수를 만들었을 때 표시되므로, 이 명령은 사용하지 않아도 됩니다.)

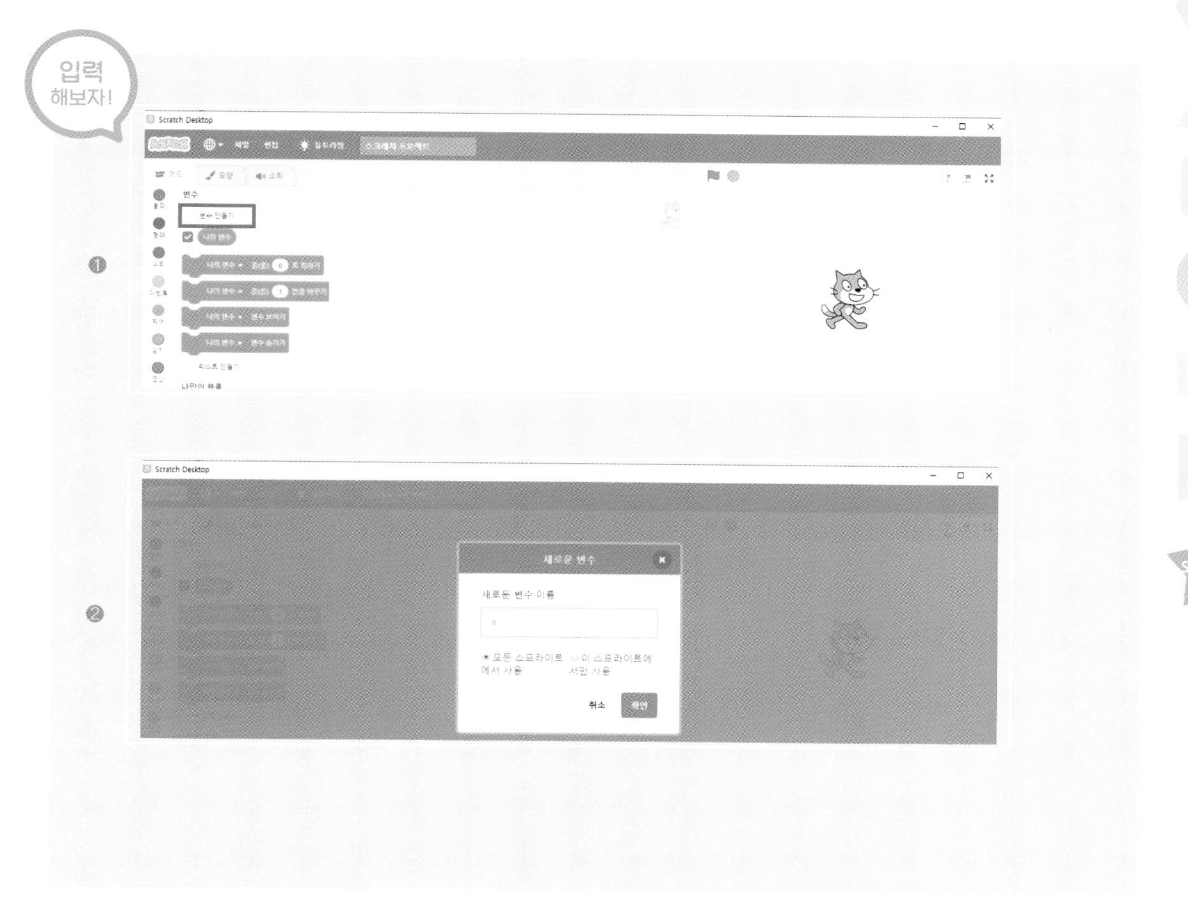

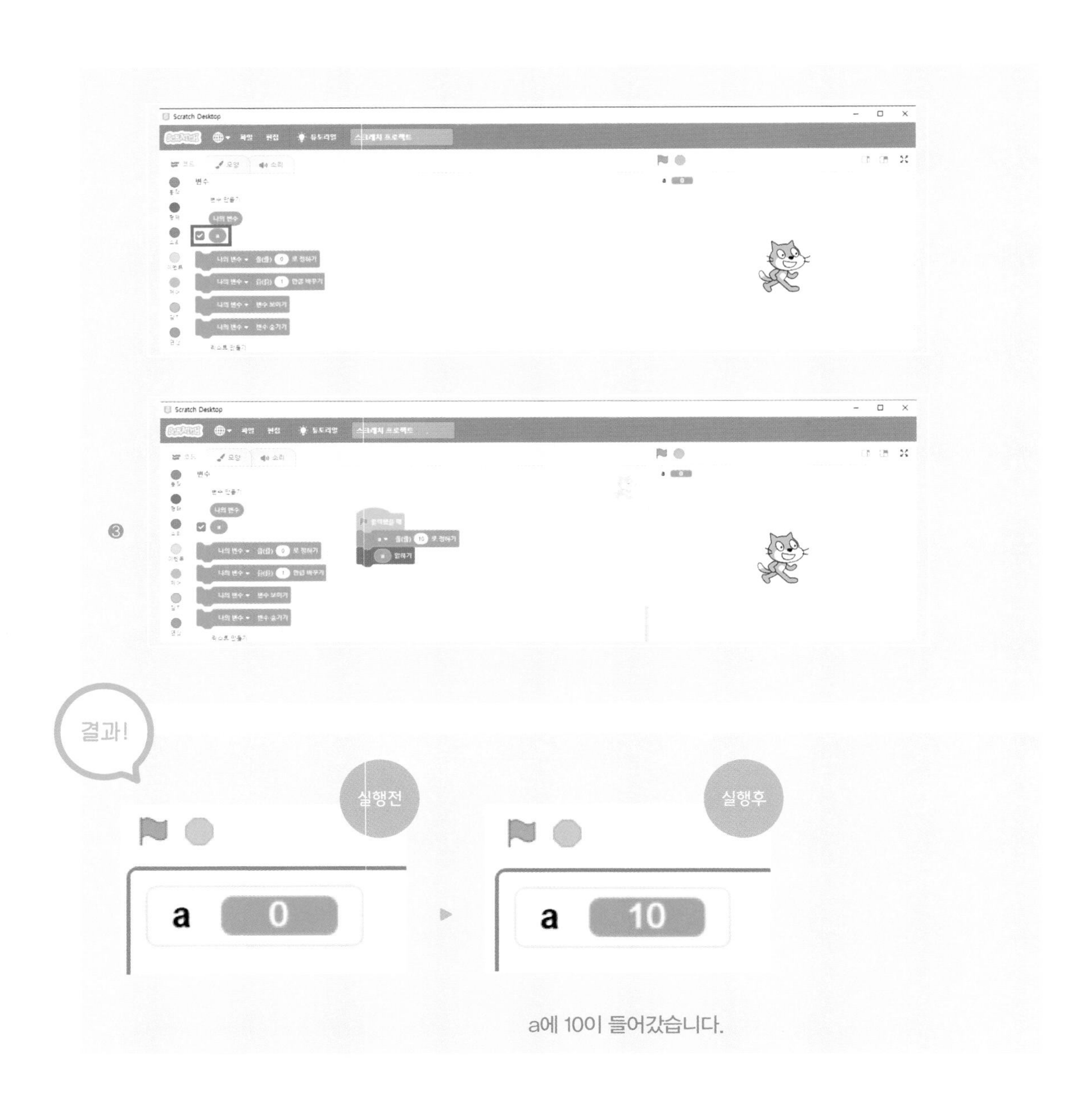

a에 10이 들어갔습니다.

제 4 장

간단한 알고리즘

기본적인 알고리즘을 알아봅시다.
여러 가지 프로그래밍 언어를 작성하는 방법도 소개합니다.

4.1 간단한 알고리즘

알고리즘 중에서도 '가장 간단한 알고리즘'을 살펴봅시다. 이것들은 알고리즘의 기본이므로 여러 알고리즘 안에 포함하여 이용합니다.

합계

데이터들의 합계를 구하는 알고리즘입니다.

최댓값, 최솟값

데이터들의 최대 · 최소값을 구하는 알고리즘입니다.

평균값

데이터들의 평균을 구하는 알고리즘입니다.

데이터 교환

두 데이터를 교환하는 알고리즘입니다.

4.2 합계

'구매한 물건 가격의 합계 금액을 알고 싶을 때'나 '시험 점수의 합계를 알고 싶을 때', '이번 달의 가게 전체 매출을 알고 싶을 때' 등 합계를 구해야 할 경우에는 '합계를 구하는 알고리즘'을 사용합니다.

목적	현재 상황	결과
데이터 합계를 구하는 것	알고 있는 것은 '데이터 개수'와 '각 데이터의 값'	구하는 결과는 모든 데이터의 값을 더한 수치

'합계를 구하는 알고리즘'은 알고리즘의 기본 중의 기본입니다. 다른 알고리즘을 사용할 경우에도 사용할 수도 있습니다.

알고리즘 이미지와 순서

합계는 '배열에 들어있는 모든 값을 더한 값'입니다. 한 번에 모든 값을 더할 수 없으므로 하나씩 더해 나갑니다.

▼

① '합계를 넣을 변수'를 sum이라는 이름으로 준비합니다. 배열에 있는 모든 값을 순서대로 더해서 이 변수에 넣어 합계를 구합니다. 가장 먼저 변수에 0을 넣어 초기화해야 하는 점을

주의해야 합니다. 처음에 다른 값이 들어있다면, 올바른 결과를 얻을 수 없습니다.

② 배열의 시작부터 끝까지 하나씩 차례대로 더합니다.

③ '지금까지의 합계에 배열의 값을 더하는 처리'를 반복합니다. 배열의 마지막 값까지 더했다면 마지막 합계를 얻을 수 있습니다.

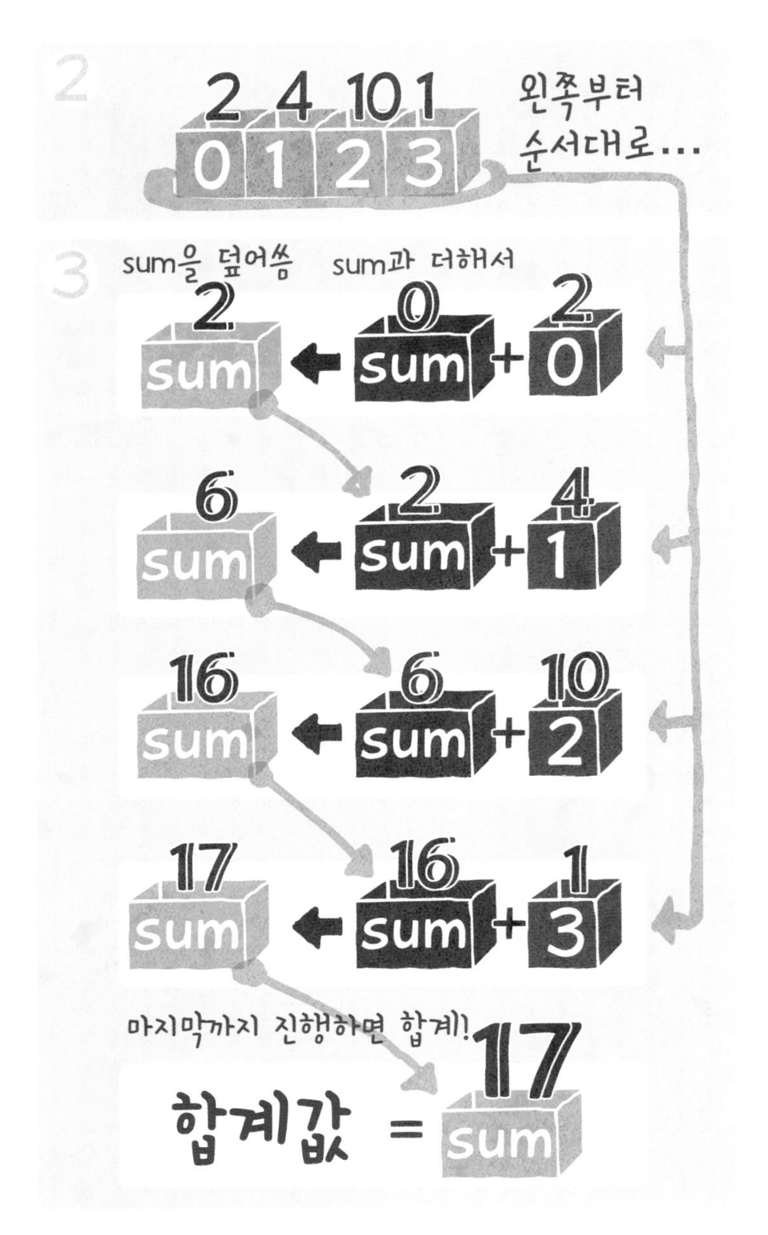

플로차트

이 과정을 플로차트로 표현해봅시다.

데이터를 배열에 넣은 다음부터 시작합니다.

▼

① 합계를 넣을 변수인 sum을 만듭니다. 0을 초기 설정값으로 넣습니다.

② 배열의 처음부터 마지막까지 ③을 반복합니다.

③ 반복하는 동안, sum에 배열의 값을 하나씩 더합니다.

배열의 마지막 값까지 전부 더했다면 계산은 끝납니다.

sum의 값이 우리가 구하는 합계입니다.

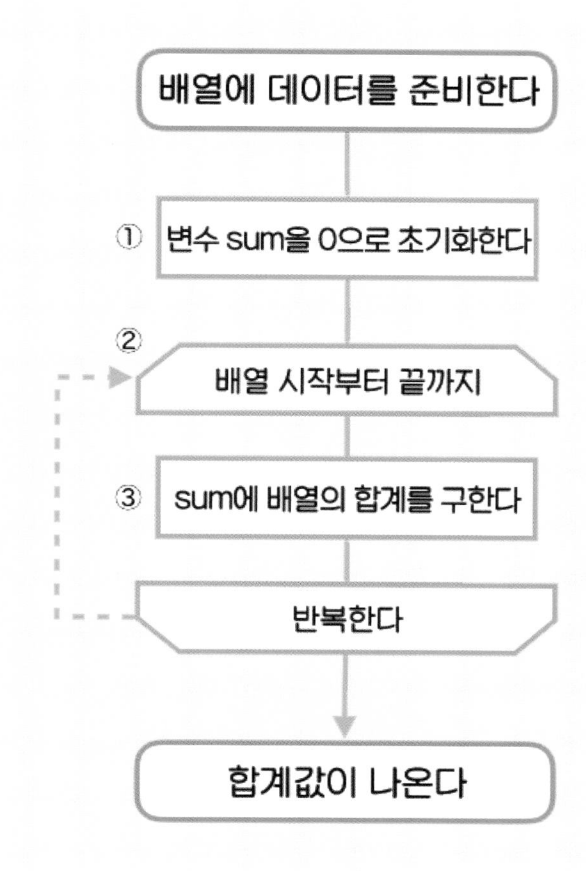

프로그램

플로차트를 만들어보았으니, 이제 프로그램으로 만들어봅니다.
여기에서 사용하는 '반복(반복 구조)'은 대부분 언어에서는 'for문'으로 수행하는데, 사용법이 언어마다 조금씩 다릅니다.
그리고 '어떤 변수에 어떤 값을 더할 때'는 대부분 언어에서 '+='라는 복합 대입연산자를 사용합니다.
'더해지는 변수 이름 += 더하는 값'처럼 작성하면 변수에 값을 더할 수 있습니다.

※ 이 책에서는 프로그램의 의미를 쉽게 알 수 있도록 주석행(녹색)을 넣었습니다. 실제로 입력할 때는 주석행을 생략해도 됩니다.

'+=' 에 관하여

'어떤 변수에 어떤 값을 더할 때'는 '+='을 자주 사용합니다.
'〈더해지는 변수 이름〉 += 〈더하는 값〉'이라는 처리는 '〈더해지는 변수 이름〉 = 〈더해지는 변수 이름〉 + 〈더하는 값〉'과 같은 처리를 수행합니다. 어느 쪽으로 입력해도 컴퓨터는 동작합니다.
다만, 프로그램을 알아보기 쉬운 정도에 차이가 있습니다.
후자는 '두 값을 더해서 변수에 넣는다'라는 의미이므로, 읽는 사람은 '두 값을 더했구나. 자세히 보니 덧셈에 사용한 변수와 결과를 넣는 변수가 같은 이름이구나. 이것은 결과 변수에 값을 더하려는 것이구나'라고 생각해야만 겨우 의미를 이해할 수 있습니다. 그렇지만 전자라면, '어떤 변수에 값을 더한다'라는 의미이므로 '이 변수에 다른 숫자를 더하려는 것이구나'라고 금방 의미를 이해할 수 있습니다.

JavaScript
로 합계 구하기

반복 구조는 'for문'으로 수행합니다. for문 다음에 있는 '{' ~ '}' 범위를 반복합니다.

배열 데이터 개수는 '배열 이름.length'로 알 수 있으므로 그만큼 반복합니다.

입력 해보자!

```
<script>

  // 배열 데이터를 선언합니다.
  var a = [1, 3, 10, 2, 8];
  // 합계 변수 sum을 0으로 초기화합니다.
  var sum = 0;

  // 배열의 개수만큼 반복합니다.
  for (var i = 0; i < a.length; i++) {
    // 변수 sum에 배열의 값을 더합니다.
    sum += a[i];
  }

  // 합계를 표시합니다.
  document.writeln("Sum = ", sum);

</script>
```

```
Sum = 24
```

반복 구조는 'for문'으로 수행합니다. for문 다음에 있는 '{' ~ '}' 범위를 반복합니다. 배열 데이터 개수는 'count(배열 이름)'로 알 수 있으므로 그만큼 반복합니다.

```
<?php

  // 배열 데이터를 선언합니다.
  $a = array(1, 3, 10, 2, 8);
  // 합계 변수 sum을 0으로 초기화합니다.
  $sum = 0;

  // 배열의 개수만큼 반복합니다.
  for ($i = 0; $i < count($a); $i++) {
    // 변수 sum에 배열의 값을 더합니다.
    $sum += $a[$i];
  }

  // 합계를 표시합니다.
  print("Sum = $sum");

?>
```

```
Sum = 24
```

C
로 합계 구하기

반복 구조는 'for문'으로 수행합니다. for문 다음에 있는 '{' ~ '}' 범위를 반복합니다. 다만, 배열 데이터 개수를 직접 알 수는 없습니다. 개수를 직접 지정하거나, 배열 전체 크기를 배열 안의 정수 데이터 크기로 나눠서 계산해서 구합니다.

정수를 다루므로, 값 표시는 **'printf("%d", 변수 이름)'**으로 지정합니다.

입력 해보자!

```
#include <stdio.h>

int main(int argc, char* argv[]) {

   // 배열 데이터를 선언합니다.
   int a[] = {1, 3, 10, 2, 8};
   // 합계 변수 sum을 0으로 초기화합니다.
   int sum = 0;
   // 배열의 데이터 개수를 조사합니다.
   int length = sizeof(a) / sizeof(int);

   // 배열의 개수만큼 반복합니다.
   for (int i = 0; i < length; i++) {
      // 변수 sum에 배열의 값을 더합니다.
      sum += a[i];
   }

   // 합계를 표시합니다.
   printf("Sum = %d", sum);

}
```

```
Sum = 24
```

반복 구조는 'for문'으로 수행합니다. for문 다음에 있는 '{' ~ '}' 범위를 반복합니다. 배열 데이터 개수는 '배열 이름.length'로 알 수 있으므로 그만큼 반복합니다.

```
class Sum {

   public static void main(String[] args) {

      // 배열 데이터를 선언합니다.
      int a[] = {1, 3, 10, 2, 8};
      // 합계 변수 sum을 0으로 초기화합니다.
      int sum = 0;

      // 배열의 개수만큼 반복합니다.
      for (int i = 0; i < a.length; i++) {
         // 변수 sum에 배열의 값을 더합니다.
         sum += a[i];
      }

      // 합계를 표시합니다.
      System.out.println("Sum = " + sum);

   }
}
```

```
Sum = 24
```

Swift
로 합계 구하기

반복 구조는 'for in문'으로 수행합니다. for문 다음에 있는 '{' ~ '}' 범위를 반복합니다. 배열 데이터 개수는 '배열 이름.count'로 알 수 있으므로 그만큼 반복합니다.

입력 해보자!

```
// 배열 데이터를 선언합니다.
let a = [1, 3, 10, 2, 8]
// 합계 변수 sum을 0으로 초기화합니다.
var sum = 0

// 배열의 개수만큼 반복합니다.
for i in 0..<a.count {
   // 변수 sum에 배열의 값을 더합니다.
   sum += a[i]
}

// 합계를 표시합니다.
print("Sum =", sum)
```

결과!

```
Sum = 24
```

JavaScript PHP C Java Swift Python Visual Basic Scratch

Python
으로 합계 구하기

반복 구조는 'for in range문'으로 수행합니다. range는 여러 지정을 할 수 있지만, 단순한 반복은 **'range(종료 값)'**을 사용합니다.

다른 언어와 달라서 반복 범위는 '{' ~ '}' 범위가 아니라, 오른쪽으로 들여쓰기를 한 부분이 반복 범위입니다. 배열 데이터 개수는 **'len(배열 이름)'**으로 알 수 있으므로 그만큼 반복합니다.

입력 해보자!

```
#-*-coding : UTF-8-*-

# 배열 데이터를 선언합니다.
a = [1, 3, 10, 2, 8]
# 합계 변수 sum을 0으로 초기화합니다.
sum = 0

# 배열의 개수만큼 반복합니다.
for i in range(len(a)) :
    # 변수 sum에 배열의 값을 더합니다.
    sum += a[i]

# 합계를 표시합니다.
print("Sum =", sum)
```

```
Sum = 24
```

Visual Basic
으로 합계 구하기

배열은 'Dim 배열 이름 As 배열 데이터 형식 = {값, 값, 값, ...}'으로 만듭니다.
반복 구조는 For NEXT문으로 수행합니다. 'For' ~ 'NEXT' 범위를 반복합니다.
배열 데이터 길이는 **'a.Length – 1'**으로 알 수 있으므로 그만큼 반복합니다.

입력 해보자!

```
Module VisualBasic
    Sub Main()

        ' 배열 데이터를 선언합니다.
        Dim a() As Integer = {1, 3, 10, 2, 8}
        ' 합계 변수 sum을 0으로 초기화합니다.
        Dim sum As Integer = 0

          ' 배열의 개수만큼 반복합니다.
          For i = 0 To a.Length - 1
           ' 변수 sum에 배열의 값을 더합니다.
           sum = sum + a(i)
        Next

        ' 합계를 표시합니다.
        Console.WriteLine("Sum = " & sum)

    End Sub
End Module
```

```
Sum = 24
```

Scratch
로 합계 구하기

[변수] ▶ [리스트 만들기]를 선택하여 배열(리스트) 'a'를 만듭니다. 우측의 'a' 리스트에서 '+'를 클릭하여 배열의 개수를 5개로 늘립니다. 이후 리스트의 값을 각각 [1, 3, 10 , 2, 8]을 입력합니다.

다음으로 [변수] ▶ [변수 만들기]를 선택하여 'sum', 'i'라는 두 변수를 만듭니다.

이것으로 프로그램에서 사용할 배열과 변수 준비가 끝났으므로, 오른쪽 스크립트 영역에 블록을 나열해서 프로그램을 만들어 갑니다.

단순한 반복 구조는 [제어] ▶ [○번 반복하기]로 실행합니다.

리스트 시작은 0이 아닌 1이므로(다른 언어에서는 0부터 시작하는 것이 보통입니다), 반복 횟수를 세는 변수 'i'에 '1'을 넣습니다. 반복하는 동안 'i를 1만큼 바꾸기'하여 반복 횟수를 [a 리스트의 길이]로 합니다.

'합계값 변수(sum)에 배열에 있는 각 값을 더하는 처리'를 블록으로 구현하는 것은 약간 어려우므로 분해해서 살펴봅시다.

❶ [변수] ▶ [sum 을(를) ○로 정하기]를 옮기고, ❷ ○ 부분에 [연산] ▶ [○+○]를 옮겨 넣습니다. 다음으로, ❸ [○+○]의 왼쪽에 'sum'을 옮겨 넣고, ❹ 오른쪽에 [변수] ▶ [a 리스트의 i 번째 항목]을 넣어서 만듭니다.

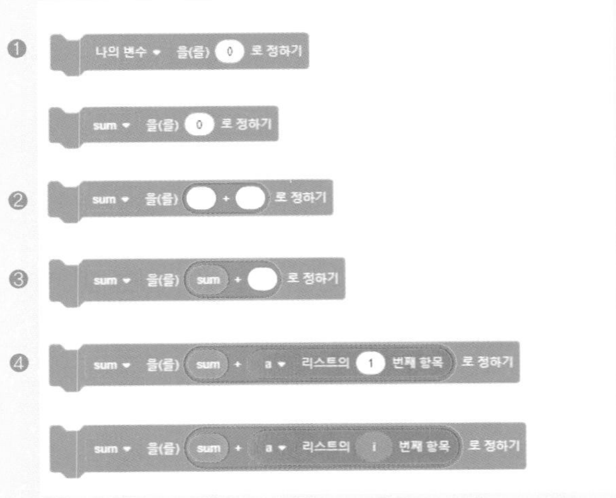

깃발을 클릭하면 합계가 sum에 표시되는 것을 확인할 수 있습니다.

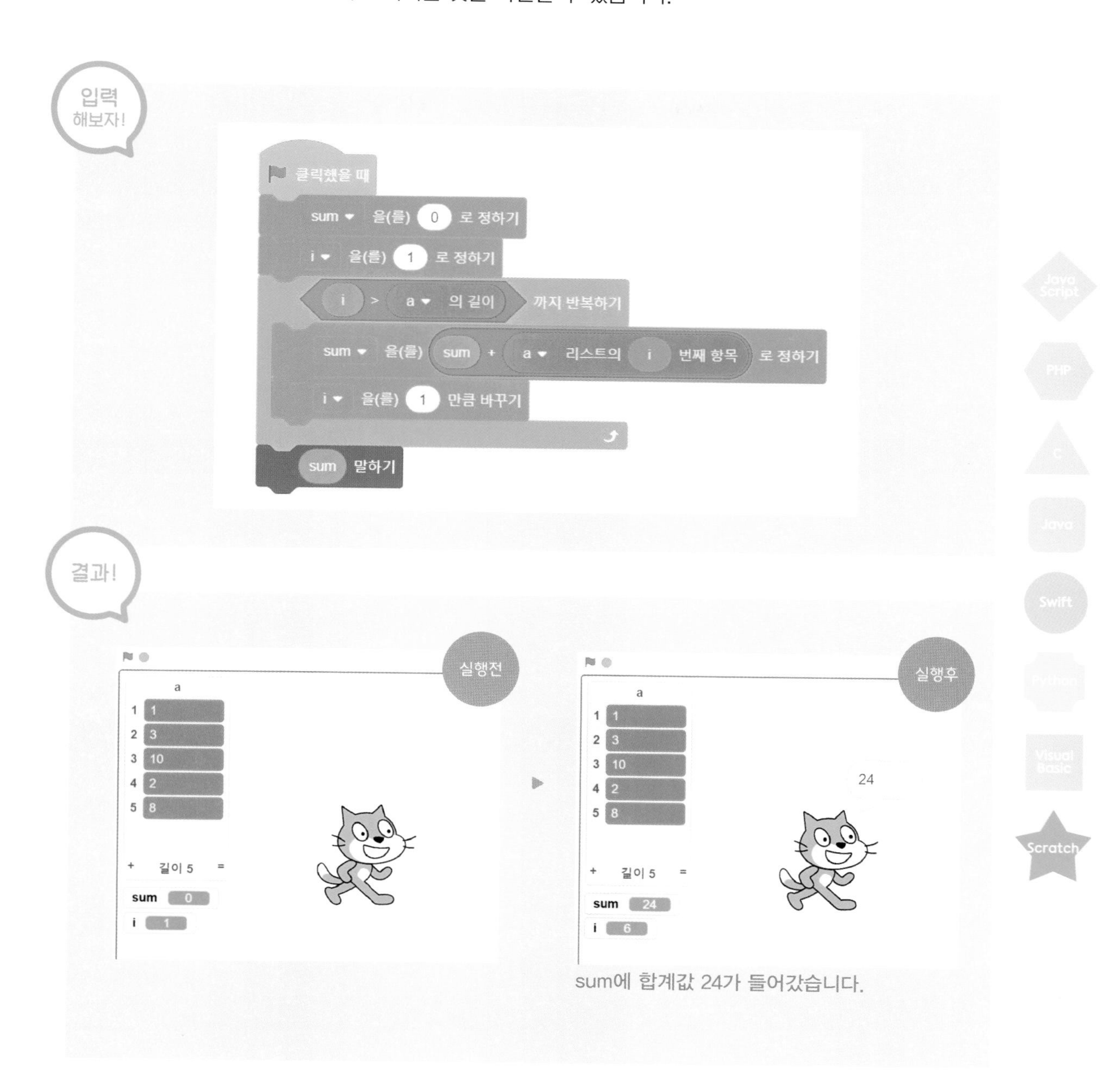

sum에 합계값 24가 들어갔습니다.

4.3 평균

'시험 평균 점수를 알고 싶을 때'나 '월매출 평균 금액을 알고 싶을 때'는 '평균을 구하는 알고리즘'을 사용합니다. 평균은 '모든 데이터를 더한 다음, 데이터 개수로 나눈 값'입니다.
'데이터 합계 ÷ 데이터 개수'로 구할 수 있습니다.

목적	현재 상황	결과
데이터 평균을 구하는 것	알고 있는 것은 '데이터 개수'와 '각 데이터의 값'	구하는 결과는 '모든 데이터의 값을 평균 낸 수치(소수)'

평균 계산에 사용하는 '합계'는 '합계 알고리즘'을 그대로 사용할 수 있습니다. 그 합계를 데이터 개수로 나누면 평균을 구할 수 있습니다.
이처럼 기존에 사용한 다른 알고리즘을 효율적으로 재활용해서 새로운 알고리즘을 만들 수 있습니다.

알고리즘 이미지와 순서

평균은 '데이터 합계 ÷ 데이터 개수'를 계산하여 구할 수 있습니다.

① 배열의 합계를 '합계 알고리즘'으로 구합니다.
② 구한 합계을 개수로 나누면 평균을 얻을 수 있습니다.

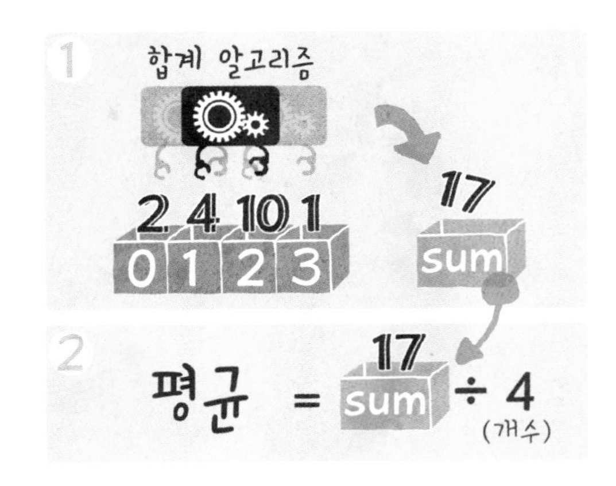

플로차트

이 과정을 플로차트로 표현해봅시다.
'합계 알고리즘'을 '서브루틴'으로 사용하면 플로차트를 단순하게 작성할 수 있습니다.

① 배열의 합계를 변수로 sum을 만들어 넣습니다.
② sum을 데이터 개수로 나눈 값을 변수로 average를 만들어 넣습니다.

이렇게 하면 평균 계산이 끝납니다.
average의 값이 우리가 구하는 평균입니다.

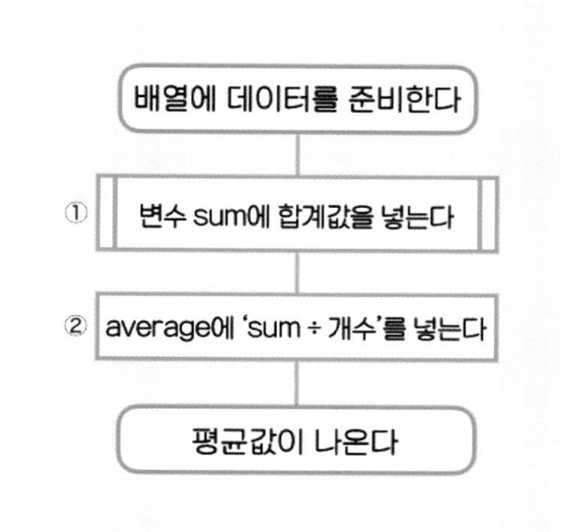

프로그램

플로차트를 완성했으므로 프로그램으로 만들어봅니다.
합계 알고리즘을 이용하여 간단히 만들 수 있습니다.

▼

단, '데이터 종류(데이터 형식)'를 주의해야 합니다. 컴퓨터는 데이터 종류에 따라 계산 방법을 다르게 사용합니다. 많은 프로그래밍 언어에서는 '정수끼리의 계산은 결과도 정수'라고 간주합니다. 소수를 사용하는 계산은 정수 계산보다 시간이 더 걸리므로 나눠서 다룹니다. 그래서 '정수끼리 나누기'를 수행할 때 조심해야 합니다. 답도 정수로 간주하므로, 소수점 아래 숫자를 버리기 때문입니다.
평균 계산도 배열 데이터가 '정수', 배열 개수가 '정수'라면, '정수끼리의 나눗셈'이 되므로 소수점 아래 숫자를 버리는 계산을 수행합니다.
그래서 소수로 결과를 표시할 수 있는 궁리가 필요합니다.
'소수로 계산하는 방법'은 프로그래밍 언어에 따라 조금씩 다릅니다.

JavaScript
로 평균 구하기

소수로 계산하는 방법

JavaScript 언어는 '배열의 합계 ÷ 데이터 개수'를 계산할 때, 데이터 형식을 따로 지정할 필요가 없습니다. 자동으로 소수값이 나오도록 계산합니다. 편리하죠.

```
<script>

  // 배열 데이터를 선언합니다.
  var a = [1, 3, 10, 2, 8];
  // 합계 변수 sum을 0으로 초기화합니다.
  var sum = 0;

  // 배열에 있는 모든 값을 조사합니다.
  for (var i = 0; i < a.length; i++) {
    // 변수 sum에 배열의 값을 더합니다.
    sum += a[i]
  }
  // 평균을 계산합니다.
  average = sum / a.length

  // 평균을 표시합니다.
  document.writeln("Average = ", average);

</script>
```

```
Average = 4.8
```

로 평균 구하기

소수로 계산하는 방법

PHP 언어는 '배열의 합계 ÷ 데이터 개수'를 계산할 때, 데이터 형식을 따로 지정할 필요가 없습니다. 자동으로 소수값이 나오도록 계산합니다. 편리하죠.

입력 해보자!

```
<?php

  // 배열 데이터를 선언합니다.
  $a = array(1, 3, 10, 2, 8);
  // 합계 변수 sum을 0으로 초기화합니다.
  $sum = 0;

  // 배열에 있는 모든 값을 조사합니다.
  for ($i = 0; $i < count($a); $i++) {
    // 변수 sum에 배열의 값을 더합니다.
    $sum += $a[$i];
  }
  // 평균을 계산합니다.
  $average = $sum / count($a);

  // 평균을 표시합니다.
  print ("Average = $average");

?>
```

```
Average = 4.8
```

C
로 평균 구하기

소수로 계산하는 방법

C 언어에서 평균값을 구할 때는 평균값 변수에는 소수가 들어가므로 앞에 'float'를 붙여서 데이터 형식을 지정해서 변수를 만듭니다. 그리고 '배열의 합계 ÷ 데이터 개수'를 계산할 때, 합계값 변수인 sum 앞에 '(float)'를 사용하여 소수 데이터를 변환해서 계산합니다.

값을 표시할 때는 소수를 다루므로 'printf("%f", 변수 이름)'이라 지정합니다.

```
#include <stdio.h>

int main(int argc, char* argv[]) {

   // 배열 데이터를 선언합니다.
   int a[] = {1, 3, 10, 2, 8};
   // 합계 변수 sum을 0으로 초기화합니다.
   int sum = 0;
   // 배열의 데이터 개수를 조사합니다.
   int length = sizeof(a) / sizeof(int);

   // 배열에 있는 모든 값을 조사합니다.
   for (int i = 0; i < length; i++) {
      // 변수 sum에 배열의 값을 더합니다.
      sum += a[i];
   }
   // 평균을 계산합니다.
   float average = (float)sum / length;

   // 평균을 표시합니다.
   printf("Average = %f", average);
}
```

```
Average = 4.800000
```

로 평균 구하기

소수로 계산하는 방법

Java 언어에서 평균값을 구할 때는 평균값 변수에는 소수가 들어가므로 앞에 'float'를 붙여서 데이터 형식을 지정해서 변수를 만듭니다. 그리고 '배열의 합계 ÷ 데이터 개수'를 계산할 때, 합계값 변수인 sum 앞에 '(float)'를 사용하여 소수 데이터를 변환해서 계산합니다.

입력 해보자!

```
class Average {
  public static void main(String[] args) {

    // 배열 데이터를 선언합니다.
    int a[] = {1, 3, 10, 2, 8};
    // 합계 변수 sum을 0으로 초기화합니다.
    int sum = 0;
    // 배열에 있는 모든 값을 조사합니다.

    for (int i = 0; i < a.length; i++) {
      // 변수 sum에 배열의 값을 더합니다.
      sum += a[i];
    }
    // 평균을 계산합니다.
    float average = (float)sum / a.length;

    // 평균을 표시합니다.
    System.out.println("Average = " + average);

  }
}
```

```
Average = 4.8
```

로 평균 구하기

소수로 계산하는 방법

소수를 구하는 계산을 수행하므로, 계산에 사용하는 sum과 데이터 개수 모두 'Float()'에 넣고 소수 데이터로 변환하여 계산합니다. Swift 언어는 종류가 다른 숫자끼리는 계산할 수 없으므로 같은 종류로 만들어야 합니다.

입력 해보자!

```
// 배열 데이터를 선언합니다.
var a = [1, 3, 10, 2, 8]
// 합계 변수 sum을 0으로 초기화합니다.
var sum = 0
// 배열에 있는 모든 값을 조사합니다.

for i in 0..<a.count {
   // 변수 sum에 배열의 값을 더합니다.
   sum += a[i]
}
// 평균을 계산합니다.
var average = Float(sum) / Float(a.count)

// 평균을 표시합니다.
print("Average =", average)
```

```
Average = 4.8
```

Python
으로 평균 구하기

소수로 계산하는 방법

Python 언어에서 '배열의 합계 ÷ 데이터 개수'를 계산할 때, 데이터 형식을 따로 지정할 필요가 없습니다. 자동으로 소수값이 나오도록 계산합니다. 편리하죠.

입력 해보자!

```
#-*-coding : UTF-8-*-

# 배열 데이터를 선언합니다.
a = [1, 3, 10, 2, 8]
# 합계 변수 sum을 0으로 초기화합니다.
sum = 0

# 배열에 있는 모든 값을 조사합니다.
for i in range(len(a)) :
   # 변수 sum에 배열의 값을 더합니다.
   sum += a[i]
# 평균을 계산합니다.
average = sum / len(a)

# 평균을 표시합니다.
print("Average =", average)
```

```
Average = 4.8
```

JavaScript PHP C Java Swift Python Visual Basic Scratch

Visual Basic
으로 평균 구하기

소수로 계산하는 방법

Visual Basic 언어에서 평균값 변수에는 소수가 들어가므로 앞에 'Double'을 붙여서 소수 데이터 형식을 지정해서 변수를 만듭니다. '배열의 합계 ÷ 데이터 개수'를 계산할 때 배열의 값은 'Integer'로 정수 데이터 형식이지만, 평균값 변수가 소수 데이터 형식임으로 자동으로 치환되어 계산됩니다.

```
Module VisualBasic
   Sub Main()

      ' 배열 데이터를 선언합니다.
      Dim a() As Integer = {1, 3, 10, 2, 8}
      ' 합계 데이터를 0으로 초기화합니다.
      Dim sum As Integer = 0
      ' 배열에 있는 모든 값을 조사합니다.
      For i = 0 To a.Length - 1
         ' 각 값을 더합니다.
         sum = sum + a(i)
      Next
      ' 평균을 계산합니다.
      Dim average As Double = sum / a.Length
      ' 평균을 표시합니다.
      Console.WriteLine("Average = " & average)

   End Sub
End Module
```

```
Average = 4.8
```

Scratch
로 평균 구하기

소수로 계산하는 방법

[변수] ▶ [리스트 만들기]를 선택하여 배열(리스트) 'a'를 만듭니다. 우측의 'a' 리스트에서 '+'를 클릭하여 배열의 개수를 5개로 늘립니다. 이후 배열의 값을 각각 1, 3, 10, 2, 8을 입력합니다.
다음으로 [변수] ▶ [변수 만들기]를 선택하여 'sum', 'i', 'ave'라는 세 가지 변수를 만듭니다.
이것으로 프로그램에서 사용할 배열과 변수 준비가 끝났으므로, 오른쪽 스크립트 영역에 블록을 나열해서 프로그램을 만들어 갑니다.

'평균값(ave)을 계산하는 처리'를 분해해서 살펴봅시다.
❶ 먼저, [변수] ▶ [ave 을(를) □로 정하기]를 옮기고, ❷ □ 부분에 [연산] ▶ [○ ÷ ○]를 옮겨 넣습니다. 다음으로, ❸ [○ ÷ ○]의 왼쪽에 'sum'을 옮겨 넣고, ❹ 오른쪽에 리스트 [a의 길이]를 넣어서 나눗셈합니다. Scratch 언어에서는 정수끼리 나누어도 자동으로 소수 결과를 구할 수 있습니다.

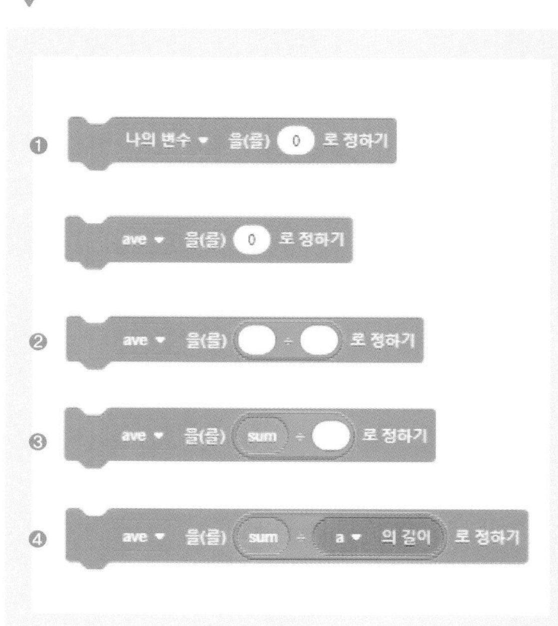

완성한 프로그램은 이렇게 됩니다.

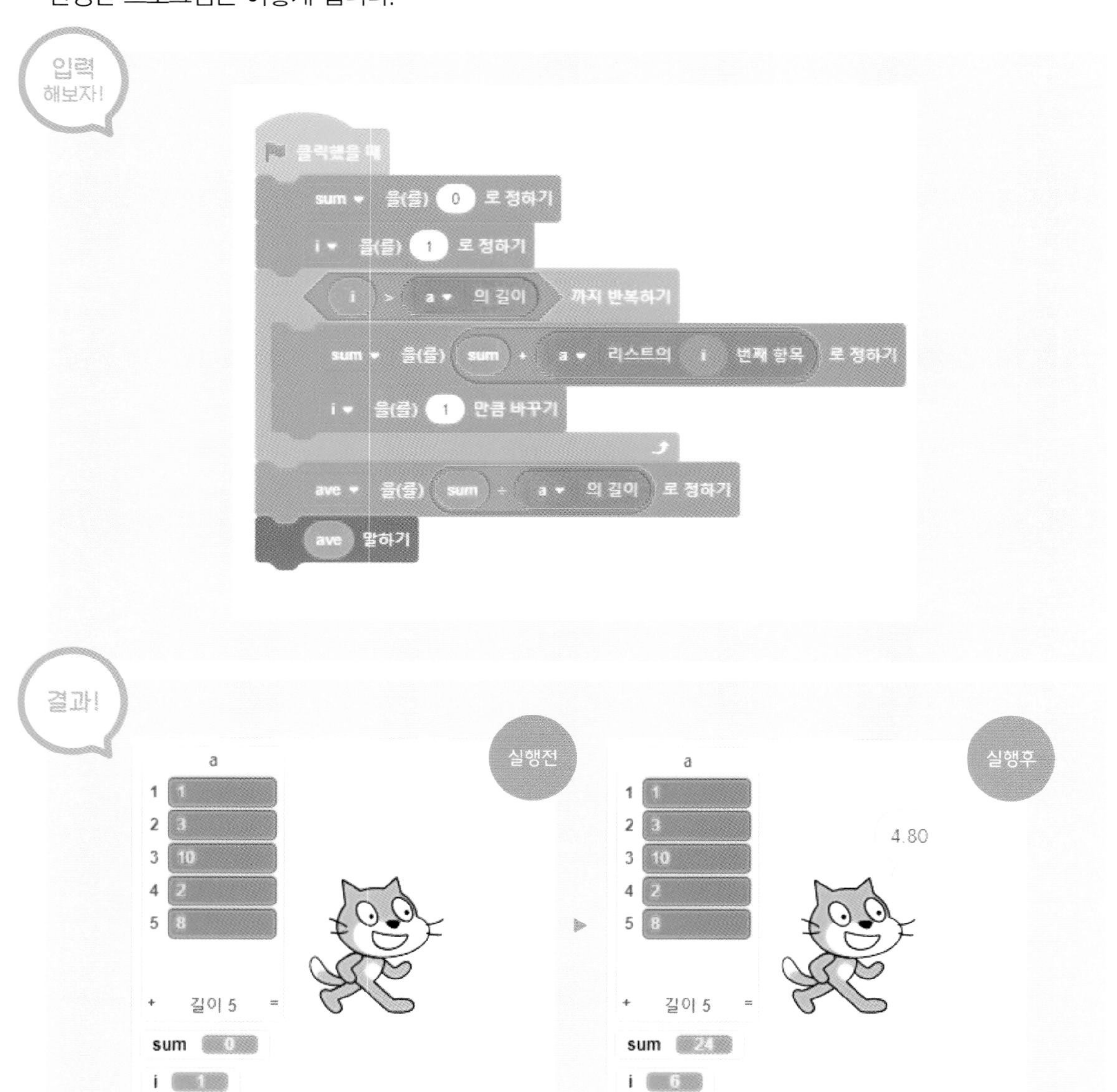

4.4 최댓값, 최솟값

'최고득점을 알고 싶을 때'나 '여러 가게 중에서 가장 싼 곳을 알고 싶을 때'는 '최댓값을 찾는 알고리즘'이나 '최솟값을 찾는 알고리즘'을 사용합니다.

▼

최댓값은 '모든 데이터 중에서 가장 큰 값'을 의미하며 최솟값은 '모든 데이터 중에서 가장 작은 값'을 의미합니다. '최댓값'과 '최솟값'을 찾는 방법은 거의 같습니다. 큰 값을 조사할지, 작은 값을 조사할지가 다를 뿐입니다.
이 책에서는 '최댓값을 찾는 알고리즘'을 소개하여 한번에 설명합니다.

목적	현재 상황	결과
데이터 최댓값을 구하는 것	알고있는 것은 '데이터 개수'와 '각 데이터의 값'	구하는 결과는 '모든 데이터 중에서 가장 큰 데이터의 값'

'모든 데이터를 차례대로 확인한다'라는 의미에서 합계 알고리즘과 비슷합니다. '반복문'을 사용해서 모든 데이터를 차례대로 조사합니다.

알고리즘 이미지와 순서

'최댓값 구하기'는 '많은 데이터에서 가장 큰 값을 찾아내는 것'입니다. 배열에 들어있는 많은 데이터를 차례로 확인하면서 최댓값인지를 조사합니다.

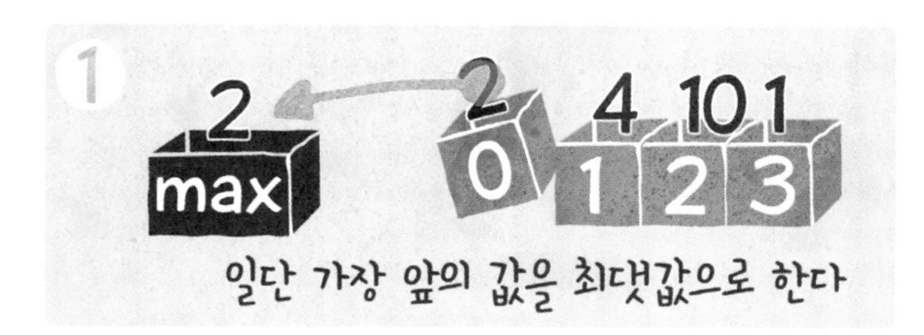

① '찾아낸 최댓값을 넣을 변수'를 준비합니다. 여기서는 일단 '배열 가장 앞의 값'은 '잠정적인 최댓값'이며 최대값 변수에 넣습니다.

② 배열 마지막까지 ③을 반복해서 비교합니다.

③ 만약 '잠정적인 최댓값 변수'보다 큰 값을 찾으면, '찾아낸 최댓값을 넣을 변수'를 최댓값 변수에 덮어쓰고 새로운 잠정 최댓값이 됩니다.

배열 마지막까지 조사하면 이 배열의 최댓값을 얻을 수 있습니다.

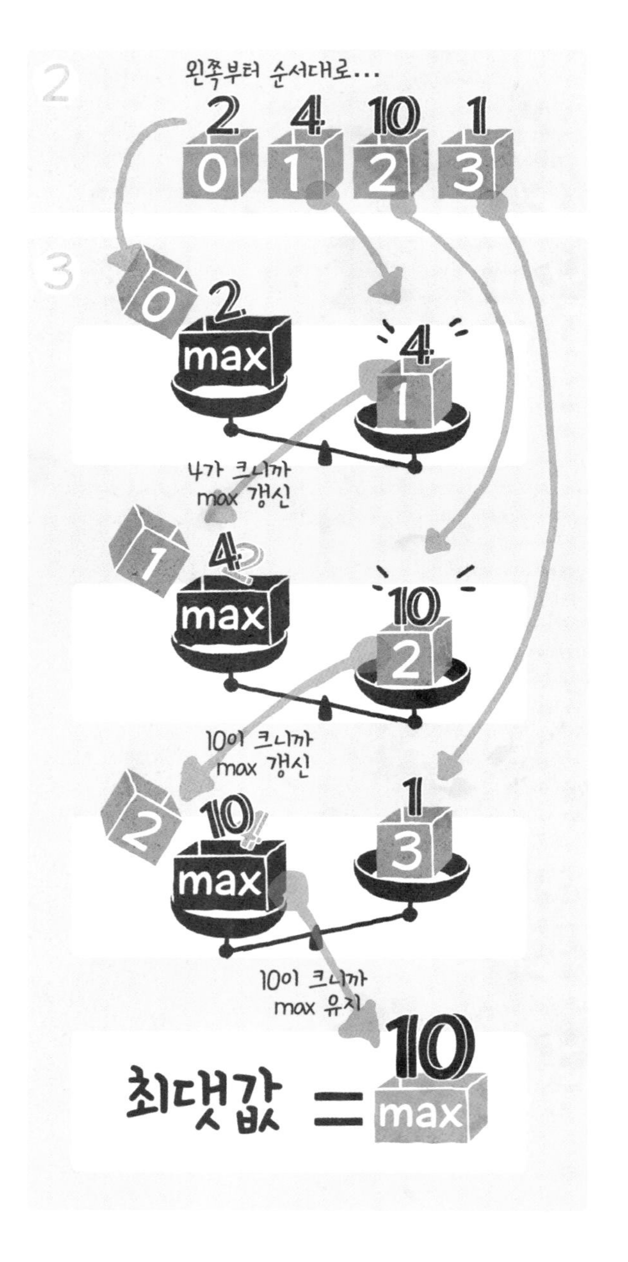

플로차트

이 과정을 플로차트로 표현해봅시다. 데이터를 배열에 넣은 다음부터 시작합니다.

① 최댓값을 넣을 변수를 max라는 이름을 붙여 만듭니다. 초깃값은 '배열 가장 앞(0)의 값'으로 합니다(이값이 잠정적인 최댓값입니다).

② 배열의 마지막까지 ③을 반복해서 비교합니다.

③ 'max의 값'과 '배열의 값'을 비교합니다. 만약 '배열의 값'이 더 크다면,

④ 'max의 값'을 '배열의 값'으로 덮어씁니다. 배열의 마지막 값까지 전부 조사하면 처리는 끝납니다.

최댓값 변수(max)의 값이 우리가 구하는 결과입니다.

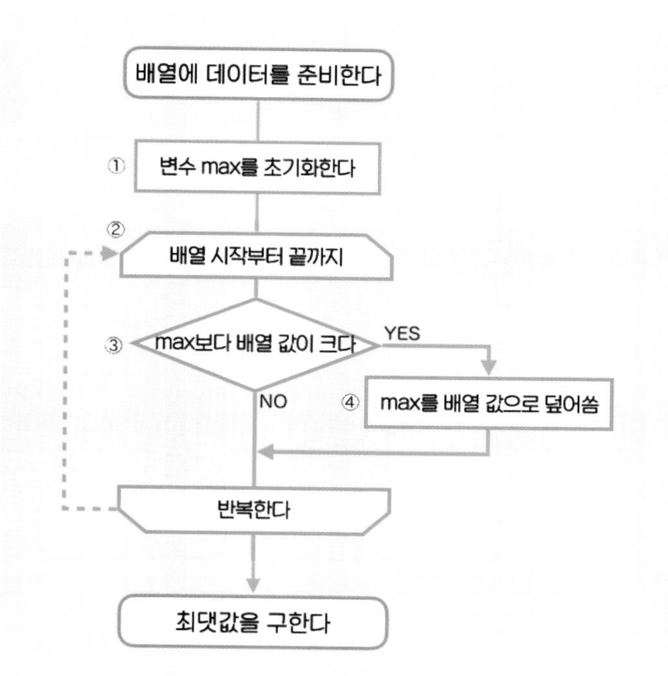

※ 최솟값을 구할 때는 이 부분을 변경합니다. '배열의 값'이 더 작으면 'min의 값'을 '배열의 값'으로 덮어씁니다.

프로그램

플로차트를 만들었으므로 이제 프로그램을 작성해봅시다.

'반복문(반복 구조)'은 대부분 언어에서 'for문'으로 수행합니다.

'조건문(분기 구조)'은 대부분 언어에서 'if문'으로 수행합니다. '최댓값'보다 '배열의 값'이 더 큰지를 조사해서 덮어쓸지를 판단합니다.

JavaScript
로 최댓값 구하기

```
<script>

  // 배열 데이터를 선언합니다.
  var a = [1, 3, 10, 2, 8]
  // 배열의 첫 번째 값으로 최댓값을 초기화합니다.
  var max = a[0];

  // 두 번째 배열부터 마지막 배열까지 값을 비교합니다.
  for (var i = 1; i < a.length; i++) {
    // 만약 배열의 값이 최댓값보다 큰 값이 나타나면
    if (max < a[i]) {
      // 최댓값을 해당 배열의 값으로 덮어씁니다.
      max = a[i];
    }
  }

  // 최댓값을 표시합니다.
  document.writeln("Max = ", max);

</script>
```

```
Max = 10
```

PHP
로 최댓값 구하기

입력 해보자!

```php
<?php

   // 배열 데이터를 선언합니다.
   $a = array(1, 3, 10, 2, 8);
   // 배열의 첫 번째 값으로 최댓값을 초기화합니다.
   $max = $a[0];

   // 두 번째 배열부터 마지막 배열까지 값을 비교합니다.
   for ($i = 1; $i < count($a); $i++) {
      // 만약 배열의 값이 최댓값보다 큰 값이 나타나면
      if ($max < $a[$i]) {
         // 최댓값을 해당 배열의 값으로 덮어씁니다.
         $max = $a[$i];
      }
   }

   // 최댓값을 표시합니다.
   print("Max = $max");

?>
```

```
Max = 10
```

C
로 최댓값 구하기

```
#include <stdio.h>

int main(int argc, char* argv[]) {

    // 배열 데이터를 선언합니다.
    int a[] = {1, 3, 10, 2, 8};
    // 배열의 첫 번째 값으로 최댓값을 초기화합니다.
    int max = a[0];
    // 배열의 데이터 개수를 조사합니다.
    int length = sizeof(a) / sizeof(int);

    // 두 번째 배열부터 마지막 배열까지 값을 비교합니다.
    for (int i = 1; i < length; i++) {
    // 만약 배열의 값이 최댓값보다 큰 값이 나타나면
        if (max < a[i]) {
            // 최댓값을 해당 배열의 값으로 덮어씁니다.
            max = a[i];
        }
    }

    // 최댓값을 표시합니다.
    printf("Max = %d", max);

}
```

```
Max = 10
```

Java
로 최댓값 구하기

입력 해보자!

```
class Max {

    public static void main(String[] args) {

        // 배열 데이터를 선언합니다.
        int a[] = {1, 3, 10, 2, 8};
        // 배열의 첫 번째 값으로 최댓값을 초기화합니다.
        int max = a[0];

        // 두 번째 배열부터 마지막 배열까지 값을 비교합니다.
        for (int i = 1; i < a.length; i++) {
            // 만약 배열의 값이 최댓값보다 큰 값이 나타나면
            if (max < a[i]) {
                // 최댓값을 해당 배열의 값으로 덮어씁니다.
                max = a[i];
            }
        }

        // 최댓값을 표시합니다.
        System.out.println("Max = " + max);

    }
}
```

```
Max = 10
```

Swift

로 최댓값 구하기

```
// 배열 데이터를 선언합니다.
var a = [1, 3, 10, 2, 8]
// 배열의 첫 번째 값으로 최댓값을 초기화합니다.
var max = a[0]

// 두 번째 배열부터 마지막 배열까지 값을 비교합니다.
for i in 1..<a.count {
    // 만약 배열의 값이 최댓값보다 큰 값이 나타나면
    if (max < a[i]) {
        // 최댓값을 해당 배열의 값으로 덮어씁니다.
        max = a[i]
    }
}

// 최대값을 표시합니다.
print("Max =", max)
```

```
Max = 10
```

Python

으로 최댓값 구하기

```
#-*-coding : UTF-8-*-

# 배열 데이터를 선언합니다.
a = [1, 3, 10, 2, 8]
# 최댓값을 배열의 첫 번째 값으로 초기화합니다.
max = a[0]

# 두 번째 배열부터 마지막 배열까지 값을 비교합니다.
for i in range(1, len(a)) :
# 만약 배열의 값이 최댓값보다 큰 값이 나타나면
    if (max < a[i]) :
          # 최댓값을 해당 배열의 값으로 덮어씁니다.
          max = a[i]

# 최댓값을 표시합니다.
print("Max =", max)
```

```
Max = 10
```

Visal Basic

으로 최댓값 구하기

```
Module VisualBasic
   Sub Main()

      ' 배열 데이터를 선언합니다.
      Dim a() As Integer = {1, 3, 10, 2, 8}
      ' 최댓값을 배열의 첫 번째 값으로 초기화합니다.
      Dim max As Integer = a(0)

      ' 두 번째 배열부터 마지막 배열까지 값을 비교합니다.
      For i = 1 To a.Length - 1
         ' 만약 배열의 값이 최댓값보다 큰 값이 나타나면
         If max < a(i) Then
            ' 최댓값을 해당 배열의 값으로 덮어씁니다.
            max = a(i)
         End If
      Next

      ' 최댓값을 표시합니다.
      Console.WriteLine("Max = " & max)

   End Sub
End Module
```

```
Max = 10
```

Scratch
로 최댓값 구하기

[변수] ▶ [리스트 만들기]를 선택하여 배열(리스트) 'a'를 만듭니다. 우측의 'a' 리스트에 '+'를 클릭하여 배열의 개수를 5개로 늘립니다. 이후 배열의 값을 각각 [1, 3, 10, 2, 8]을 입력합니다.

다음으로 [변수] ▶ [변수 만들기]를 선택하여 'max', 'i'라는 두 가지 변수를 만듭니다. 이것으로 프로그램에서 사용할 배열과 변수 준비가 끝났으므로, 오른쪽 스크립트 영역에 블록을 나열해서 프로그램을 만들어 봅니다.

'두 값을 비교하는 처리'를 분해해서 살펴봅시다. ❶ [제어] ▶ [만약 ○ (이)라면]에 [연산] ▶ [○〉○]를 옮겨 넣습니다. ❷왼쪽에는 [변수] ▶ [a 리스트의 i 번째 항목]을 옮겨 넣고, ❸오른쪽에 [변수] ▶ [max]를 넣습니다.

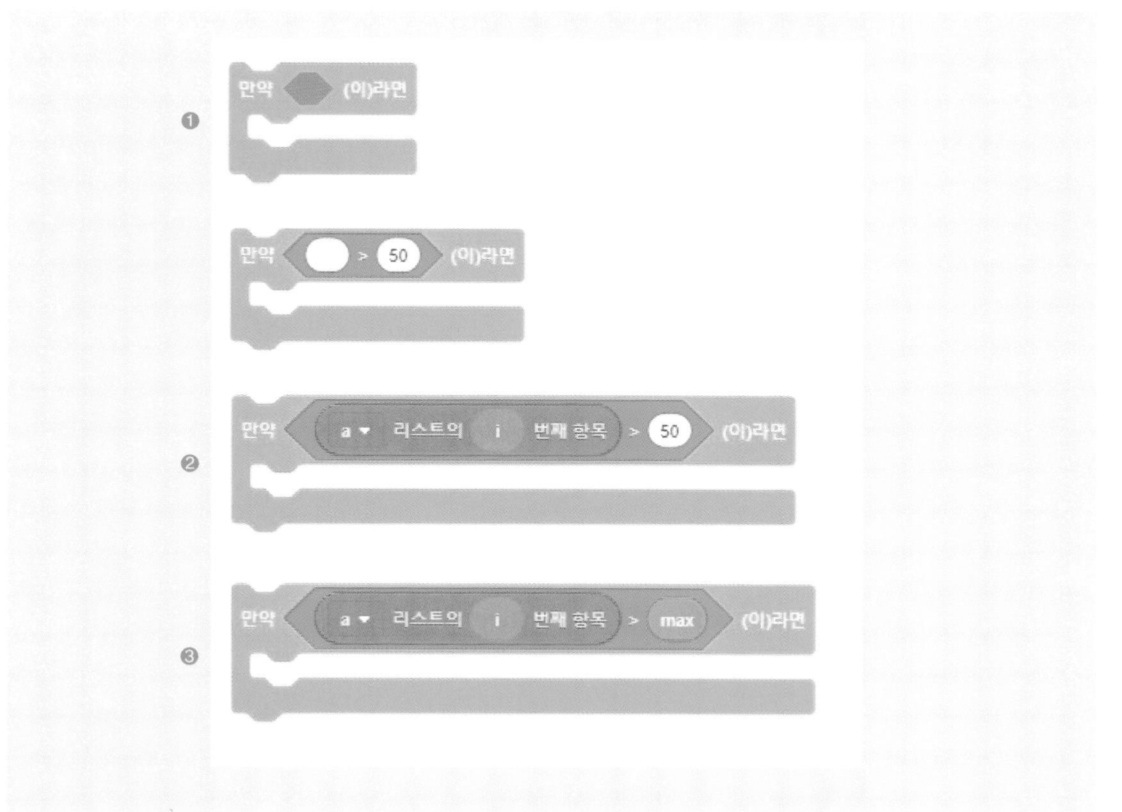

```
클릭했을 때
max ▾ 을(를) (a ▾ 리스트의 (1) 번째 항목) 로 정하기
i ▾ 을(를) (2) 로 정하기
<(i) > (a ▾ 의 길이)> 까지 반복하기
    만약 <(max) < (a ▾ 리스트의 (i) 번째 항목)> (이)라면 ❶
        max ▾ 을(를) (a ▾ 리스트의 (i) 번째 항목) 로 정하기
    i ▾ 을(를) (1) 만큼 바꾸기
(max) 말하기
```

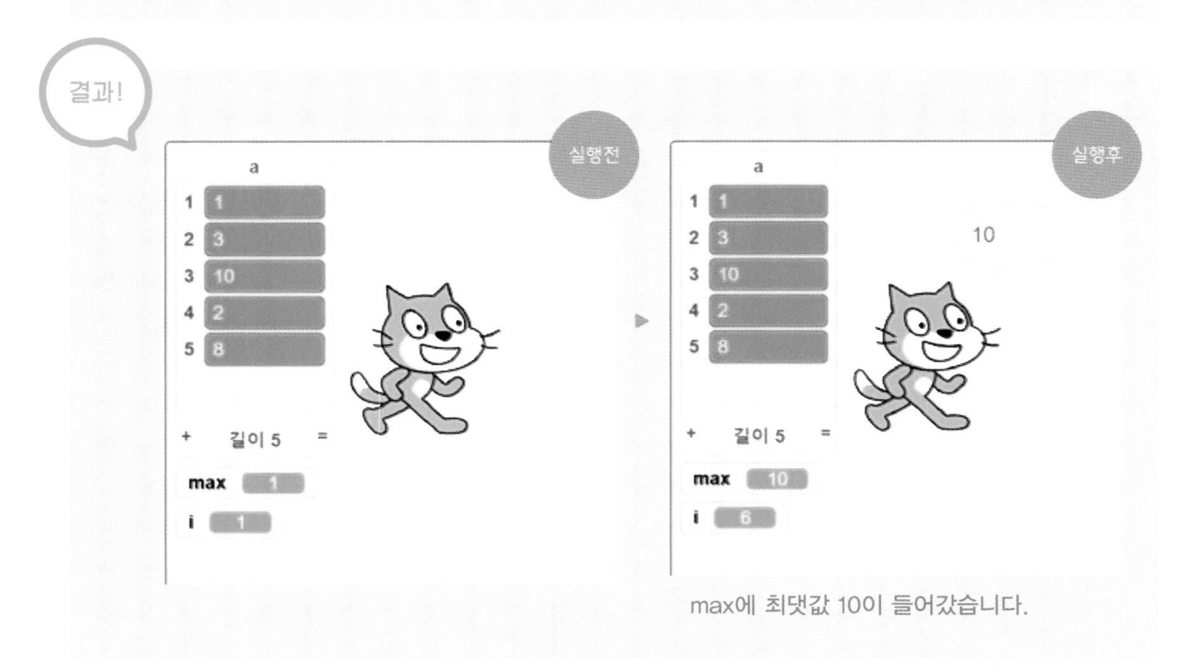

max에 최댓값 10이 들어갔습니다.

4.5
데이터 교환

'두 변수의 값을 서로 바꾸고 싶을 때'는 '데이터를 교환하는 알고리즘'을 사용합니다.

목적	현재 상황	결과
두 데이터의 값을 교환하는 것	알고 있는 것은 '첫 번째 변수의 값'과 '두 번째 변수의 값'	구하는 결과는 '첫 번째 변수에 두 번째 값이, 두 번째 변수에 첫 번째 값이 입력되는 것'

알고리즘 이미지와 순서

두 데이터를 교환하는 것이 쉬울 것으로 생각할지도 모르겠습니다.
두 변수의 값을 상대 변수에 넣으면 된다고 생각할 수 있습니다. 그렇지만 실제로 해보면 생각처럼 잘되지 않습니다.

예를 들면, a에 10, b에 20을 넣은 상태에서 이 둘을 교환해봅시다.

▼

① a에 b 값을 넣으면 a에 20이 들어갑니다.

② 다음으로, b에 a 값을 넣습니다. 그런데 a는 이미 20으로 변경되었으므로, b가 20을 유지해서 두 변수는 같은 값을 가집니다.

'처리를 차례로 수행'하므로 한쪽 데이터를 다른 쪽 데이터로 덮어쓰기 때문입니다.

그래서 덮어써도 문제가 생기지 않도록 또다른 변수를 준비해서 '데이터를 대피시키는 장소'를 만드는 방법으로 데이터 교환을 수행할 수 있습니다.

▼

a에 10, b에 20이 들어있는 상태에서 시작합니다. 임시로 보관하는 장소인 변수 tmp를 준비합니다.

※ tmp(또는 t, temp 등)는 temporary의 줄임말로 '일시적인 변수'라는 의미로 사용하는 이름입니다.

① tmp에 a 값을 넣어서 데이터를 대피시킵니다.

② 다음으로, a에 b 값을 넣으면 a에 20이 들어갑니다.

③ b에는 대피시켰던 tmp 값을 넣습니다.

이렇게 해서 두 데이터를 교환할 수 있습니다.

플로차트

이 과정을 플로차트로 표현해봅시다.
변수 'a'와 변수 'b'를 교환하는 상황을 생각합니다.
변수 'a'에 10, 변수 'b'에 20을 넣습니다.
① tmp에 a 값을 넣습니다.
② a에 b 값을 넣습니다.
③ b에 tmp 값을 넣습니다.
이렇게 두 데이터를 교환할 수 있습니다.

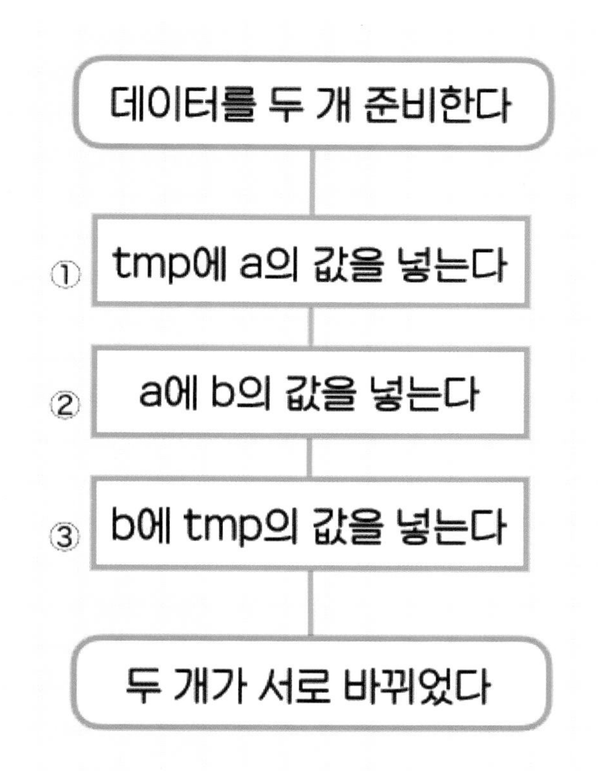

프로그램

플로차트를 만들었으므로 이제 프로그램을 작성해봅시다.
변수를 세 개 사용해서 값을 교환합니다.

JavaScript
로 데이터 교환하기

```
<script>

   // 변수에 데이터를 선언합니다.
   var a = 10;
   var b = 20;

   // 임시로 tmp에 a의 값을 덮어써 대피시킵니다.
   var tmp = a;
   // a에 b의 값을 덮어씁니다.
   a = b;
   // 대피시킨 tmp의 값을 b에 덮어씁니다.
   b = tmp;

   // 교환 결과를 표시합니다.
   document.writeln("A = ", a, ", B = ", b);

</script>
```

```
A = 20, B = 10
```

PHP

로 데이터 교환하기

```
<?php

    // 변수에 데이터를 선언합니다.
    $a = 10;
    $b = 20;

    // 임시로 tmp에 a의 값을 덮어써 대피시킵니다.
    $tmp = $a;
    // a에 b의 값을 덮어씁니다.
    $a = $b;
    // 대피시킨 tmp의 값을 b에 덮어씁니다.
    $b = $tmp;

    // 교환 결과를 표시합니다.
    print("A = $a, B = $b");

?>
```

```
A = 20, B = 10
```

C
로 데이터 교환하기

```c
#include <stdio.h>

int main(int argc, char* argv[]) {

    // 변수에 데이터를 선언합니다.
    int a = 10;
    int b = 20;

    // 임시로 tmp에 a의 값을 덮어써 대피시킵니다.
    int tmp = a;
    // a에 b의 값을 덮어씁니다.
    a = b;
    // 대피시킨 tmp의 값을 b에 덮어씁니다.
    b = tmp;

    // 교환 결과를 표시합니다.
    printf("A = %d, B = %d", a, b);

}
```

```
A = 20, B = 10
```

Java
로 데이터 교환하기

입력 해보자!

```
class Swap {

    public static void main(String[] args) {

        // 변수에 데이터를 선언합니다.
        int a = 10;
        int b = 20;

        // 임시로 tmp에 a의 값을 덮어써 대피시킵니다.
        int tmp = a;
        // a에 b의 값을 덮어씁니다.
        a = b;
        // 대피시킨 tmp의 값을 b에 덮어씁니다.
        b = tmp;

        // 교환 결과를 표시합니다.
        System.out.println("A = " + a + ", B = " + b);

    }
}
```

결과!

```
A = 20, B = 10
```

Swift
로 데이터 교환하기

입력 해보자!

```
// 변수에 데이터를 선언합니다.
var a = 10
var b = 20

// 임시로 tmp에 a의 값을 덮어써 대피시킵니다.
var tmp = a
// a에 b의 값을 덮어씁니다.
a = b
// 대피시킨 tmp의 값을 b에 덮어씁니다.
b = tmp

// 교환 결과를 표시합니다.
print("A =", a, ", B =", b)
```

```
A = 20, B = 10
```

Python
으로 데이터 교환하기

입력 해보자!

```
#-*-coding : UTF-8-*-

# 변수에 데이터를 선언합니다.
a = 10
b = 20

# 임시로 tmp에 a의 값을 덮어써 대피시킵니다.
tmp = a
# a에 b의 값을 덮어씁니다.
a = b
# 대피시킨 tmp의 값을 b에 덮어씁니다.
b = tmp

# 교환 결과를 표시합니다.
print("A =", a, ", B =", b)
```

결과!

```
A = 20, B = 10
```

Visual Basic
으로 데이터 교환하기

```
Module VisualBasic
    Sub Main()

        ' 변수에 데이터를 선언합니다.
        Dim a As Integer = 10
        Dim b As Integer = 20

        ' 임시로 tmp에 a의 값을 덮어써 대피시킵니다.
        Dim tmp As Integer = a
        ' a에 b의 값을 덮어씁니다.
        a = b
        ' 대피시킨 tmp의 값을 b에 덮어씁니다.
        b = tmp

        ' 교환 결과를 표시합니다.
        Console.WriteLine("A = " & a & ", B = " & b)

    End Sub
End Module
```

```
A = 20, B = 10
```

Scratch
로 데이터 교환하기

[변수] ▶ [변수 만들기]에서 'a', 'b', 'tmp' 변수를 만듭니다.

프로그램에서 사용할 변수를 준비했으므로 오른쪽의 스크립트 영역에 블록을 나열해서 프로그램을 만듭니다.

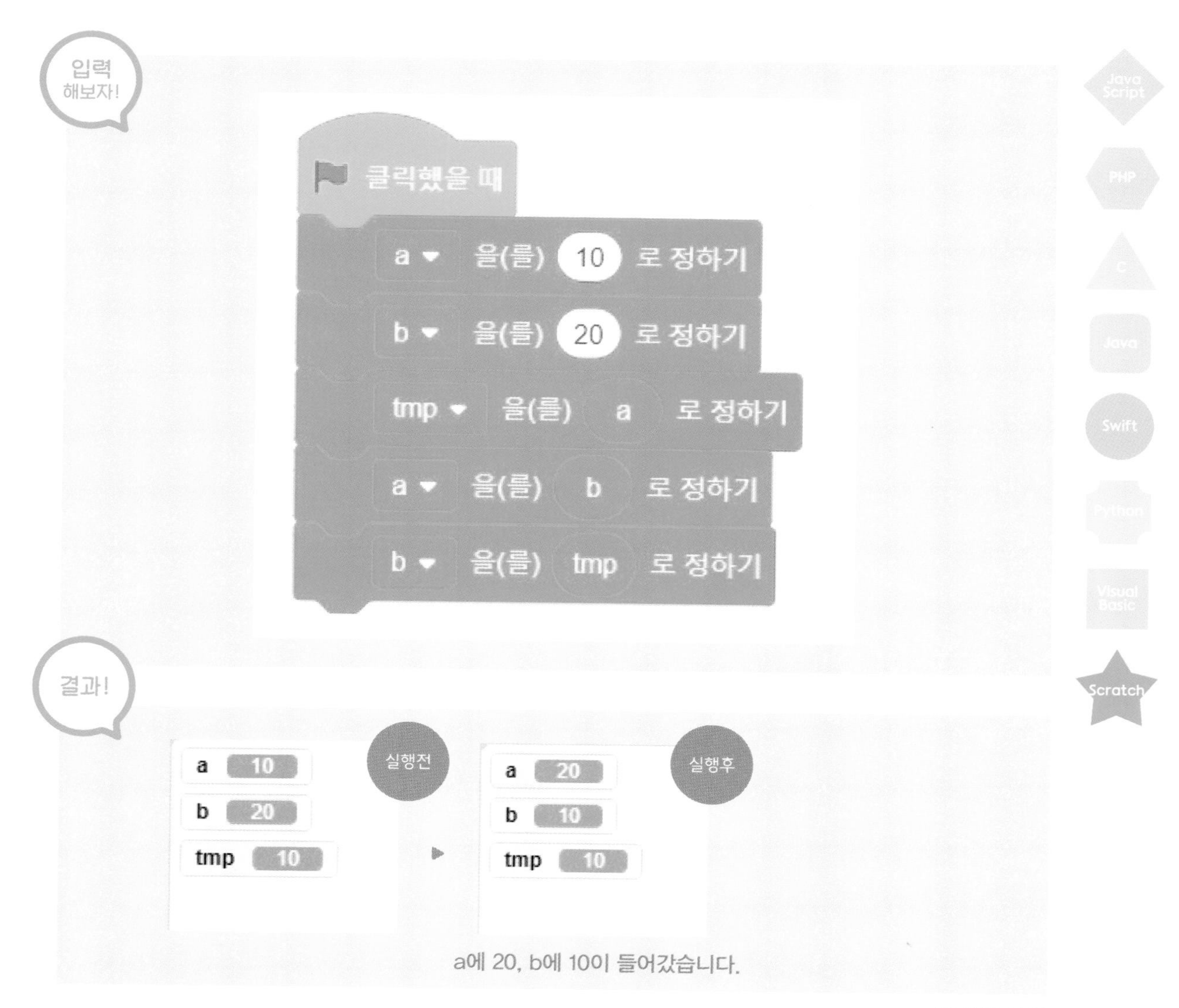

a에 20, b에 10이 들어갔습니다.

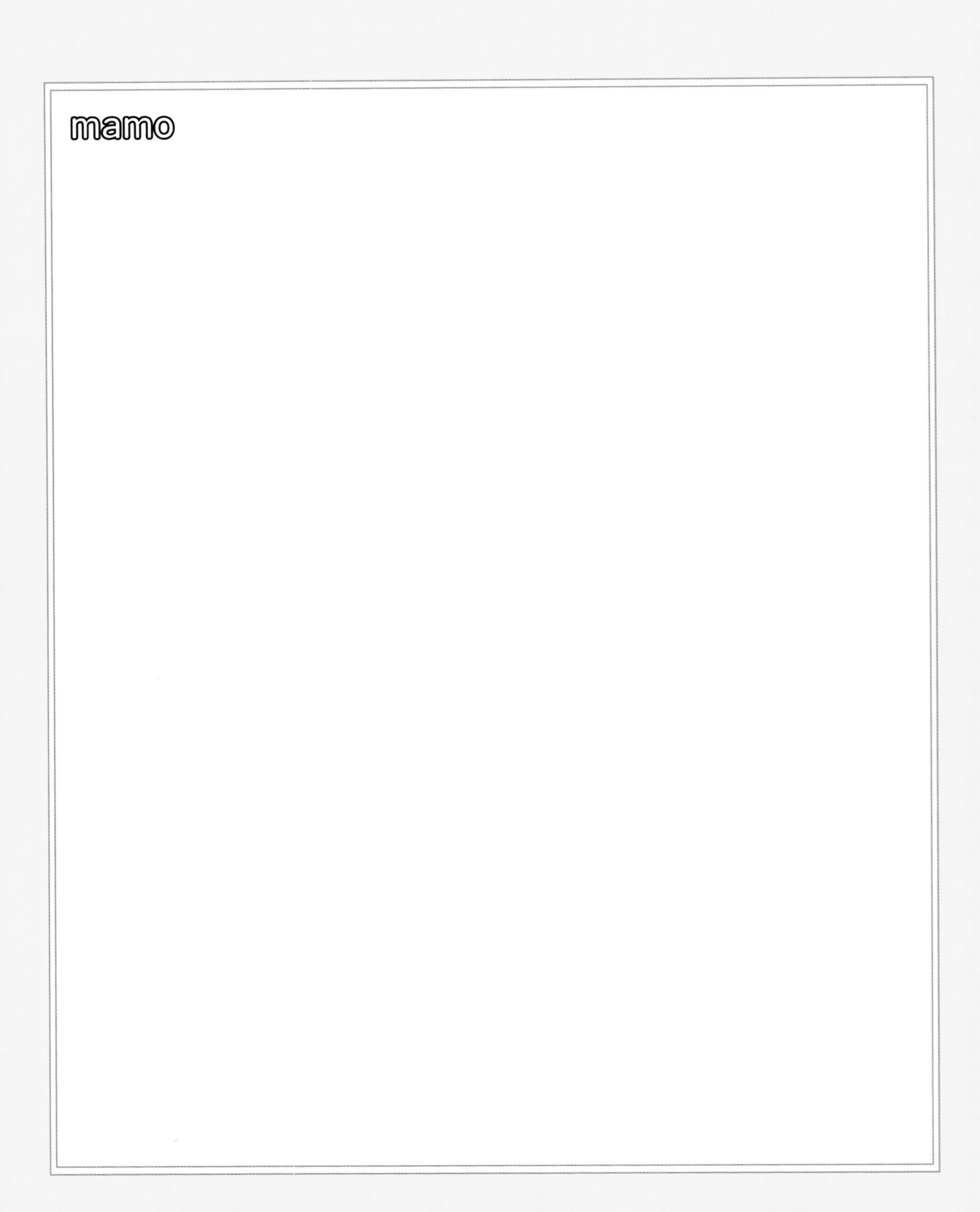
mamo

제 5 장

검색 알고리즘

검색이란 '많은 데이터에서 필요한 데이터를 발견하는 것' 입니다.
여러 가지 검색 알고리즘을 알아봅시다.
프로그래밍 언어를 작성하는 구체적인 방법도 소개합니다.

5.1 검색(Search) 알고리즘이란?

'검색'은 '많은 데이터에서 필요한 데이터를 찾아내는 것'입니다.

▼

인터넷에 있는 데이터나 사전, 고객 정보, 매출 정보등과 같은 데이터를 사용할 경우가 있습니다. 데이터는 많이 있으면 여러 정보를 알 수 있지만, 데이터를 보관만 하고 있다면, 필요한 정보를 찾아내기 어렵습니다.

▼

이때 '많은 데이터에서 필요한 데이터를 찾아내기'위해 '검색'을 사용합니다.

▼

검색 알고리즘도 여러 가지 있습니다.
이 책에서는 알기 쉬운 '선형 검색법(Linear search)'과 '이분 검색법(Binary search)'을 소개합니다.

선형 검색법(Linear search)

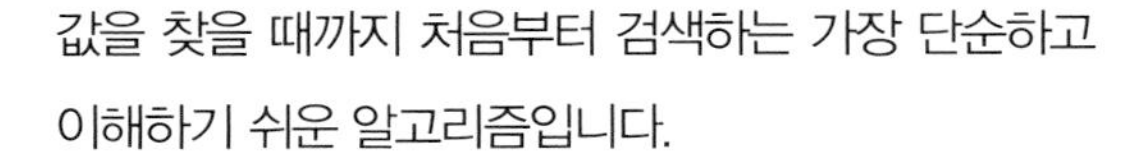

값을 찾을 때까지 처음부터 검색하는 가장 단순하고 이해하기 쉬운 알고리즘입니다.

이분 검색법(Binary search)

조사하는 범위를 절반으로 좁혀가면서 찾아가는 알고리즘이며, 빠르게 검색할 수 있습니다.

5.2
선형 검색법(Linear search)

하나씩 조사해가는 검색법

선형 검색법(=순차 탐색법)은 가장 단순한 알고리즘이라 초보자도 쉽게 이해할 수 있는 알고리즘입니다.
'앞부분부터 차례로 찾는 값을 발견할 때까지 찾아가기만 하면 되는 방법'입니다.
배열을 '직선적(linear)'으로 검색하므로 '선형 검색법(Linear Search)'이라고 부릅니다.
단순해서 이해하기 쉽지만, 값을 하나하나 조사해가므로 데이터가 많으면 시간이 걸리는 방법입니다.

목적	현재 상황	결과	장점	단점
배열에서 어떤 값을 찾는 것	알고 있는 것은 데이터 '개수', '각각의 값', '찾는 값'	구하는 결과는 '값이 있는가?', '어디에 있는가?'	프로그램이 단순하고 설치하기 쉽다	처리속도가 느리다

알고리즘 이미지

선형 검색법은 우리가 일상에서 뭔가를 찾을 때 사용하는 방법과 비슷합니다.

▼

데이터를 한쪽 끝부터 차례로 '찾는 값을 발견할 때까지' 조사해가는 방법입니다.
'최댓값 알고리즘'도 많은 데이터 중에서 가장 큰 값을 '찾아내는 것'이므로, 이것과 비슷한 알고리즘입니다.

검색 알고리즘 고안

검색 알고리즘은 결과를 표시하는 방법에도 아이디어가 들어있습니다.
결과는 '원하는 값의 존재 여부', '원하는 값이 있다면, 그 값은 배열의 어디에 있는가?'라는 두 가지 정보를 포함해야 합니다. 이 정보들을 변수 하나에 정리해서 다루기 위한 아이디어는 다음과 같습니다.

▼

원하는 값을 찾았을 때는 그 데이터의 '배열 번호'는 반드시 '0 이상인 정수'입니다. 결코 '마이너스'가 될 수 없습니다. 이 사실을 이용해서 다음과 같은 규칙을 정합니다.

1. 원하는 값을 찾았을 때는 배열 번호(0 이상인 정수)를 사용한다.
2. 원하는 값을 찾지 못했을 때는 마이너스 값을 사용한다.

▼

이렇게 하면 '값이 있는가?', '어디에 있는가?'라는 두 가지 정보를 변수 하나로 알 수 있습니다.

1. 결과가 0 이상인 정수라면, '원하는 값을 찾았다'라는 것을 알 수 있습니다.
2. 결과가 마이너스라면, '원하는 값을 찾지 못했다'라는 것을 알 수 있습니다.

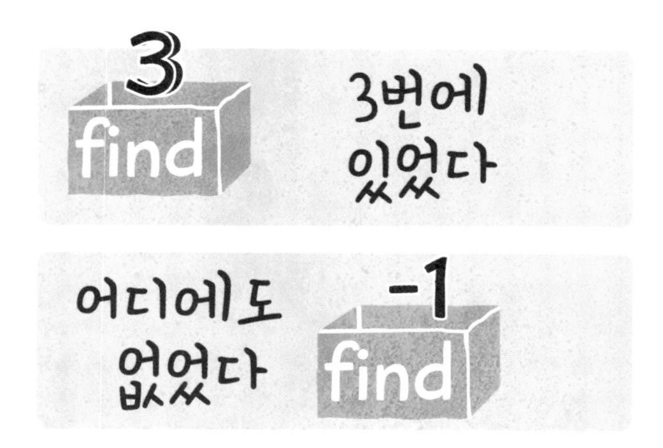

구체적인 순서

이것을 구현할 구체적인 순서를 생각해봅시다.

준비

① 우선, '결과를 넣을 변수'를 준비합니다. 이 변수에 '마이너스 값(–1)'으로 설정합니다.

이제 검색을 해가면서 원하는 값을 찾으면 그때 값의 배열 번호로 마이너스 값을 덮어씁니다. 만약 마지막까지 원하는 값을 찾지 못하면, 마이너스 값을 덮어쓰지 못하므로 그대로 '마이너스 값(–1)'인 채로 원하는 값을 찾지 못했다는 사실을 알 수 있습니다.

검색한다

② 앞부분부터 마지막까지 반복해서 값을 조사합니다.

③ '조사한 값'과 '찾는 값'이 같으면 검색을 종료합니다.

④ '결과 변수'를 '그 배열의 번호'로 덮어써서 반복을 종료합니다.

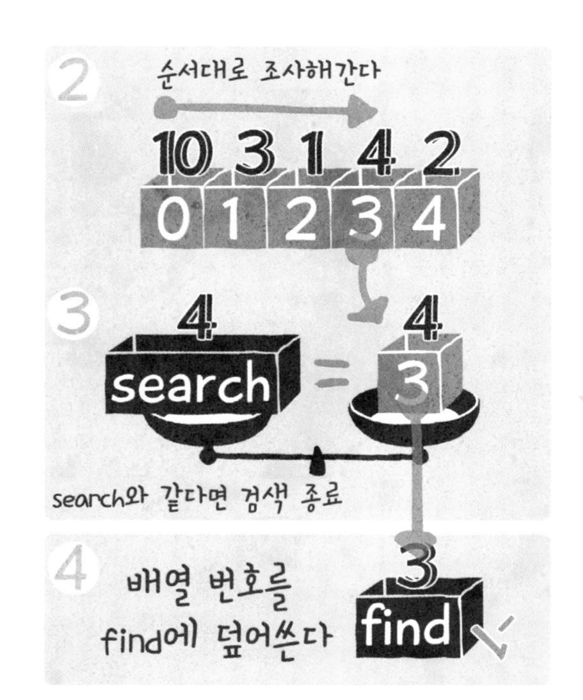

결과

반복이 끝나면 '결과 변수'에 답이 들어있습니다.

⑤ 0 이상인 값이면, 원하는 값이 있었다는 것을 알 수 있으며, 그 값으로 원하는 값이 있던 곳을 알 수 있습니다.

⑥ 마이너스 값이면, 원하는 값이 없다는 것을 알 수 있습니다.

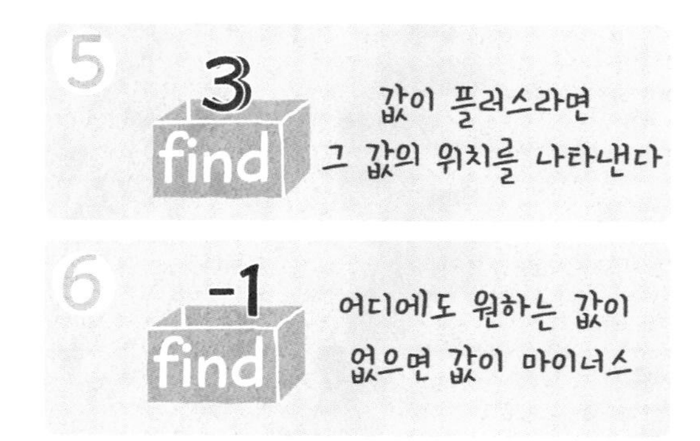

플로차트

이 과정을 플로차트로 표현해봅시다.

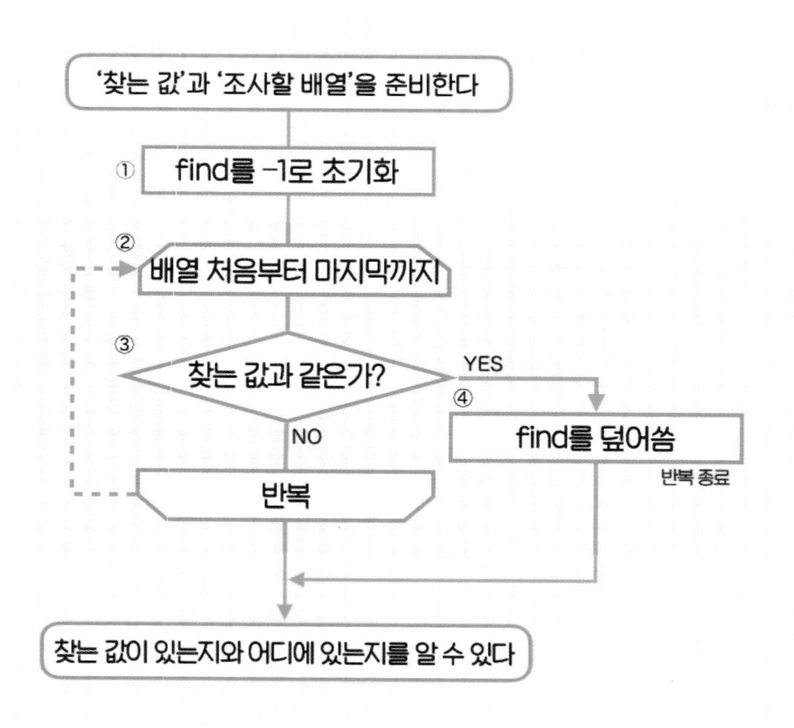

① '결과를 넣을 변수(find)'를 준비하고 '−1'을 설정합니다.

② 앞부분부터 마지막까지 반복해서 비교해 갑니다.

③ '찾는 값'과 같은 값인지를 비교합니다.

④ 같은 값이라면 '결과를 넣을 변수(find)'를 '그 값의 배열 번호'로 덮어쓰고 반복을 종료합니다.

▼

반복이 끝나면, '결과를 넣을 변수(find)'를 보고 '값이 있는지'와 '어디에 있는지'를 알 수 있습니다.

알고리즘의 특징(정리)

선형 검색법은 처음부터 마지막까지 꼼꼼하게 하나씩 찾아가는 검색법입니다.

프로그램

플로차트를 완성했으므로, 각 프로그래밍 언어로 프로그램을 작성해봅시다.
대부분 언어에서는 '반복(반복 구조)'은 'for문', '조건 분기(분기 구조)'는 'if문'으로 수행합니다.
'for문'을 멈추려면 'if문'과 'break문'을 사용합니다. 'if문' 안에서 'break문'을 실행하면 'for문'이 멈춥니다.

for 문으로 처음부터 끝까지

for문은 'for (시작 값; 조건식; 증감식)'으로 지정하며, '조건식'은 '조건을 만족하는 동안 반복한다'는 의미이므로 주의합니다. 예를 들면, 'for(i=0; i<n; i++)'라고 지정하면, 'i가 n이 될 때까지 반복한다' 라는 의미가 아니라, 'i가 n보다 작은 동안(즉, n−1까지) 반복한다'라는 의미입니다.

배열은 처음에 0부터 시작하게 만들어져서 개수를 알 수 있으므로, '배열의 처음부터 마지막까지 반복할 때'는 'for (i = 0; i < 반복 횟수; i++)'과 같이 단순하게 작성할 수 있습니다.

JavaScript
로 검색하기

```
<script>

   // 배열 데이터를 선언합니다.
   var a = [10, 3, 1, 4, 2];
   // 찾는 값은 4로 선언합니다.
   var searchValue = 4;
   // 찾았을 때의 번호를 에러값(-1)으로 선언합니다.
   var findID = -1;

   // 배열에 있는 모든 값을 조사합니다.
   for (var i = 0; i < a.length ; i++ ) {
      // 만약 배열의 값과 찾는 값이 같다면
      if (a[i] == searchValue) {
         // 그 번호를 저장하고
         findID = i;
         // 반복을 종료합니다.
         break;
      }
   }

   // 검색 결과를 표시합니다.
   document.writeln("Linear search = ", findID);

</script>
```

```
Linear search = 3
```

로 검색하기

```
<?php

    // 배열 데이터를 선언합니다.
    $a = array(10, 3, 1, 4, 2);
    // 찾는 값은 4로 선언합니다.
    $searchValue = 4;
    // 찾았을 때의 번호를 에러값(-1)으로 선언합니다.
    $findID = -1;

    // 배열에 있는 모든 값을 조사합니다.
    for ($i = 0; $i < count($a); $i++) {
        // 만약 배열의 값과 찾는 값이 같다면
        if ($a[$i] == $searchValue) {
            // 그 번호를 저장하고
            $findID = $i;
            // 반복을 종료합니다.
            break;
        }
    }

    // 검색 결과를 표시합니다.
    print("Linear search = $findID");

?>
```

```
Linear search = 3
```

C
로 검색하기

```
#include <stdio.h>

int main(int argc, char* argv[]) {

    // 배열 데이터를 선언합니다.
    int a[] = {10, 3, 1, 4, 2};
    // 찾는 값은 4로 선언합니다.
    int searchValue = 4;
    // 찾았을 때의 번호를 에러값(-1)으로 선언합니다.
    int findID = -1;
    // 배열의 데이터 개수를 조사합니다.
    int length = sizeof(a) / sizeof(int);

    // 배열에 있는 모든 값을 조사합니다.
    for (int i = 0; i < length; i++) {
        // 만약 배열의 값과 찾는 값이 같다면
        if (a[i] == searchValue) {
            // 그 번호를 저장하고
            findID = i;
            // 반복을 종료합니다.
            break;
        }
    }

    // 검색 결과를 표시합니다.
    printf("Linear search = %d", findID);

}
```

```
Linear search = 3
```

Java
로 검색하기

입력 해보자!

```
class LinearSearch {

   public static void main(String[] aargs) {

      // 배열 데이터를 선언합니다.
      int a[] = {10, 3, 1, 4, 2};
      // 찾는 값은 4로 선언합니다.
      int searchValue = 4;
      // 찾았을 때의 번호를 에러값(-1)으로 선언합니다.
      int findID = -1;

      // 배열에 있는 모든 값을 조사합니다.
      for (int i = 0; i < a.length; i++) {
         // 만약 배열의 값과 찾는 값이 같다면
         if (a[i] == searchValue) {
            // 그 번호를 저장하고
            findID = i;
            // 반복을 종료합니다.
            break;
         }
      }

      // 검색 결과를 표시합니다.
      System.out.println("Linear search = " + findID);

   }
}
```

```
Linear search = 3
```

Swift
로 검색하기

입력 해보자!

```
// 배열 데이터를 선언합니다.
let a = [10, 3, 1, 4, 2]
// 찾는 값은 4로 선언합니다.
let searchValue = 4
// 찾았을 때의 번호를 에러값(-1)으로 선언합니다.
var findID = -1

// 배열에 있는 모든 값을 조사합니다.
for i in 0..<a.count {
    // 만약 배열의 값과 찾는 값이 같다면
    if a[i] == searchValue {
        // 그 번호를 저장하고
        findID = i
        // 반복을 종료합니다.
        break
    }
}

// 검색 결과를 표시합니다.
print("Linear search =", findID)
```

결과!

```
Linear search = 3
```

Python
으로 검색하기

```
#-*-coding : UTF-8-*-

# 배열 데이터를 선언합니다.
a = [10, 3, 1, 4, 2]
# 찾는 값은 4로 선언합니다.
searchValue = 4
# 찾았을 때의 번호를 에러값(-1)으로 선언합니다.
findID = -1

# 배열에 있는 모든 값을 조사합니다.
for i in range(len(a)) :
    # 만약 배열의 값과 찾는 값이 같다면
    if a[i] == searchValue :
        # 그 번호를 저장하고
        findID = i
        # 반복을 종료합니다.
        break

# 검색 결과를 표시합니다.
print("Linear search =", findID)
```

```
Linear search = 3
```

Visual Basic
으로 검색하기

```
Module VisualBasic
  Sub Main()

      ' 배열 데이터를 선언합니다.
      Dim a() As Integer = {10, 3, 1, 4, 2}
      ' 찾는 값은 4로 선언합니다.
      Dim searchValue As Integer = 4
      ' 찾았을 때의 번호를 에러값(-1)으로 선언합니다.
      Dim findID As Integer = -1

      ' 배열에 있는 모든 값을 조사합니다.
      For i = 0 To a.Length - 1
        ' 만약 배열의 값과 찾는 값이 같다면
        If a(i) = searchValue Then
          ' 그 번호를 저장하고
          findID = i
          ' 반복을 종료합니다.
          Exit for
        End If
      Next

      ' 검색 결과를 표시합니다.
      Console.WriteLine("Linear search = " & findID)

  End Sub
End Module
```

```
Linear search = 3
```

Scratch
로 검색하기

[변수] ▶ [리스트 만들기]를 선택하여 배열(리스트) 'a'를 만듭니다. 우측의 'a' 리스트에 '+'를 클릭하여 배열의 개수를 5개로 늘립니다. 이후 배열의 값을 각각 [10, 3, 1, 4, 2]를 입력합니다.
다음으로 [변수] ▶ [변수 만들기]를 선택하여 'searchValue', 'findID', 'i'라는 세 가지 변수를 만듭니다.
이것으로 프로그램에서 사용할 배열과 변수 준비가 끝났으므로, 오른쪽 스크립트 영역에 블록을 나열해서 프로그램을 만들어 갑니다. Scratch 언어의 리스트 처음은 0이 아니라 1이므로, 반복횟수 변수인 'i'에는 '1'을 넣습니다.

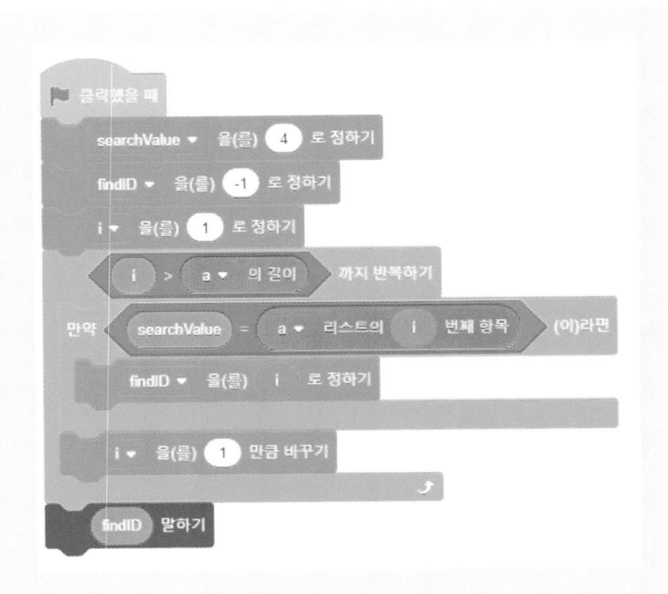

결과!

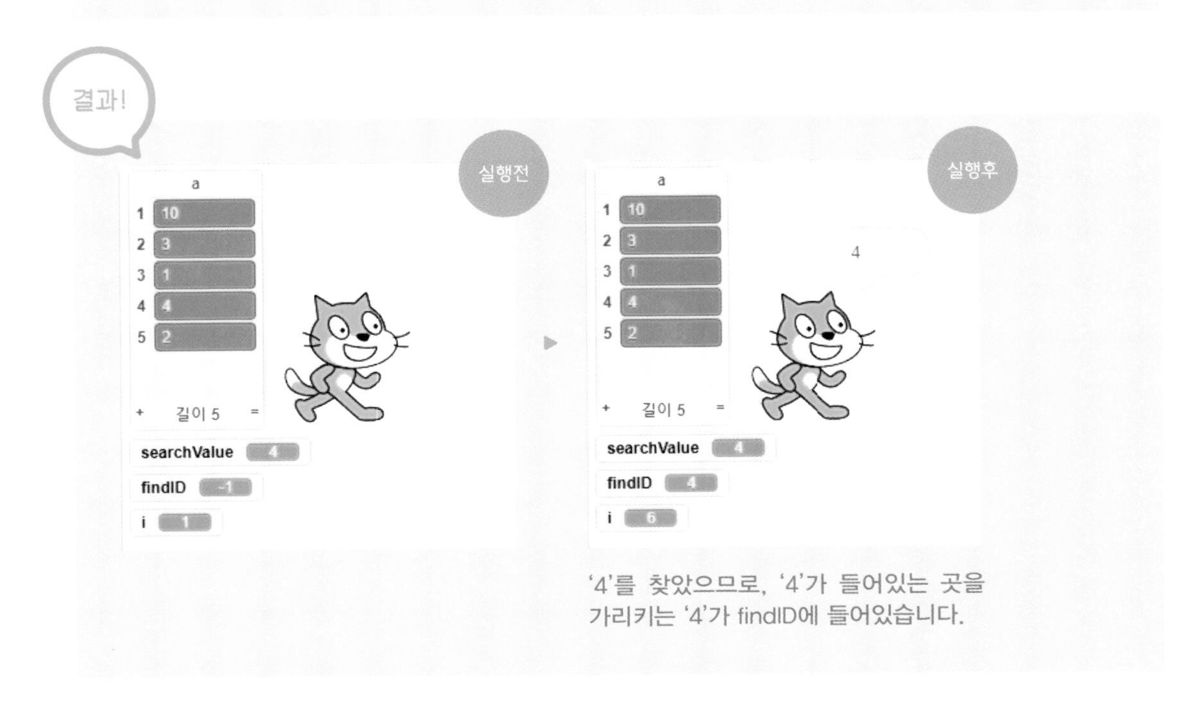

'4'를 찾았으므로, '4'가 들어있는 곳을 가리키는 '4'가 findID에 들어있습니다.

5.3 이분 검색법(Binary search)

범위를 반으로 좁혀서 찾아가는 검색법

이분 검색법(=이진 탐색법)은 빠르게 검색할 수 있는 알고리즘입니다.

▼

'조사하는 범위를 절반으로 좁혀가며 찾아가는 방법'이므로 조사하는 범위를 빠르게 좁혀갈 수 있습니다.

▼

범위를 '두 개(바이너리, binary)로 나눠서' 찾아가므로 '이분 검색법(Binary search)'이라고 부릅니다.

▼

데이터가 흩어져 있으면 규칙성이 없으므로 하나씩 조사해야 합니다. 그래서 데이터를 미리 순서대로 나열해서 규칙성을 만들고, 그 규칙성을 이용해서 찾아갑니다.

▼

그러므로 이분 검색법을 사용하기 위해서는 반드시 데이터를 정렬(순서대로 나열)하는 과정이 필요합니다.

목적	현재 상황	결과	장점	단점
배열에서 어떤 값을 찾는 것	알고 있는 것은 정렬이 끝난 데이터 '개수', '각각의 값', '찾는 값'	구하는 결과는 '값이 있는가?', '어디에 있는가?'	처리속도가 빠르다	데이터를 미리 정렬해둬야 한다

알고리즘 이미지

'어떤 값'에 주목했을 때, 오름차순으로 정렬된 데이터에는 '어떤 값 왼쪽에는 그 값보다 작은 값', '어떤 값 오른쪽에는 그 값보다 큰 값'만 있습니다. 그래서 '모든 값을 조사하지 않고 하나의 값만 조사해도 많은 값의 대소 관계를 알 수 있는 것'입니다. 이분 검색법은 이런 특징을 이용합니다.

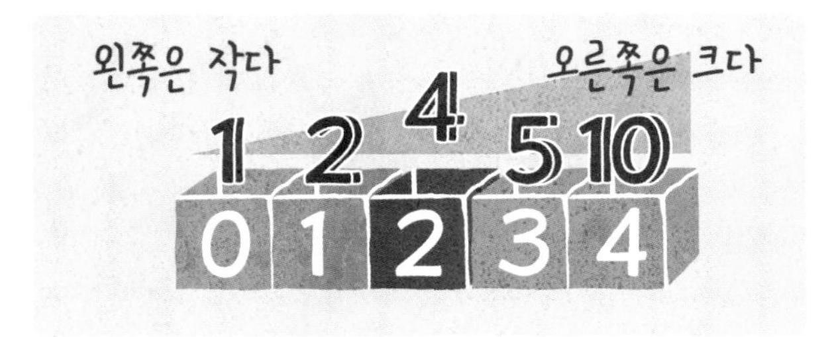

- 어떤 값보다 왼쪽에는 그 값보다 작은 값만 있다.
- 어떤 값보다 오른쪽에는 그 값보다 큰 값만 있다.

처음에는 '한가운데 값'을 조사합니다. 만약 '찾는 값'과 일치하면 검색은 끝납니다.

▼

만약 '한가운데 값'이 '찾는 값'보다 작으면, '한가운데 값 왼쪽에는 더 작은 값만 있는 것'이므로 왼쪽 절반은 조사할 필요가 없습니다. 남아있는 오른쪽 절반만 조사하면 됩니다.
이제 오른쪽 절반만 조사합니다.

반대로 만약, '한가운데 값'이 '찾은 값'보다 크면, '한가운데 값 오른쪽에는 더 큰 값만 있는 것'이므로, 오른쪽 절반은 조사할 필요가 없습니다. 남은 왼쪽 절반을 조사하면 됩니다.
이제 왼쪽 절반만 조사해갑니다.
이처럼 '한가운데 값을 조사'하여 조사할 범위를 절반으로 줄여가므로 적은 조사 횟수로도 원하는 값을 찾아내는 방법입니다.

구체적인 순서

이것을 구현할 구체적인 순서를 생각해봅시다.

준비

① '결과를 넣을 변수'를 준비합니다. 이 변수에 아직 발견하지 못했다는 것을 나타내는 '마이너스 값(-1)'으로 설정합니다.

② 조사할 범위 왼쪽 끝과 오른쪽 끝 위치를 정합니다. 예를 들면, 데이터가 다섯 개 있으면 왼쪽 끝은 0번, 오른쪽 끝은 4번입니다. 양 끝 사이에서 조사합니다.

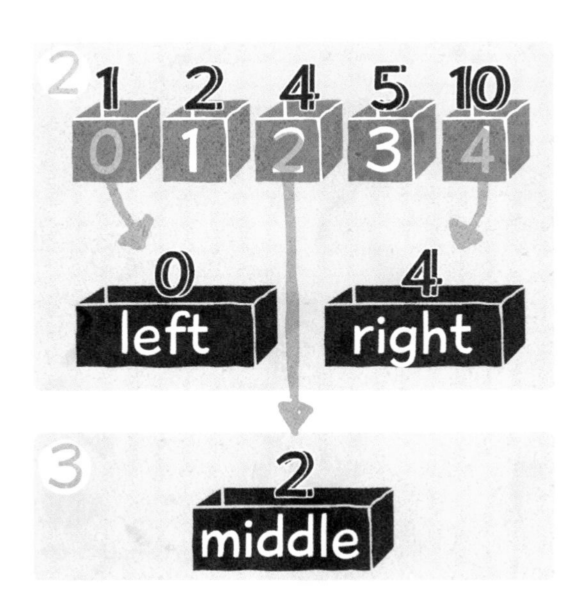

검색한다

③ 왼쪽 끝과 오른쪽 끝을 정했으면, 한가운데 위치를 구합니다. 0번과 4번의 가운데는 2번입니다. 2번 상자에 들어있는 값 '4'가 '한가운데 값'입니다. 이 값을 조사해봅시다.

④ '한가운데 값'이 '찾는 값'과 일치하면 '결과 변수'를 '그 배열의 번호'로 덮어쓰고 반복을 종료합니다.

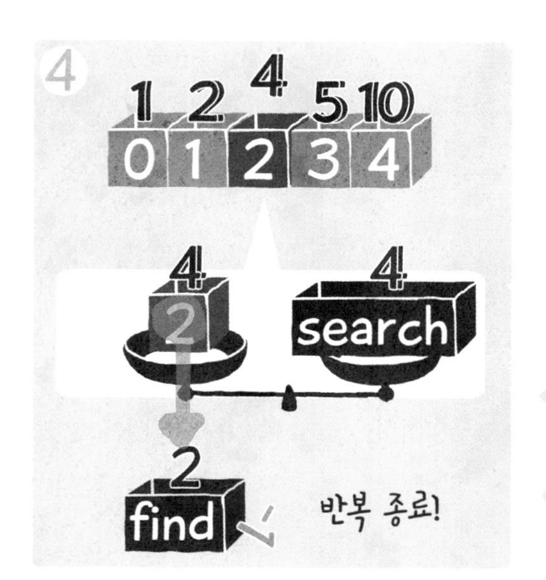

⑤ 만약 '한가운데 값'이 '찾는 값'보다 작으면, 가운데보다 왼쪽에는 더 작은 값만 있으므로, 왼쪽을 조사할 필요는 없습니다. 조사 범위의 왼쪽 끝을 이동해서 조사할 범위를 좁힙니다.

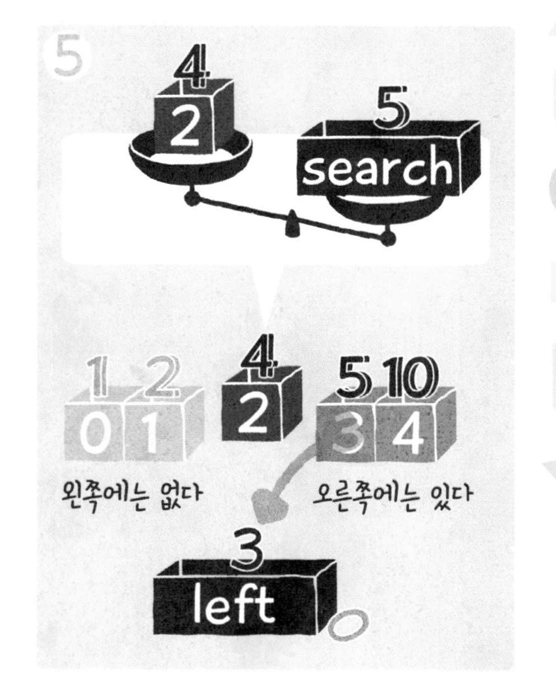

⑥ 만약 '한가운데 값'이 '찾는 값'보다 크면 가운데보다 오른쪽에는 더 큰 값만 있으므로, 오른쪽 절반은 조사할 필요가 없습니다.

조사할 범위의 오른쪽 끝을 이동해서 조사할 범위를 좁힙니다.

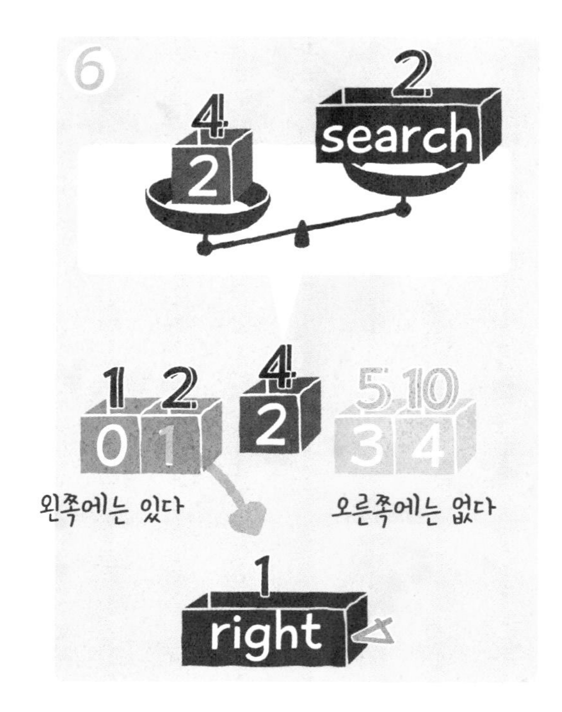

⑦ 조사하는 왼쪽 끝과 오른쪽 끝 사이에 데이터가 존재하는 동안에는 ③~⑥을 반복합니다.

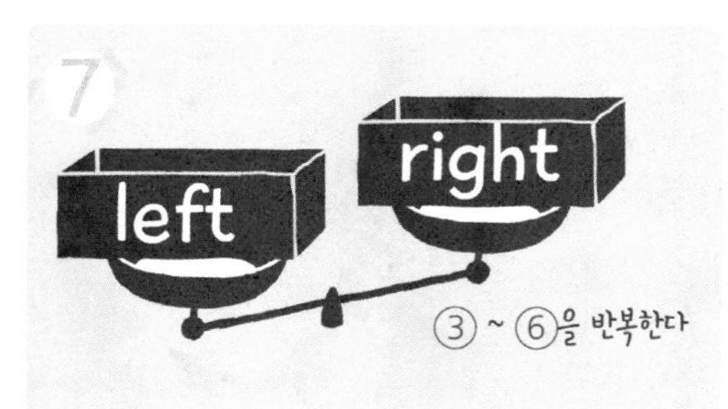

결과

⑧ 반복이 끝나면 '결과 변수'에 답이 들어있습니다.

0 이상인 값이면 찾는 값이 있었다는 뜻이며, 결과 변수의 값으로 찾는 값이 어디에 있었는지를 알려줍니다.

마이너스 값이면 찾는 값이 없었다는 것을 알 수 있습니다.

플로차트

이 과정을 플로차트로 표현해봅시다.

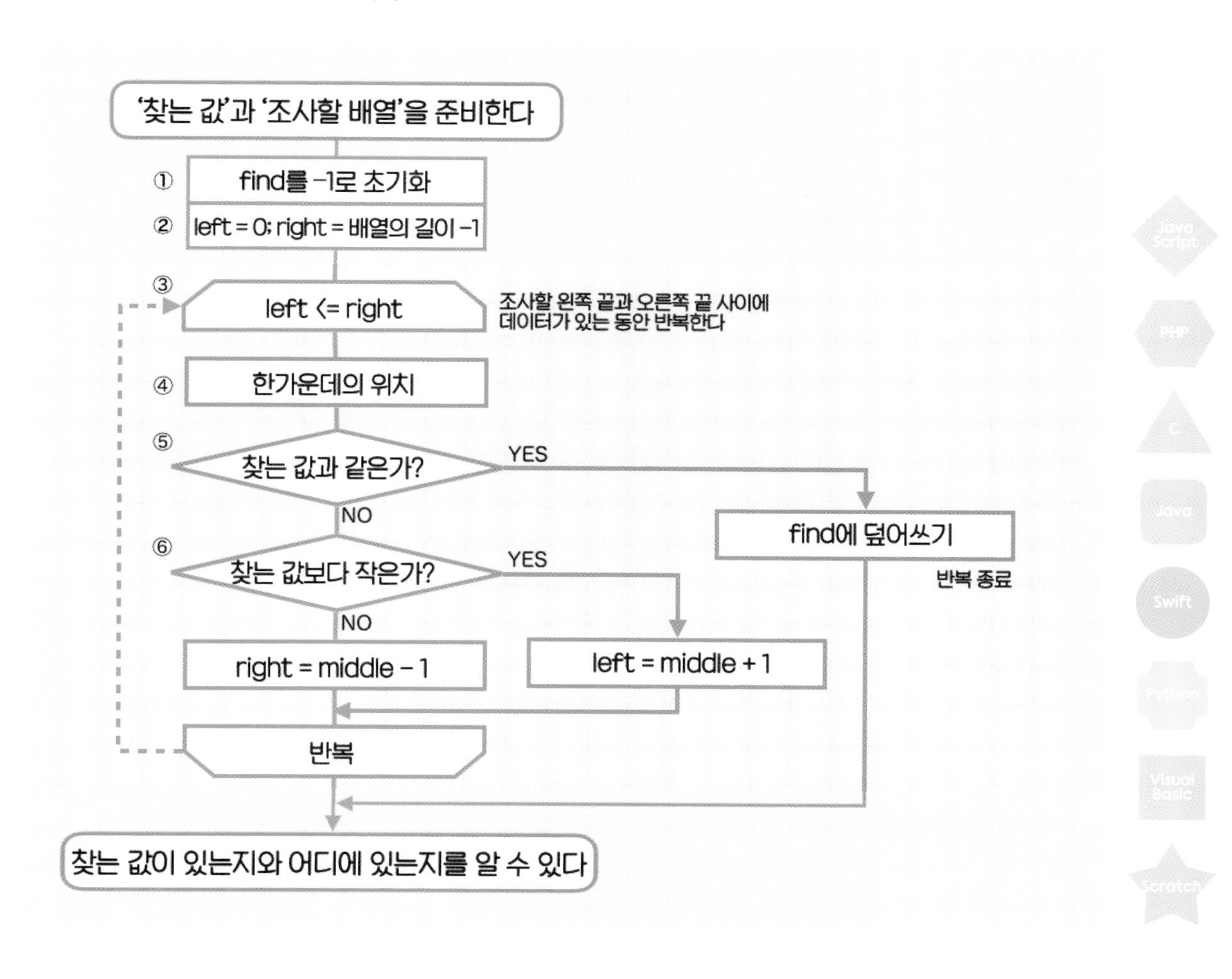

① '결과를 넣을 변수(find)'를 '-1'로 초기화하여 준비합니다.

② 조사할 범위 왼쪽 끝의 위치(left)와 오른쪽 끝의 위치(right)를 정합니다.

③ 조사할 왼쪽 끝(left)과 오른쪽 끝(right) 사이에 데이터가 있는 동안은 반복합니다.

④ 왼쪽 끝과 오른쪽 끝 사이의 한가운데 위치(middle)를 정합니다.

⑤ '한가운데 값'이 '찾는 값'과 같으면 '결과를 넣을 변수(find)'를 '그 배열의 번호'로 덮어쓰고 반복을 종료합니다.

⑥ '한가운데 값'이 '찾는 값'보다 작으면, 그 왼쪽에는 더 작은 값만 있으므로 middle보다 하나 오른쪽 값을 조사할 범위의 왼쪽 끝으로 합니다. 그렇지 않으면('한가운데 값'이 더 크면), 그 오른쪽에는 더 큰 값만 있으므로 middle보다 하나 왼쪽 값을 조사할 범위의 오른쪽 끝으로 합니다.

▼

반복이 끝났을 때 '결과를 넣을 변수(find)'를 확인하면, '찾는 값이 있었는지'와 '어디에 있었는지'를 알 수 있습니다.

알고리즘의 특징(정리)

이진 검색법은 순서대로 정렬된 규칙성을 이용해서, 조사할 필요가 없는 절반을 버려가는 검색법입니다.

프로그램

플로차트를 완성했으므로 이제 각 프로그래밍 언어로 코딩해봅시다.
배열 한가운데 위치(middle)를 구하려면, 왼쪽 끝(left)과 오른쪽 끝(right)을 더해서 2로 나눕니다. 만약 더한 값이 홀수라면 2로 나누어떨어지지 않으므로 소수점 아래를 버리는 것도 생각해야 합니다.
'소수를 정수로 바꾸는 방법'은 프로그래밍 언어에 따라 달라집니다.

JavaScript
로 검색하기

소수를 정수로 바꾸는 방법

JavaScript 언어에서 소수를 정수로 바꾸려면 'Math.floor(수치)'를 사용합니다.

```
<script>

  // 정렬이 끝난 검색할 배열 데이터를 선언합니다.
  var a = [1, 2, 4, 5, 10];
  // 찾는 값은 4로 선언합니다.
  var searchValue = 4;
  // 찾았을 때의 번호를 에러값(-1)으로 선언합니다.
  var fndID = -1;
  // '왼쪽' 끝 배열 번호를 선언합니다.
  var left = 0;
  // '오른쪽' 끝 배열 번호를 선언합니다.
  var right = a.length - 1;

  // '왼쪽'과 '오른쪽' 사이에 데이터가 있다면 반복합니다.
  while (left <= right) {
    // '왼쪽'과 '오른쪽' 한가운데 번호를 조사할 위치로 지정합니다.
    middle = Math.floor((left + right) / 2);
    // 만약 조사할 위치의 값과 찾는 값을 비교해서 찾는 값과 같다면
    if (a[middle] == searchValue) {
      // 그 번호를 저장하고
      findID = middle;
      // 반복을 종료합니다.
      break;
    // 만약 찾는 값보다 작다면
    } else if (a[middle] < searchValue) {
      // 왼쪽에는 찾는 값이 없으므로 '왼쪽'을 오른쪽으로 이동합니다.
      left = middle + 1;
```

```
        // 찾는 값보다 크다면
        } else {
            // 오른쪽에는 찾는 값이 없으므로 '오른쪽'을 왼쪽으로 이동합니다.
            right = middle + 1
        }
    }

    // 검색 결과를 표시합니다.
    document.writeln("Binary search = ", findID);

</script>
```

```
Binary search = 2
```

소수를 정수로 바꾸는 방법

PHP 언어에서 소수를 정수로 바꾸려면 'floor(수치)'를 사용합니다.

입력 해보자!

```
<?php

// 정렬이 끝난 검색할 배열 데이터를 선언합니다.
  $a = array(1, 2, 4, 5, 10);
  // 찾는 값은 4로 선언합니다.
  $searchValue = 4;
  // 찾았을 때의 번호를 에러값(-1)으로 선언합니다.
  $findID = -1;
  // '왼쪽' 끝 배열 번호를 선언합니다.
  $left = 0;
  // '오른쪽' 끝 배열 번호를 선언합니다.
  $right = count($a) - 1;

  // '왼쪽'과 '오른쪽' 사이에 데이터가 있다면 반복합니다.
  while($left <= $right) {
    // '왼쪽'과 '오른쪽' 한가운데 번호를 조사할 위치로 지정합니다.
    $middle = floor(($left + $right) / 2);
    // 만약 조사할 위치의 값과 찾는 값을 비교해서 찾는 값과 같다면
    if ($a[$middle] == $searchValue) {
      // 그 번호를 저장하고
      $findID = $middle;
      // 반복을 종료합니다.
      break;
    // 만약 찾는 값보다 작다면
    } else if ($a[$middle] < $searchValue) {
      // 왼쪽에는 찾는 값이 없으므로 '왼쪽'을 오른쪽으로 이동합니다.
      $left = $middle + 1;
```

```
            // 찾는 값보다 크다면
            } else {
                // 오른쪽에는 찾는 값이 없으므로 '오른쪽'을 왼쪽으로 이동합니다.
                $right = $middle - 1;
            }
        }

        // 검색 결과를 표시합니다.
        print("Binary search = $findID");

    ?>
```

```
Binary search = 2
```

C
로 검색하기

소수를 정수로 바꾸는 방법

C 언어에서 소수를 정수로 바꾸려면 '(int)(수치)'를 사용합니다.

```
#include <stdio.h>

int main(int argc, char* argv[]) {

    // 정렬이 끝난 검색할 배열 데이터를 선언합니다.
    int a[] = {1, 2, 4, 5, 10};
    // 찾는 값은 4로 선언합니다.
    int searchValue = 4;
    // 찾았을 때의 번호를 에러값(-1)으로 선언합니다.
    int findID = -1;
    // 배열의 데이터 개수를 조사합니다.
    int length = sizeof(a) / sizeof(int);
    // '왼쪽' 끝 배열 번호를 선언합니다.
    int left = 0;
    // '오른쪽' 끝 배열 번호를 선언합니다.
    int right = length - 1;

    // '왼쪽'과 '오른쪽' 사이에 데이터가 있다면 반복합니다.
    while (left <= right) {
        // '왼쪽'과 '오른쪽' 한가운데 번호를 조사할 위치로 지정합니다.
        int middle = (int)((left + right) / 2);
        // 만약 조사할 위치의 값과 찾는 값을 비교해서 찾는 값과 같다면
        if (a[middle] == searchValue) {
            // 그 번호를 저장하고
            findID = middle;
            // 반복을 종료합니다.
            break;
```

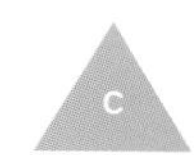

```
        // 만약 찾는 값보다 작다면
        } else if (a[middle] < searchValue) {
            // 왼쪽에는 찾는 값이 없으므로 '왼쪽'을 오른쪽으로 이동합니다.
            left = middle + 1;
        // 찾는 값보다 크다면
        } else {
            // 오른쪽에는 찾는 값이 없으므로 '오른쪽'을 왼쪽으로 이동합니다.
            right = middle - 1;
        }
    }

    // 검색 결과를 표시합니다.
    printf("Binary search = %d", findID);

}
```

```
Binary search = 2
```

Java
로 검색하기

소수를 정수로 바꾸는 방법

Java 언어에서 소수를 정수로 바꾸려면 '(int)(수치)'를 사용합니다.

```
class BinarySearch {

  public static void main(String[] args) {

    // 정렬이 끝난 검색할 배열 데이터를 선언합니다.
    int a[] = {1, 2, 4, 5, 10};
    // 찾는 값은 4로 선언합니다.
    int searchValue = 4;
    // 찾았을 때의 번호를 에러값(-1)으로 선언합니다.
    int findID = -1;
    // '왼쪽' 끝 배열 번호를 선언합니다.
    int left = 0;
    // '오른쪽' 끝 배열 번호를 선언합니다.
    int right = a.length - 1;

    // '왼쪽'과 '오른쪽' 사이에 데이터가 있다면 반복합니다.
    while (left <= right) {
      // '왼쪽'과 '오른쪽' 한가운데 번호를 조사할 위치로 지정합니다.
      int middle = (int) ((right + left) / 2);
      // 만약 조사할 위치의 값과 찾는 값을 비교해서 찾는 값과 같다면
      if (a[middle] == searchValue) {
        // 그 번호를 저장하고
        findID = middle;
        // 반복을 종료합니다.
        break;
      // 만약 찾는 값보다 작다면
      } else if (a[middle] < searchValue) {
```

```
                // 왼쪽에는 찾는 값이 없으므로 '왼쪽'을 오른쪽으로 이동합니다.
                left = middle + 1;
            // 찾는 값보다 크다면
            } else {
                // 오른쪽에는 찾는 값이 없으므로 '오른쪽'을 왼쪽으로 이동합니다.
                right = middle - 1;
            }
        }

        // 검색 결과를 표시합니다.
        System.out.println("Binary search = " + findID);

    }
}
```

```
Binary search = 2
```

Swift
로 검색하기

소수를 정수로 바꾸는 방법

Swift 언어에서 소수를 정수로 바꾸려면 'int(수치)'를 사용합니다.

입력 해보자!

```
// 정렬이 끝난 검색할 배열 데이터를 선언합니다.
let a = [1, 2, 4, 5, 10]
// 찾는 값은 4로 선언합니다.
let searchValue = 4
// 찾았을 때의 번호를 에러값(-1)으로 선언합니다.
var findID = -1
// '왼쪽' 끝 배열 번호를 선언합니다.
var left = 0
// '오른쪽' 끝 배열 번호를 선언합니다.
var right = a.count - 1

// '왼쪽'과 '오른쪽' 사이에 데이터가 있다면 반복합니다.
while (left <= right) {
   // '왼쪽'과 '오른쪽' 한가운데 번호를 조사할 위치로 지정합니다.
   let middle = Int((left + right)/2)
   // 만약 조사할 위치의 값과 찾는 값을 비교해서 찾는 값과 같다면
   if (a[middle] == searchValue) {
      // 그 번호를 저장하고
      findID = middle
      // 반복을 종료합니다.
      break
   // 만약 찾는 값보다 작다면
   } else if (a[middle] < searchValue) {
      // 왼쪽에는 찾는 값이 없으므로 '왼쪽'을 오른쪽으로 이동합니다.
      left = middle + 1
   // 찾는 값보다 크다면
   } else {
```

```
            // 오른쪽에는 찾는 값이 없으므로 '오른쪽'을 왼쪽으로 이동합니다.
            right = middle - 1
        }
    }

    // 검색 결과를 표시합니다.
    print("Binary search =", findID)
```

결과!

```
Binary search = 2
```

소수를 정수로 바꾸는 방법

Python 언어에서 소수를 정수로 바꾸려면 'int(수치)'를 사용합니다.

```
#-*-coding : UTF-8-*-

# 정렬이 끝난 검색할 배열 데이터를 선언합니다.
a = [1, 2, 4, 5, 10]
# 찾는 값은 4로 선언합니다.
searchValue = 4
# 찾았을 때의 번호를 에러값(-1)으로 선언합니다.
findID = -1
# '왼쪽' 끝 배열 번호를 선언합니다.
left = 0
# '오른쪽' 끝 배열 번호를 선언합니다.
right = len(a) - 1

# '왼쪽'과 '오른쪽' 사이에 데이터가 있다면 반복합니다.
while left <= right :
    # '왼쪽'과 '오른쪽' 한가운데 번호를 조사할 위치로 지정합니다.
    middle = int((left + right) / 2)
    # 만약 조사할 위치의 값과 찾는 값을 비교해서 찾는 값과 같다면
    if a[middle] == searchValue :
        # 그 번호를 저장하고
        findID = middle
        # 반복을 종료합니다.
        break
    # 만약 찾는 값보다 작다면
    elif a[middle] < searchValue :
        # 왼쪽에는 찾는 값이 없으므로 '왼쪽'을 오른쪽으로 이동합니다.
        left = middle + 1
```

```
    # 찾는 값보다 크다면
    else :
        # 오른쪽에는 찾는 값이 없으므로 '오른쪽'을 왼쪽으로 이동합니다.
        ringt = middle - 1

# 검색 결과를 표시합니다.
print("Binary search =", findID)
```

```
Binary search = 2
```

Visual Baisc
으로 검색하기

초기의 BASIC에서는 'While문'대신에 'If문'과 'Go To문'을 사용해서 조건을 만족할 때까지 반복하는 Loop문을 사용했습니다. 다음은 그 Loop문을 사용한 코딩입니다.

소수를 정수로 바꾸는 방법

Visual Basic 언어에서는 소수를 정수로 바꾸려면 'Int(수치)'를 사용합니다.

```
Module VisualBasic
  Sub Main()

        ' 정렬이 끝난 검색할 배열 데이터입니다.
        Dim a() As Integer = {1, 2, 4, 5, 10}
        ' 찾는 값은 4로 선언합니다.
        Dim searchValue As Integer = 4
        ' 찾았을 때의 번호를 에러값(-1)으로 선언합니다.
        Dim findID As Integer = -1
        ' '왼쪽' 끝 배열 번호를 선언합니다.
        Dim left As Integer = 0
        ' '오른쪽' 끝 배열 번호를 선언합니다.
        Dim right As Integer = a.Length - 1

        ' '왼쪽' 끝과 '오른쪽' 끝 사이에 데이터가 있다면 반복합니다.
    Loop1 :
        ' '왼쪽'과 '오른쪽' 한가운데 번호를 조사할 위치로 지정합니다.
        Dim middle As Double = Int((left + right) / 2)
        ' 만약 조사할 위치의 값과 찾는 값을 비교해서 찾는 값과 같다면
        If a(middle) = searchValue Then
          ' 그 번호를 저장합니다.
          findID = middle
          ' Loop2를 실행합니다.
          GoTo Loop2
```

```
            ' 만약 찾는 값보다 작다면
        ElseIf a(middle) < searchValue Then
            ' 왼쪽에는 찾는 값이 없으므로 '왼쪽'을 오른쪽으로 이동합니다.
            left = middle + 1
            ' Loop1을 실행합니다.
            GoTo Loop1
        ' 찾는 값보다 크다면
        Else
            ' 오른쪽에는 찾는 값이 없으므로 '오른쪽'을 왼쪽으로 이동합니다.
            right = middle - 1
            ' Loop1을 실행합니다.
            GoTo Loop1
        End If

    Loop2 :
        ' 검색 결과를 표시합니다.
        Console.WriteLine("Binary search = " & findID)

  End Sub
End Module
```

```
Binary search = 2
```

다음은 While문을 사용하여 반복하는 코딩입니다. 같은 알고리즘이지만 Loop문을 사용한 코딩과 비교해 보시길 바랍니다.

```
Module VisualBasic
  Sub Main()

     ' 정렬이 끝난 검색할 배열 데이터입니다.
     Dim a() As Integer = {1, 2, 4, 5, 10}
     ' 찾는 값은 4로 선언합니다.
     Dim searchvalue As Integer = 4
     ' 찾았을 때의 번호를 에러값(-1)으로 선언합니다.
     Dim findID As Integer = -1
     ' '왼쪽' 끝 배열 번호를 선언합니다.
     Dim left As Integer = 0
     ' '오른쪽' 끝 배열 번호를 선언합니다.
     Dim right As Integer = a.Length - 1

     ' '왼쪽'과 '오른쪽' 사이에 데이터가 있다면 반복합니다.
     While left <= right
        ' '왼쪽'과 '오른쪽' 한가운데 번호를 조사할 위치로 지정합니다.
        Dim middle As Integer = (left + right) / 2
        ' 만약 조사할 위치의 값과 찾는 값을 비교해서 찾는 값과 같다면
        If a(middle) = searchvalue Then
           ' 그 번호를 저장하고
           findID = middle
           ' 반복을 종료합니다.
           Exit While
           ' 만약 찾는 값보다 작다면
        ElseIf a(middle) < searchvalue Then
           ' 왼쪽에는 찾는 값이 없으므로 '왼쪽'을 오른쪽으로 이동합니다.
           left = middle + 1
           ' 찾는 값보다 크다면
        Else
           ' 오른쪽에는 찾는 값이 없으므로 '오른쪽'을 왼쪽으로 이동합니다.
           right = middle - 1
        End If
     End While
```

```
        ' 검색 결과를 표시합니다.
        Console.WriteLine("Binary search = " & findID)

    End Sub
End Module
```

```
Binary search = 2
```

Scratch
로 검색하기

[변수] ▶ [리스트 만들기]를 선택하여 배열(리스트) 'a'를 만듭니다. 우측의 'a' 리스트에 '+'를 클릭하여 배열의 개수를 5개로 늘립니다. 배열의 값을 각각 [1, 2, 4, 5, 10]으로 정렬시킨 상태로 입력합니다.

다음으로 [변수] ▶ [변수 만들기]를 선택하여 'searchValue', 'findID', 'left', 'right', 'middle'이라는 다섯 가지 변수를 만듭니다.

이것으로 프로그램에서 사용할 배열과 변수 준비가 끝났으므로, 오른쪽 스크립트 영역에 블록을 나열해서 프로그램을 만들어갑니다.

Scratch에서 소수를 정수로 바꾸려면, [연산] ▶ [(○)의 반올림]을 사용합니다.

처리를 중단하는 'Break문'이 없으므로, 반복 조건에 [findID 〉 −1] (findID가 −1 이상이 될 때까지 반복한다)'라는 조건을 추가해서 값을 찾아서 findID를 덮어쓰고 중단하게 합니다.

※ 리스트에 없는 숫자를 입력할 경우 −1이 출력 나올 수 있도록, 반복조건에 'left 〉 right'를 반복 조건에 추가합니다.

```
클릭했을 때
searchValue ▼ 을(를) (4) 로 정하기
findID ▼ 을(를) (-1) 로 정하기
left ▼ 을(를) (1) 로 정하기
right ▼ 을(를) (a ▼ 의 길이) 로 정하기
<<(left) > (right)> 또는 <(findID) > (-1)>> 까지 반복하기
    middle ▼ 을(를) (((left) + (right)) ÷ (2) 의 반올림) 로 정하기
    만약 <(a ▼ 리스트의 (middle) 번째 항목) = (searchValue)> (이)라면
        findID ▼ 을(를) (middle) 로 정하기
    아니면
        만약 <(a ▼ 리스트의 (middle) 번째 항목) < (searchValue)> (이)라면
            left ▼ 을(를) ((middle) + (1)) 로 정하기
        아니면
            right ▼ 을(를) ((middle) - (1)) 로 정하기
findID 말하기
```

결과!

'4'를 찾았으므로, '4'가 들어있는 곳을
가리키는 '3'이 findID에 들어있습니다.

제 6 장

정렬 알고리즘

정렬이란 많은 데이터를 '순서대로 나열해서 알아보기 쉽게 하는 것' 입니다.
여러 가지 정렬 알고리즘을 알아봅시다.

6.1 정렬(Sort) 알고리즘이란

'정렬 알고리즘'은 많은 데이터를 '순서대로 정렬해서 알아보기 쉽게 하는 것'입니다.

▼

인터넷 검색에서 나온 정보, 상품 정보, 성적표, 주소록 등 우리는 많은 데이터를 다루곤 합니다. 데이터가 많다는 것은 여러 정보를 알 수 있으니 좋은 일이지만, 단지 표시만 해서는 정보가 지나치게 뒤섞여서 보기가 어렵습니다.

▼

이럴 때 '정렬 알고리즘'을 사용해서 많은 데이터를 차례대로 정렬하여 알아보기 쉽게 합니다.

▼

정렬 알고리즘에도 여러 가지가 있습니다. 이 책에서는 '버블 정렬', '선택 정렬', '삽입 정렬', '셸 정렬', '퀵 정렬'을 소개합니다. 이 밖에도 버킷 정렬, 머지 정렬, 힙 정렬, 빗질 정렬 등 여러 가지 정렬 알고리즘이 있습니다.

버블 정렬, 선택 정렬, 삽입 정렬

값을 정렬하는 단순한 알고리즘이라서 이해하기 쉬운 알고리즘입니다.이 세 가지는 알고리즘을 배울 때 자주 사용합니다.

셸 정렬, 퀵 정렬

약간 어려운 알고리즘이지만, 빠르게 정렬할 수 있는 알고리즘입니다. 왼쪽 세 가지 알고리즘을 마스터한 다음에 도전하는 알고리즘으로 자주 사용합니다.

6.2 버블 정렬(Bubble sort)

거품처럼 값을 떠오르게 만드는 정렬

버블 정렬(Bubble sort)은 가장 기본적인 알고리즘 중 하나로, '단순한 프로그램'이라 초보자도 이해하기 쉬운 알고리즘입니다.

'거품'이 떠오르는 것처럼 값이 이동해가기 때문에 '버블 정렬'이라 부릅니다. 이웃한 모든 값을 비교해서 작은 쪽이 앞으로 이동하도록 '교환해 가는 방법'입니다.

모든 값을 반복해서 비교해가므로 데이터가 많을수록 처리에 시간이 걸린다는 단점이 있습니다. 적은 데이터를 비교한다면 문제가 되지 않지만, 많은 데이터를 빨리 정렬하려면 다른 알고리즘을 사용하는 편이 좋습니다.

목적	현재 상황	결과	장점	단점
데이터를 오름차순(작은 순서)으로 정렬하는 것	알고 있는 것은 데이터 '개수', '각각의 값'	구하는 결과는 '오름차순(작은 순서)으로 정렬한 배열'	프로그램이 단순하고 설치하기 쉽다	처리속도가 느리다

알고리즘 이미지

버블 정렬은 '거품이 떠오르는 것처럼 값을 이동해가는 방법'입니다.

처음에는 전부 '정렬되지 않은 상태'입니다. 먼저, 가장 작은 값이 가장 위로 떠오릅니다. 다음으로, 두 번째로 작은 값이 떠오릅니다. 이처럼 위에서 차례로 '정렬이 끝난 부분'이 정해져서 최종적으로 '정렬 종료' 상태가 됩니다.

① 처음에는 값이 '정렬되지 않은 상태'입니다.

② 이 중에서 가장 작은 값을 가장 위로 떠오르게 합니다.

③ 다음으로, 남은 값 중에서 가장 작은 값을 떠오르게 합니다. 가장 작은 값은 이미 정렬이 끝난 상태이므로, 다음에 떠오르는 값은 두 번째로 작은 값입니다. 두 번째로 작은 값을 두 번째로 정렬합니다.

④ 같은 방식으로 남은 것 중에서 가장 작은 값을 떠오르게 하는 과정을 마지막까지 반복하면 모든 값이 순서대로 정렬됩니다.

구체적인 순서

구체적인 순서를 생각한다면 어떻게 될까요?

현재 상황

① 데이터를 '배열'에 넣어서 준비합니다. 처음에는 아직 '정렬되지 않은 상태'입니다.

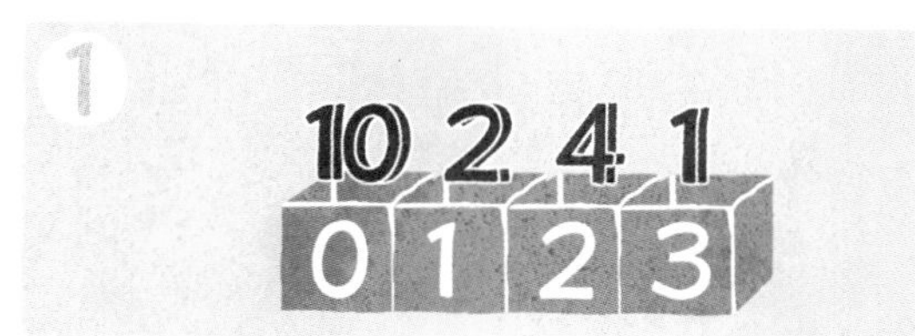

작은 값을 떠오르게 한다

배열 안에서 '가장 작은 값'을 가장 앞인 0번으로 이동하게 해봅시다.

단, 모든 데이터를 한꺼번에 비교할 수는 없습니다. 두 개씩만 비교할 수 있으므로, 두 개씩 비교하면서 조금씩 이동해야 합니다. 이 과정이 ②~④입니다.

이때, 값은 마지막부터 앞으로 향해 이동하기 때문에 마지막부터 앞을 향해 조사합니다.

② 마지막의 두 값을 비교합니다. 만약 뒤쪽 값이 작다면, 앞으로 이동해서 두 값의 위치를 바꿉니다. 위치를 바꾸는 것은 '교환하는 알고리즘'을 이용합니다. 만약 뒤쪽 값이 크다면 그대로 다음 작업을 진행합니다.

③ 앞쪽을 향해 비교를 반복합니다.

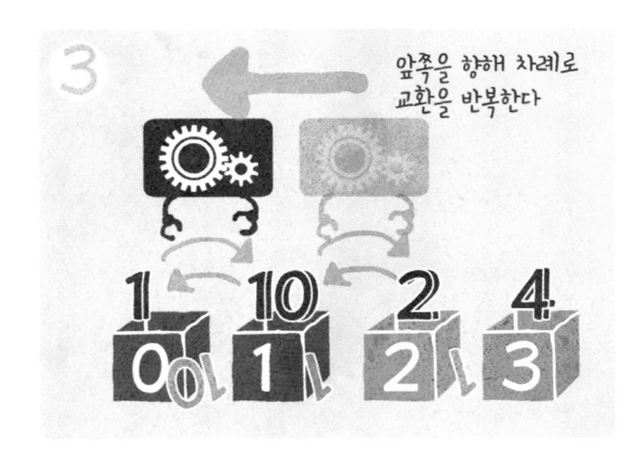

④ 이 과정을 가장 앞(0번)까지 반복하면 '가장 작은 값'이 가장 앞(0번)으로 옵니다.

남은 부분에서도 같은 작업을 반복해간다

이렇게 해서 가장 앞인 배열은 '정렬이 끝난 부분'이 되고, 남은 부분은 '정렬되지 않은 부분'이 되었습니다. 남은 부분에서도 같은 작업을 반복합니다. 그 과정이 ⑤~⑥입니다.

⑤ 마지막부터 두 값을 비교해서 작은 쪽을 앞으로 이동합니다.

⑥ 이 과정을 '정렬되지 않은 부분'의 가장 앞(1번)까지 반복합니다.

반복이 끝나면 가장 앞의 두 개가 '정렬이 끝난 부분'이 되고, 나머지가 '정렬되지 않은 부분'이 됩니다. 같은 작업을 반복해갑니다.

결과

⑦ 마지막까지 반복이 끝나면, 모든 값이 오름차순(작은 순서)으로 정렬됩니다.

플로차트

전체적인 흐름부터 살펴봅시다.

버블 정렬은 '작은 값을 뒤에서 앞으로 이동하는 반복 작업'을 수행하고, '남은 부분(정렬되지 않은 부분)에서도 같은 과정을 반복'하는 알고리즘입니다.

▼

'정렬되지 않은 부분(이동하는 범위)'은 값이 가장 앞으로 이동할 때마다 시작 위치가 하나씩 뒤로 이동하기 때문에 범위가 좁아집니다.

즉, '남은 부분에 같은 작업을 반복해간다'라는 것은 '이동할 수 있는 범위의 시작 위치를 뒤로 이동해간다'라는 것이기도 합니다.

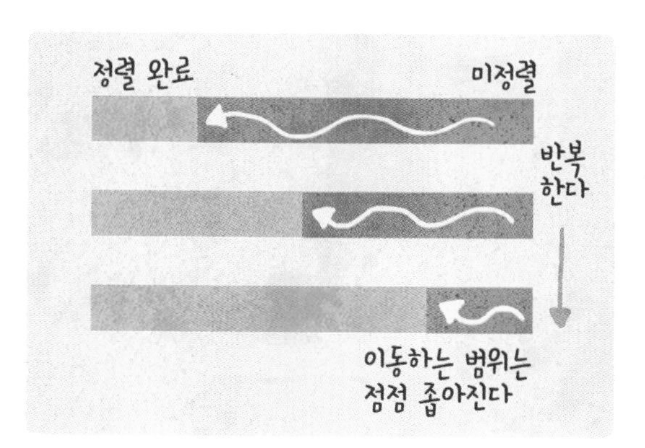

버블 정렬을 전체적인 시점으로 보면,

> ① '이동하는 범위 시작 위치를 뒤로 옮기는 반복 작업'을 수행한다.
>
> ② 그 안에서 '작은 값을 뒤에서 앞으로 이동하는 반복 작업'을 수행한다.

라고 하는 이중 반복을 수행하는 알고리즘입니다.

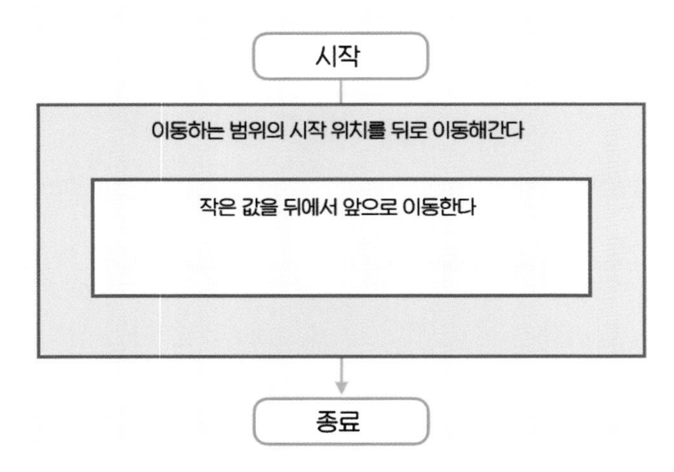

구체적인 플로차트로 표현해봅시다.

① '이동하는 범위의 시작 위치를 하나씩 뒤로 옮기는 반복 작업'을 수행합니다.

② 그 범위 안에서 '뒤에서 앞을 향해 작은 값을 이동하는 반복 작업'을 수행합니다.

③ 반복하는 동안 이웃한 두 값을 비교합니다. 만약 뒤쪽 값이 작다면, 두 값을 교환해서 작은 값이 앞으로 오게 합니다. 만약 뒤쪽 값이 크다면 아무것도 하지 않고 다음으로 진행합니다.

④ 두 값을 교환할 때는 '교환하는 알고리즘'을 사용합니다.

반복이 전부 끝나면 '정렬된 배열'이 만들어집니다.

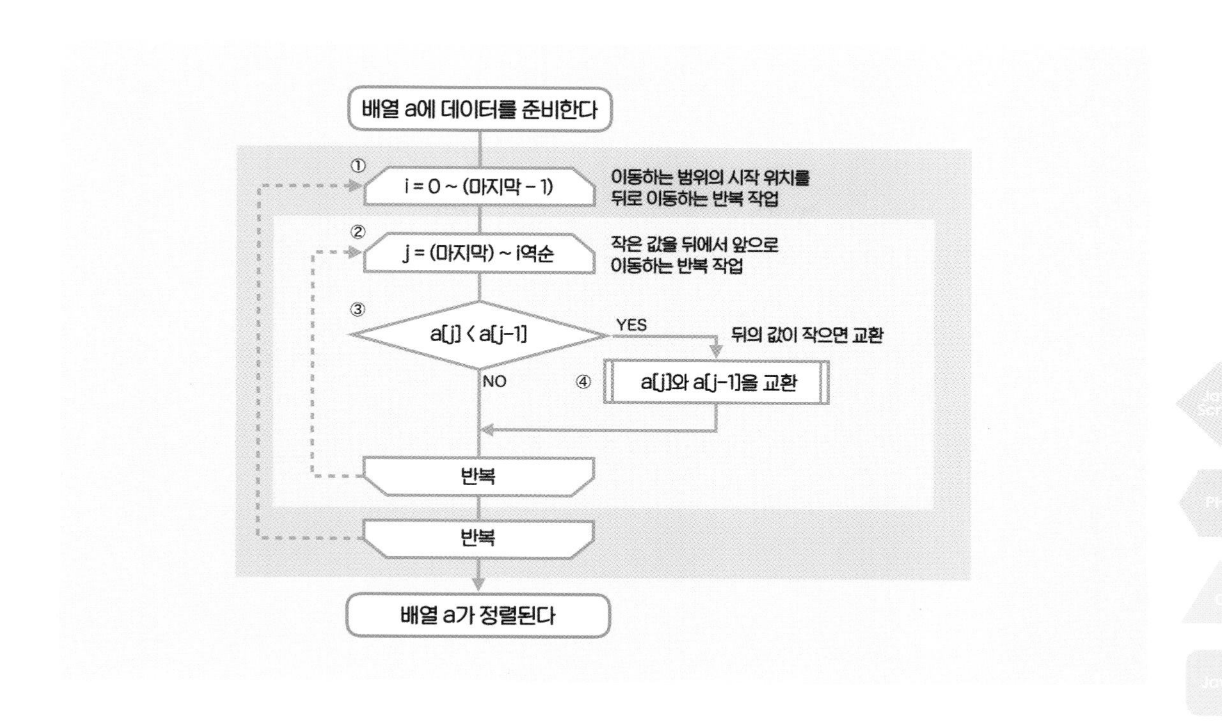

알고리즘의 특징(정리)

'두 값 비교'를 모든 데이터를 대상으로 빠짐없이 수행해서 조금씩 앞으로 옮겨가는 방법입니다. '프로그램이 단순'해서 이해하기 쉽지만, 단순히 비교 교환하므로 불필요한 교환을 하는 부분도 있습니다.

프로그램

플로차트를 완성했으므로 각 프로그래밍 언어로 작성해봅시다.
버블 정렬은 '이중 반복'으로 이루어져 있습니다.

▼

바깥쪽은 '앞에서부터 차례로 진행하는 반복'이고, 안쪽은 '뒤에서 앞으로 향하는 반복'입니다.
'뒤에서 앞으로 향하는 반복'은 프로그래밍 언어에 따라 달라집니다.

JavaScript
로 정렬하기

뒤에서 앞으로 향하는 반복

'반복의 방향'은 'for문'의 세 번째 증감 값으로 지정합니다. 일반적으로 '++'라고 지정하는 부분을 '--'로 지정하면, 뒤에서 앞으로 향하는 반복이 됩니다.

```
<script>

  // 배열 데이터를 선언합니다.
  var a = [10, 3, 1, 4, 2]

  // 시작 위치를 하나씩 뒤로 하는 반복
  for (var i = 0; i < a.length; i++) {
    // 시작 위치를 하나씩 앞으로 하는 반복
    for (var j = a.length - 1; j > i; j--) {
    // 만약 이웃하는 두 값 중에서 뒤쪽 값이 더 작다면
      if (a[j] < a[j - 1]) {

        // [교환 알고리즘]
        // 앞쪽 값과 교환합니다.
        var tmp = a[j];
        a[j] = a[j - 1];
        a[j - 1] = tmp;
      }
    }
  }

  // 정렬 결과를 표시합니다.
  document.writeln("Bubble sort = ", a);

</script>
```

```
Bubble sort = 1,2,3,4,10
```

뒤에서 앞으로 향하는 반복

'반복의 방향'은 'for문'의 세 번째 증감 값으로 지정합니다. 일반적으로 '++'라고 지정하는 부분을 '--'로 지정하면, 뒤에서 앞으로 향하는 반복이 됩니다.

입력 해보자!

```
<?php
  // 배열 데이터를 선언합니다.
  $a = array(10, 3, 1, 4, 2);

  // 시작 위치를 하나씩 뒤로 하는 반복
  for ($i = 0; $i < count($a) - 1; $i++) {
    // 시작 위치를 하나씩 앞으로 하는 반복
    for ($j = count($a) - 1; $j > $i; $j--) {
      // 만약 이웃하는 두 값 중에서 뒤의 값이 더 작다면
      if ($a[$j] < $a[$j - 1]) {

        // [교환 알고리즘]
        // 앞쪽 값과 교환합니다.
        $tmp = $a[$j];
        $a[$j] = $a[$j - 1];
        $a[$j - 1] = $tmp;
      }
    }
  }

  // 정렬 결과를 표시합니다.
  print("Bubble sort = ");
  print_r($a);
?>
```

```
Bubble sort = Array ( [0] => 1 [1] => 2 [2] => 3 [3] => 4 [4] => 10 )
```

C
로 정렬하기

뒤에서 앞으로 향하는 반복

'반복의 방향'은 'for문'의 세 번째 증감 값으로 지정합니다. 일반적으로 '++'라고 지정하는 부분을 '--'로 지정하면, 뒤에서 앞으로 향하는 반복이 됩니다.

입력 해보자!

```
#include <stdio.h>

int main(int argc, char* argv[]) {

   // 배열 데이터를 선언합니다.
   int a[] = {10, 3, 1, 4, 2};
   // 배열의 데이터 개수를 조사합니다.
   int length = sizeof(a) / sizeof(int);

   // 시작 위치를 하나씩 뒤로 하는 반복
   for (int i = 0; i < length - 1; i++) {
      // 시작 위치를 하나씩 앞으로 하는 반복
      for (int j = length - 1; j > i; j--) {
         // 만약 이웃하는 두 값 중에서 뒤쪽 값이 더 작다면
         if (a[j] < a[j - 1]) {

            // [교환 알고리즘]
            // 앞쪽 값과 교환합니다.
            int tmp = a[j];
            a[j] = a[j - 1];
            a[j - 1] = tmp;
         }
      }
   }

// 정렬 결과를 표시합니다.
   printf("Bubble sort = ");
```

```
    for (int i = 0; i < length; i++) {
        printf("%d ", a[i]);
    }

}
```

결과!

```
Bubble sort = 1 2 3 4 10
```

뒤에서 앞으로 향하는 반복

'반복의 방향'은 'for문'의 세 번째 증감 값으로 지정합니다. 일반적으로 '++'라고 지정하는 부분을 '--'로 지정하면, 뒤에서 앞으로 향하는 반복이 됩니다.

```
class BubbleSort {

  public static void main(String[] args) {

    // 배열 데이터를 선언합니다.
    int a[] = {10, 3, 1, 4, 2};

    // 시작 위치를 하나씩 뒤로 하는 반복
    for (int i = 0; i < a.length - 1; i++) {
      // 시작 위치를 하나씩 앞으로 하는 반복
      for (int j = a.length - 1; j > i; j--) {
        // 만약 이웃하는 두 값 중에서 뒤쪽 값이 더 작다면
        if (a[j] < a[j - 1]) {

          // [교환 알고리즘]
          // 앞쪽 값과 교환합니다.
          int tmp = a[j];
          a[j] = a[j - 1];
          a[j - 1] = tmp;
        }
      }
    }

    // 정렬 결과를 표시합니다.
    System.out.print("Bubble sort = ");
    for (int i = 0; i < a.length; i++) {
      System.out.print(a[i] + " ");
    }
```

```
    }
}
```

결과!

```
Bubble sort = 1 2 3 4 10
```

뒤에서 앞으로 향하는 반복

'반복의 방향'은 'for in문'의 범위로 지정합니다. 'stride(from : 종료 값, to : 시작 값, by : 증감 값)'을 사용하고, 증감 값은 '-1'로 지정하여 뒤에서 앞으로 향하는 반복을 만듭니다.

입력 해보자!

```
// 배열 데이터를 선언합니다.
var a = [10, 3, 1, 4, 2]

// 시작 위치를 하나씩 뒤로 하는 반복
for i in 0..<a.count - 1 {
  // 시작 위치를 하나씩 앞으로 하는 반복
  for j in stride (from : a.count - 1, to : i, by : -1) {
    // 만약 이웃하는 두 값 중에서 뒤쪽 값이 더 작다면
    if a[j] < a[j - 1] {

      // [교환 알고리즘]
      // 앞쪽 값과 교환합니다.
      let tmp = a[j]
      a[j] = a[j - 1]
      a[j - 1] = tmp
      }
    }
  }

// 정렬 결과를 표시합니다.
print("Bubble sort =", a)
```

```
Bubble sort = [1, 2, 3, 4, 10]
```

뒤에서 앞으로 향하는 반복

'반복의 방향'은 'for in 문'의 범위로 지정합니다. 'range(종료 값, 시작 값, 증감 값)'을 사용하고, 증감 값은 '-1'로 지정하여 뒤에서 앞으로 향하는 반복을 만듭니다.

입력 해보자!

```
#-*-coding : UTF-8-*-

# 배열 데이터를 선언합니다.
a = [10, 3, 1, 4, 2]

# 시작 위치를 하나씩 뒤로 하는 반복
for i in range(len(a) - 1) :
    # 시작 위치를 하나씩 앞으로 하는 반복
    for j in range(len(a) - 1, i, -1) :
        # 만약 이웃하는 두 값 중에서 뒤쪽 값이 더 작다면
        if (a[j] < a[j - 1]) :

            # [교환 알고리즘]
            # 앞쪽 값과 교환합니다.
            tmp = a[j]
            a[j] = a[j - 1]
            a[j - 1] = tmp

# 정렬 결과를 표시합니다.
print("Bubble sort =", a)
```

```
Bubble sort = [1, 2, 3, 4, 10]
```

Visual Basic

으로 정렬하기

뒤에서 앞으로 향하는 반복

'반복의 방향'은 'for문'에서 증감 값을 'STEP - 1'로 지정합니다. Visual Basic에서는 ':(클론)'을 사용하면 명령을 이어서 작성할 수 있음으로, 두 값의 교환을 하나의 행에 정리해 작성할 수 있습니다.

```
Module VisualBasic
    Sub Main()

        ' 배열 데이터를 선언합니다.
        Dim a() As Integer = {10, 3, 1, 2, 4}
        ' 시작 위치를 하나씩 뒤로 하는 반복
        For i = 0 To a.Length - 2
            ' 시작 위치를 하나씩 앞으로 하는 반복
            For j = a.Length - 1 To 1 Step - 1

                ' 만약 이웃하는 두 값 중에서 뒤쪽 값이 더 작다면 앞쪽 값과 교환합니다.
                ' [교환 알고리즘]
                Dim tmp As Integer
                If a(j) < a(j - 1) Then tmp = a(j) : a(j) = a(j - 1) : a(j - 1) = tmp
            Next
        Next

        ' 정렬 결과를 표시합니다.
        Console.Write("Bubble sort = ")
        For i = 0 To a.Length - 1
            Console.Write(a(i) & " ")
        Next

    End Sub
End Module
```

```
Bubble sort = 1 2 3 4 10
```

Scratch
로 정렬한다

① 배열과 변수를 준비한다

[변수] ▶ [리스트 만들기]를 선택하여 배열(리스트) 'a'를 만듭니다. 우측의 'a' 리스트에 '+'를 클릭하여 배열의 개수를 5개로 늘립니다. 이후 배열의 값을 각각 [10, 3, 1, 4, 2]를 입력합니다.
다음으로 [변수] ▶ [변수 만들기]를 선택하여 'i', 'j', 'tmp'라는 세 가지 변수를 만듭니다.

② 블록을 나열해서 프로그램을 만든다

오른쪽 스크립트 영역에 블록을 나열해서 프로그램을 만들어 갑니다.

뒤에서 앞으로 향하는 반복

'뒤에서 앞으로 향하는 반복 블록'은 없으므로, [제어] ▶ [○까지 반복하기]와 변수 'j'를 사용해서 만듭니다. 반복의 마지막 줄에 [변수] ▶ [j 을(를) (−1)만큼 바꾸기]라는 블록을 사용해서 '뒤에서 앞으로 향하는 반복'을 수행합니다.

```
클릭했을 때
i ▾ 을(를) (1) 로 정하기
<(a ▾ 의 길이) - (1) < (i)> 까지 반복하기
    ((a ▾ 의 길이) - (1)) 번 반복하기
        j ▾ 을(를) (a ▾ 의 길이) 로 정하기
        <(j) < (i)> 까지 반복하기
            만약 <(a ▾ 리스트의 (j) 번째 항목) < (a ▾ 리스트의 ((j) - (1)) 번째 항목)> (이)라면
                tmp ▾ 을(를) (a ▾ 리스트의 (j) 번째 항목) 로 정하기
                a ▾ 리스트의 (j) 번째 항목을 (a ▾ 리스트의 ((j) - (1)) 번째 항목) 으로 바꾸기
                a ▾ 리스트의 ((j) - (1)) 번째 항목을 (tmp) 으로 바꾸기
            j ▾ 을(를) (-1) 만큼 바꾸기
        i ▾ 을(를) (1) 만큼 바꾸기
(a) 말하기
```

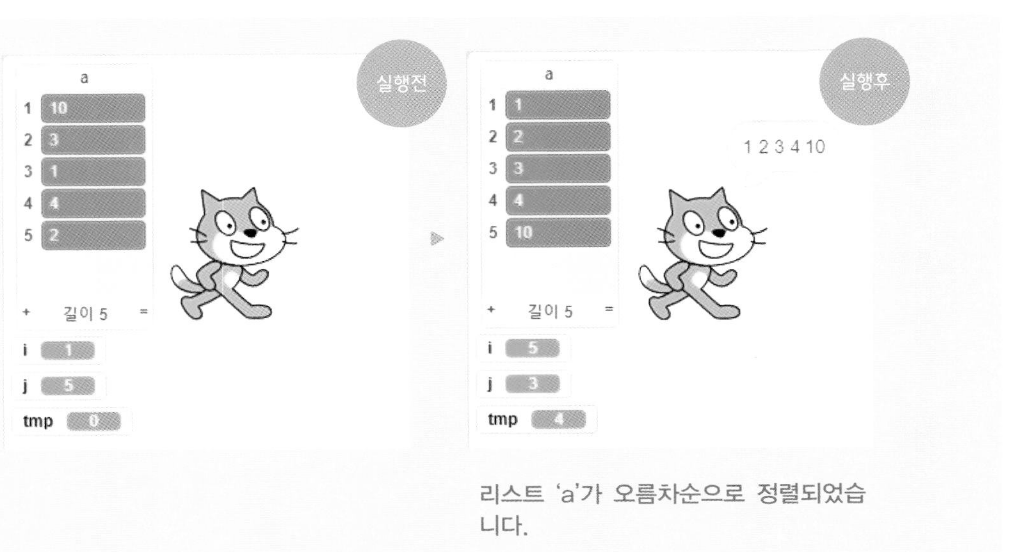

리스트 'a'가 오름차순으로 정렬되었습니다.

6.3
선택 정렬(Selection sort)

최솟값을 찾아 앞에서부터 차례로 나열하는 정렬

선택 정렬(Selection sort)도 가장 기본적인 알고리즘 중 하나입니다.

▼

'최솟값을 찾아 앞에서부터 차례로 나열하는 방법'입니다.
최솟값을 넣을 위치를 '선택'하고, 최솟값과 교환하므로 '선택 정렬'이라고 합니다.

목적	현재 상황	결과	장점	단점
데이터를 오름차순(작은 순서)으로 정렬하는 것	알고 있는 것은 데이터 '개수', '각각의 값'	구하는 결과는 '오름차순(작은 순서)으로 정렬한 배열'	프로그램이 단순하고 설치하기 쉽다	처리속도가 느리다(단, 버블 정렬보다 약간 빠르다)

알고리즘 이미지

선택 정렬은 '테이블 위에 흩어져 있는 트럼프 카드를 순서대로 나열하는 방법'과 비슷합니다.
처음엔 테이블 위에 '정렬되지 않은 카드'만 있습니다. 그중에서 가장 작은 숫자 카드를 찾아서 테이블에 나열하여 작은 숫자 순으로 '정렬이 끝난 카드'가 됩니다.

① 처음에는 테이블 위에 트럼프가 흩어져 있는 상태입니다.

② 모든 카드 중에서 가장 숫자가 작은 카드를 찾아서 테이블 끝으로 옮깁니다.

③ 남은 카드 중에서 가장 숫자가 작은 카드를 찾아서 정렬이 끝난 카드 다음으로 옮깁니다.

④ 마찬가지로 남은 카드 중에서 가장 숫자가 작은 카드를 찾아서 정렬이 끝난 카드 옆으로 옮기는 작업을 반복하면, 마지막에는 모든 카드가 순서대로 나열됩니다.

▼

버블 정렬과 비슷하지만, '교환 횟수'가 다릅니다. 버블 정렬이 '이웃한 모든 숫자를 두 개씩 비교하며 교환하는 작업'이라면, 선택 정렬은 '최솟값을 찾고 나서 교환하는 작업'이므로, '교환 횟수'를 줄일 수 있습니다.

구체적인 순서

구체적인 순서를 생각한다면 어떻게 될까요?

선택 정렬은 '최솟값을 찾아서' '교환'합니다. 즉, '최솟값을 찾는 알고리즘'과 '교환하는 알고리즘'을 이용해서 만들 수 있습니다.

현재 상황

① 데이터를 '배열'에 넣어서 준비합니다. 처음에는 '정렬되지 않은 상태'입니다.

최솟값을 넣을 위치를 앞에서부터 차례로 비켜나게 하는 반복

이 중에서 최솟값을 찾아서 가장 앞(처음에는 0번)과 교환하는 처리를 수행합니다. '최솟값을 찾는 알고리즘'을 사용합니다. 이 과정이 ②~④입니다.

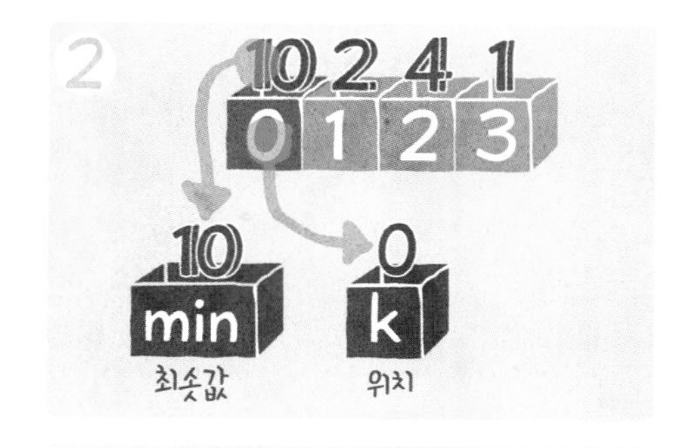

② '최솟값을 찾는 알고리즘(제4장의 4 참조)'을 사용합니다. 최솟값을 찾으므로 '최솟값을 넣을 변수(min)'를 준비합니다. '배열 가장 앞의 값'을 '임시 최솟값'으로 설정합니다. 어떤 값과 교환하는가를 기억해둬야 하므로 '최솟값의 위치를 나타내는 변수 k'를 준비합니다.

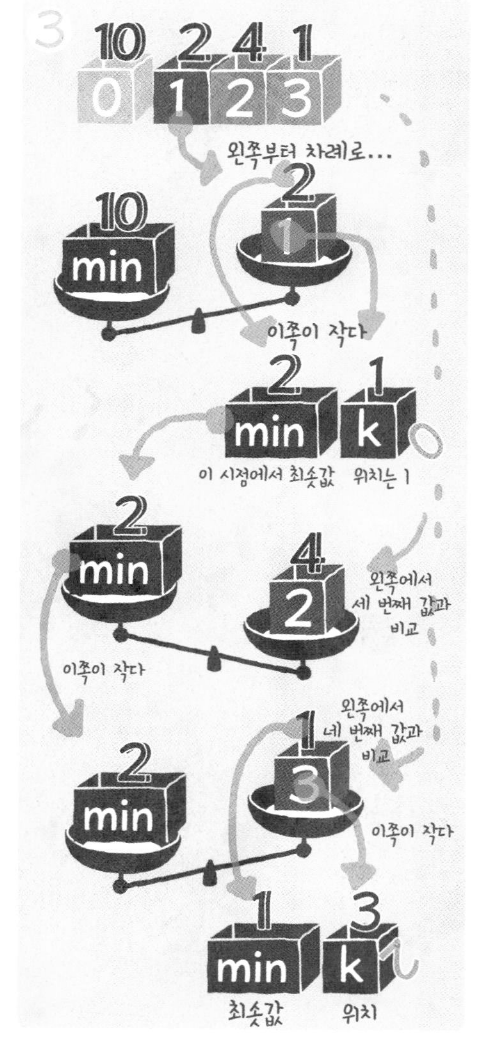

③ 비교를 반복하여 최솟값을 찾습니다. '임시 최솟값'보다 작은 값을 찾으면 '최솟값을 넣을 변수(min)'를 덮어써서 갱신하고, 동시에 '최솟값의 위치를 나타내는 변수 k'도 갱신합니다.

④ 반복이 끝나면 최솟값이 '배열의 k번째'에 들어있는 것을 알 수 있습니다. '최솟값과 앞부분 값을 교환'합니다. 교환은 제4장 5의 '데이터 교환 알고리즘'을 사용합니다.

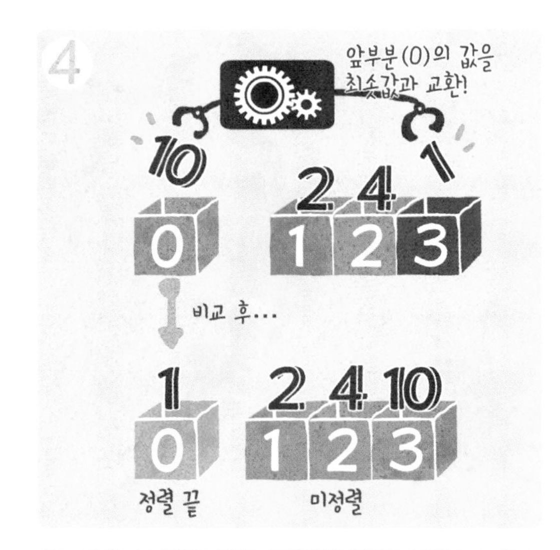

남은 부분에서도 같은 작업을 반복한다

이렇게 배열 앞부분 하나가 '정렬이 끝난 부분'이 되고, 남은 '정렬되지 않은 부분'이 하나 줄어듭니다. 같은 방법으로 '정렬되지 않은 부분' 속에서 최솟값을 찾아 교환하는 작업을 반복합니다. 이 과정이 ⑤~⑥입니다.

⑤ 남은 '정렬되지 않은 부분' 속에서 최솟값을 찾습니다.

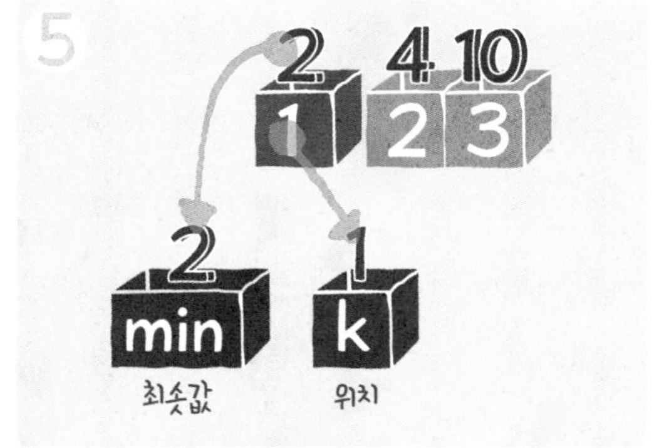

⑥ 반복이 끝나면 최솟값이 '배열 k번째'에 들어있다는 것을 알 수 있습니다. '최솟값과 앞부분 값을 교환'합니다.

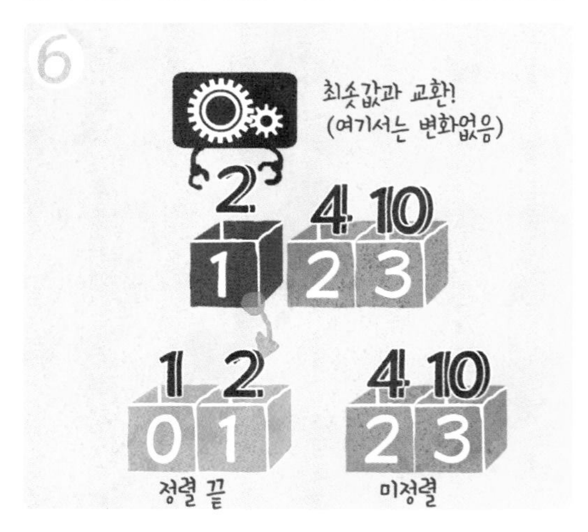

여기까지 하면 앞부분 두 개가 '정렬이 끝난 부분'이 되고, 나머지가 '정렬되지 않은 부분'이 됩니다. 나머지 부분에서 이 작업을 반복합니다.

결과

⑦ 마지막까지 반복이 끝나면 모든 값이 순서대로 나열됩니다.

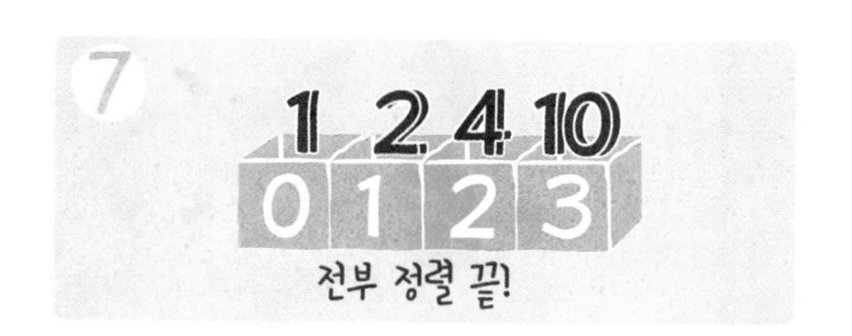

플로차트

전체적인 흐름부터 살펴봅시다.

선택 정렬은 '최솟값을 찾아서' '앞부분부터 순서대로 나열'해가는 알고리즘입니다.

'앞부분부터 순서대로 나열'하므로, 앞부분부터 '정렬이 끝난 부분'이 조금씩 늘어갑니다. 이 부분은 버블 정렬과 비슷합니다.

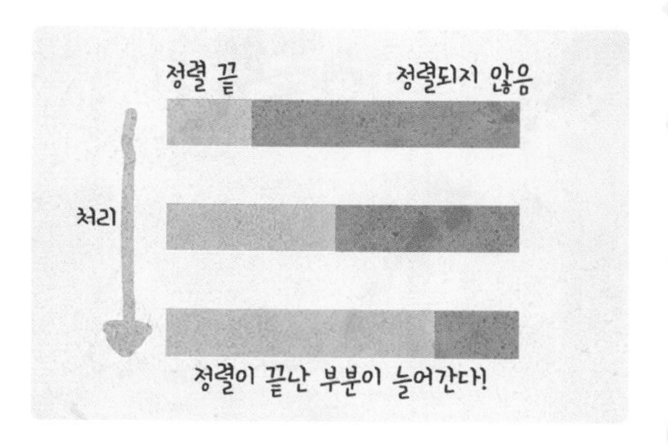

처리를 진행할수록 정렬이 끝난 부분이 늘어나므로 '정렬되지 않은 부분'이 하나씩 뒤로 비켜나게 됩니다. 즉, '정렬되지 않은 부분의 앞부분을 하나씩 뒤로 이동'하는 반복 작업 중에 '최솟값을 찾는 알고리즘'과 '교환 알고리즘'을 수행하는 알고리즘입니다.

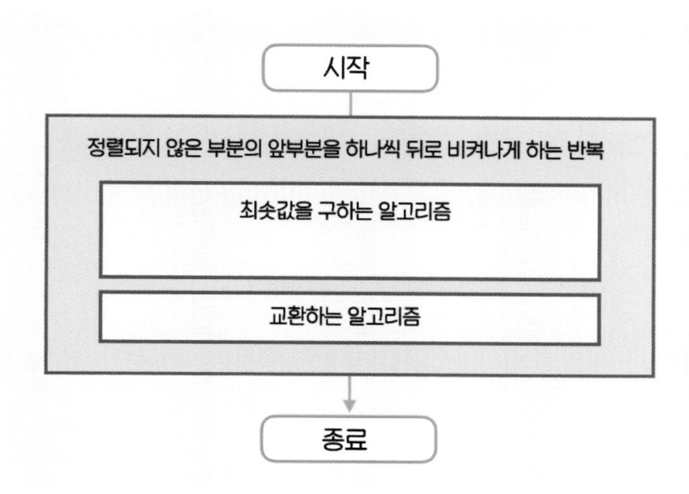

이제 구체적인 플로차트로 표현해봅시다.

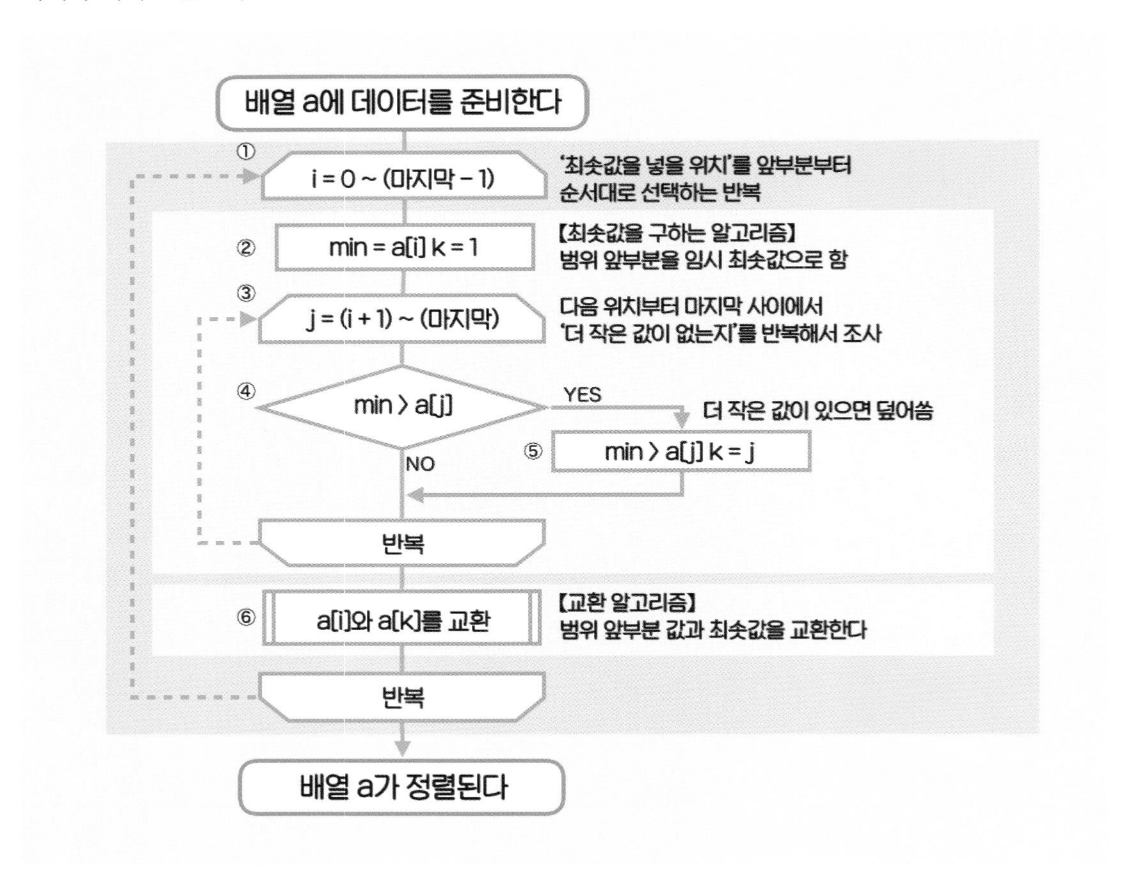

① '정렬되지 않은 부분의 앞부분을 하나씩 뒤로 비켜나게 하는 반복'을 수행합니다.

② 반복 과정 중에 '정렬되지 않은 부분의 최솟값'을 찾습니다. 이 작업은 '최솟값을 찾는 알고리즘'을 사용합니다. 최솟값을 넣을 변수를 준비하고, 배열의 시작값을 넣어서 초기화합니다. '최솟값의 위치를 나타내는 변수'를 준비해 위치를 저장합니다.

③ 앞부분부터 마지막까지 반복 비교하여 최솟값을 찾습니다.

④ 만약 '최솟값'보다 작은 값을 찾았봅니다.

⑤ '최솟값'을 그 값으로 덮어쓰고 그 위치를 '최솟값의 위치를 나타내는 변수'에 저장합니다.

⑥ 마지막까지 반복해서 조사를 마쳤으면, '조사하는 범위의 앞부분 값'과 '최솟값'을 교환합니다. 이 작업은 '교환 알고리즘'을 사용합니다.

▼

'정렬되지 않은 부분'이 하나만 남을 때까지 반복하면, '정렬된 배열'이 만들어집니다.

알고리즘의 특징(정리)

버블 정렬은 비교하고 바로 교환하지만, 선택 정렬은 최솟값을 찾는 비교를 하고 나서 교환하기 때문에 '교환 횟수'가 적습니다. 그래서 버블 정렬보다 처리가 약간 빠릅니다.

프로그램

플로차트를 완성했으면 각 프로그래밍 언어로 코딩을 시작합니다.
선택 정렬은 '이중 반복'을 포함합니다.

▼

바깥쪽은 '앞에서부터 차례로 진행하는 반복'이며, 안쪽은 '시작 위치가 변하는 반복'입니다.
'시작 위치가 변하는 반복 방법'은 프로그래밍 언어에 따라 달라집니다.

JavaScript
로 정렬하기

시작 위치가 변하는 반복

'반복의 시작 위치'는 첫 번째 'for문'에서 지정합니다. '최솟값을 넣을 위치(i)'의 다음부터 시작하므로 '**for (var j = i + 1; j < a.length; j++)**'이라 지정합니다.

```
<script>

  // 배열 데이터를 선언합니다.
  var a = [10, 3, 1, 4, 2]

  // '최솟값을 넣을 위치'를 앞부분부터 차례대로 선택합니다.
  for (var i = 0; i < a.length - 1 ; i++) {

    // [최솟값을 구하는 알고리즘]
    // 앞부분 값으로 '임시 최솟값'을 초기화합니다.
    var min = a[i];
    // '임시 최솟값'의 위치를 저장합니다.
    var k = i;
    // 마지막 값까지 '임시 최솟값'과 비교합니다.
    for (var j = i + 1; j < a.length; j++) {
      // 만약 '임시 최솟값'보다 작은 '최솟값'을 찾았다면
      if (min > a[j]) {
        // 그 값을 덮어쓰고
        min = a[j];
        // 그 위치를 저장합니다.
        k = j;
      }
    }
```

```
    // [교환 알고리즘]
    // '임시 최솟값'과 '최솟값'을 교환합니다.
    var tmp = a[i];
    a[i] = a[k];
    a[k] = tmp;
    }

    // 정렬 결과를 표시합니다.
    document.writeln("Selection sort = ", a);

</script>
```

```
Selection sort = 1,2,3,4,10
```

시작 위치가 변하는 반복

'반복의 시작 위치'는 첫 번째 'for문'에서 지정합니다. '최솟값을 넣을 위치(i)'의 다음부터 시작하므로 'for($j = $i + 1; $j < count($a); $j++)'이라 지정합니다.

```
<?php

    // 배열 데이터를 선언합니다.
    $a = array(10, 3, 1, 4, 2);

    // '최솟값을 넣을 위치'를 앞부분부터 차례대로 선택합니다.
    for ($i = 0; $i < count($a) - 1; $i++) {

        // [최솟값을 구하는 알고리즘]
        // 앞부분 값으로 '임시 최솟값'을 초기화합니다.
        $min = $a[$i];
        // '임시 최솟값'의 위치를 저장합니다.
        $k = $i;
        // 마지막 값까지 '임시 최솟값'과 비교합니다.
        for ($j = $i + 1; $j < count($a); $j++) {
            // 만약 '임시 최솟값' 보다 작은 '최솟값'을 찾았다면
            if ($min > $a[$j]) {
                // 그 값을 덮어쓰고
                $min = $a[$j];
                // 그 위치를 저장합니다.
                $k = $j;
            }
        }
```

```
    // [교환 알고리즘]
    // '임시 최솟값'과 '최솟값'을 교환합니다.
    $tmp = $a[$i];
    $a[$i] = $a[$k];
    $a[$k] = $tmp;
    }

    // 정렬 결과를 표시합니다.
    print("Selection sort = ");
    print_r($a);

?>
```

```
Selection sort = Array ( [0] => 1 [1] => 2 [2] => 3 [3] => 4 [4] => 10 )
```

시작 위치가 변하는 반복

'반복의 시작 위치'는 첫 번째 'for문'에서 지정합니다. '최솟값을 넣을 위치(i)'의 다음부터 시작하므로 'for(int j = i + 1; j 〈 length; j++)'이라 지정합니다.

```
#include <stdio.h>

int main(int argc, char* argv[]) {

   // 배열 데이터를 선언합니다.
   int a[] = {10, 3, 1, 4, 2};
   // 배열의 데이터 개수를 조사합니다.
   int length = sizeof(a) / sizeof(int);

   // '최솟값을 넣을 위치'를 앞부분부터 차례대로 선택합니다.
   for (int i = 0; i < length - 1; i++) {

      // [최솟값을 구하는 알고리즘]
      // 앞부분 값으로 '임시 최솟값'을 초기화합니다.
      int min = a[i];
      // '임시 최솟값'의 위치를 저장합니다.
      int k = i;
      // 마지막 값까지 '임시 최솟값'과 비교합니다.
      for (int j = i + 1; j < length; j++) {
         // 만약 '임시 최솟값'보다 작은 '최솟값'을 찾았다면
         if (min > a[j]) {
            // 그 값을 덮어쓰고
            min = a[j];
            // 그 위치를 저장합니다.
            k = j;
         }
      }
```

```
        // [교환 알고리즘]
        // '임시 최솟값'과 '최솟값'을 교환합니다.
        int tmp = a[i];
        a[i] = a[k];
        a[k] = tmp;
    }

    // 정렬 결과를 표시합니다.
    printf("Selection sort = ");
    for (int i = 0; i < length; i++) {
        printf("%d ", a[i]);
    }

}
```

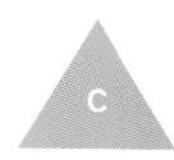

```
Selection sort = 1 2 3 4 10
```

Java
로 정렬하기

시작 위치가 변하는 반복

'반복의 시작 위치'는 첫 번째 'for문'에서 지정합니다. '최솟값을 넣을 위치(i)'의 다음부터 시작하므로 'for (int j = i + 1; j < a.length; j++)'이라 지정합니다.

```
class SelectionSort {

    public static void main(String[] args) {

        // 배열 데이터를 선언합니다.
        int a[] = {10, 3, 1, 4, 2};

        // '최솟값을 넣을 위치'를 앞부분부터 차례대로 선택합니다.
        for (int i = 0; i < a.length - 1; i++) {

            // [최솟값을 구하는 알고리즘]
            // 앞부분 값으로 '임시 최솟값'을 초기화합니다.
            int min = a[i];
            // '임시 최솟값'의 위치를 저장합니다.
            int k = i;
            // 마지막 값까지 '임시 최솟값'과 비교합니다.
            for (int j = i + 1; j < a.length; j++) {
                // 만약 '임시 최솟값'보다 작은 '최솟값'을 찾았다면
                if (min > a[j]) {
                    // 그 값을 덮어쓰고
                    min = a[j];
                    // 그 위치를 저장합니다.
                    k = j;
                }
            }
```

```
            // [교환 알고리즘]
            // '임시 최솟값'과 '최솟값'을 교환합니다.
            int tmp = a[i];
            a[i] = a[k];
            a[k] = tmp;
        }

        // 정렬 결과를 표시합니다.
        System.out.print("Selection sort = ");
        for (int i = 0; i < a.length; i++) {
            System.out.print(a[i] + " ");
        }

    }
}
```

```
Selection sort = 1 2 3 4 10
```

로 정렬하기

시작 위치가 변하는 반복

'반복의 시작 위치'는 'for in문'의 범위 시작 값으로 지정합니다. '최솟값을 넣을 위치(i)'의 다음부터 시작하므로 'for j in (i + 1)..<a.count'라 지정합니다.

```
// 배열 데이터를 선언합니다.
var a = [10, 3, 1, 4, 2]

// '최솟값을 넣을 위치'를 앞부분부터 차례대로 선택합니다.
for i in 0..<a.count - 1 {

   // [최솟값을 구하는 알고리즘]
   // 앞부분 값으로 '임시 최솟값'을 초기화합니다.
   var min = a[i]
   // '임시 최솟값'의 위치를 저장합니다.
   var k = i;
   // 마지막 값까지 '임시 최솟값'과 비교합니다.
   for j in (i + 1)..<a.count {
      // 만약 '임시 최솟값' 보다 작은 '최솟값'을 찾았다면
      if (min > a[j]) {
      // 그 값을 덮어쓰고
      min = a[j]
      // 그 위치를 저장합니다.
      k = j
      }
   }

// [교환 알고리즘]
// '임시 최솟값'과 '최솟값'을 교환합니다.
let tmp = a[i]
a[i] = a[k]
a[k] = tmp
```

```
}

// 정렬 결과를 표시합니다.
print("Selection sort =", a)
```

결과!

```
Selection sort = [1, 2, 3, 4, 10]
```

Java Script
PHP
C
Java
Swift
Python
Visual Basic
Scratch

시작 위치가 변하는 반복

'반복의 시작 위치'는 'for in문'에서 범위를 지정하는 'range(시작 값, 종료 값)'으로 지정합니다. '최솟값을 넣을 위치(i)'의 다음부터 시작하므로 'for j in range((i + 1), len(a))'이라 지정합니다.

입력 해보자!

```
#-*-coding : UTF-8-*-

# 배열 데이터를 선언합니다.
a = [10, 3, 1, 4, 2]

# '최솟값을 넣을 위치'를 앞부분부터 차례대로 선택합니다.
for i in range(len(a) - 1) :

    # [최솟값을 구하는 알고리즘]
    # 앞부분 값으로 '임시 최솟값'을 초기화합니다.
    min = a[i]
    # '임시 최솟값'의 위치를 저장합니다.
    k = i
    # 마지막 값까지 '임시 최솟값'과 비교합니다.
    for j in range((i + 1), len(a)) :
        # 만약 '임시 최솟값'보다 작은 '최솟값'을 찾았다면
        if (min > a[j]) :
            # 그 값을 덮어쓰고
            min = a[j]
            # 그 위치를 저장합니다.
            k = j

    # [교환 알고리즘]
    # '임시 최솟값'과 '최솟값'을 교환합니다.
    tmp = a[i]
    a[i] = a[k]
    a[k] = tmp
```

```
# 정렬 결과를 표시합니다.
print("Section sort =", a)
```

```
Selection sort = [1, 2, 3, 4, 10]
```

Visual Basic
으로 정렬하기

시작 위치가 변하는 반복

'반복의 시작 위치'는 'for문'의 범위 시작 값으로 지정합니다. '최솟값을 넣을 위치(i)'의 다음부터 시작하므로 'for j = i + 1 To a.Length − 1'이라 지정합니다.

```
Module VisualBasic
  Sub Main()

    ' 배열 데이터를 선언합니다.
    Dim a() As Integer = {10, 3, 1, 4, 2}

    ' '최솟값을 넣을 위치'를 앞부분부터 차례대로 선택합니다.
    For i = 0 To a.Length - 2

      ' [최솟값을 찾는 알고리즘]
      ' 앞부분 값으로 '임시 최솟값'을 초기화합니다.
      Dim min As Integer = a(i)
      ' '임시 최솟값'의 위치를 저장합니다.
      Dim k As Integer = i
      ' 마지막 값까지 '임시 최솟값'과 비교합니다.
      For j = i + 1 To a.Length - 1
        ' 만약 '임시 최솟값'보다 작은 '최솟값'을 찾았다면
        If min > a(j) Then
          ' 그 값을 덮어쓰고
          min = a(j)
          ' 그 위치를 저장합니다.
          k = j
        End If
      Next

      ' [교환 알고리즘]
      ' '임시 최솟값'과 '최솟값'을 교환합니다.
      Dim tmp As Integer = a(i) : a(i) = a(k) : a(k) = tmp
```

```
        Next
        ' 정렬 결과를 표시합니다.
        Console.Write("Selection sort = ")
        For i = 0 To a.Length - 1
            Console.Write(a(i) & " ")
        Next

    End Sub
End Module
```

```
Selection sort = 1 2 3 4 10
```

Scratch
로 정렬한다

① 배열과 변수를 준비한다

[변수] ▶ [리스트 만들기]를 선택하여 배열(리스트) 'a'를 만듭니다. 우측의 'a' 리스트에 '+'를 클릭하여 배열의 개수를 5개로 늘립니다. 이후 배열의 값을 각각 [10, 3, 1, 4, 2]를 입력합니다.
다음으로 [변수] ▶ [변수 만들기]를 선택하여 'i', 'j', 'k', 'tmp', 'min'이라는 다섯 가지 변수를 만듭니다.

② 블록을 나열해서 프로그램을 만든다

오른쪽 스크립트 영역에 블록을 나열해서 프로그램을 만들어 갑니다.

시작 위치가 변하는 반복

'시작 위치가 변하는 반복 블록'은 없으므로, [제어] ▶ [○까지 반복하기]와 변수 'j'를 사용해서 만듭니다. 반복의 시작 위치 지정은 [변수] ▶ [j 을(를) ○로 정하기]의 ○ 부분에 [제어] ▶ [(i)+1]을 넣어서 지정합니다. 반복의 마지막에는 [변수] ▶ [j 을(를) (1)만큼 바꾸기]라는 블록을 사용해서 반복을 수행합니다.

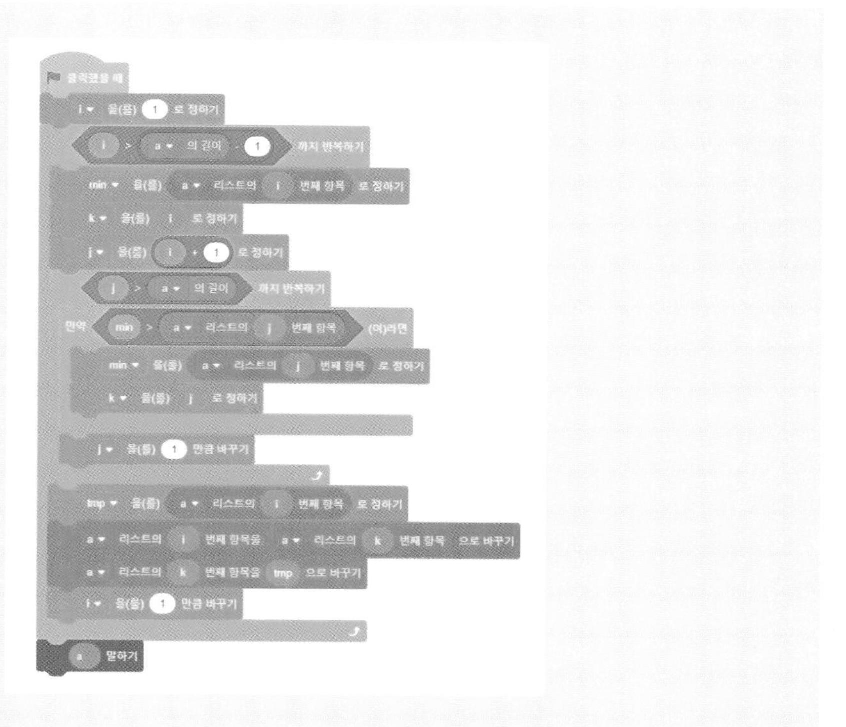

결과!

리스트 'a'가 오름차순으로 정렬되었습니다.

6.4 삽입 정렬(Insert sort)

데이터를 빼내 올바른 위치에 삽입해가는 정렬

삽입 정렬(Insert sort)은 가장 기본적인 알고리즘 중 하나입니다.

'데이터를 빼내 올바른 위치에 삽입해가는 방법'입니다.

올바른 위치에 '삽입해가는 것'이므로 '삽입 정렬'이라 합니다.

버블 정렬 및 선택 정렬과 비슷하지만, 이 세 가지 중에서는 삽입 정렬이 가장 빠르게 정렬할 수 있습니다.

목적	현재 상황	결과	장점	단점
데이터를 오름차순(작은 순서)으로 정렬하는 것	알고 있는 것은 데이터 '개수', '각각의 값'	구하는 결과는 '오름차순(작은 순서)으로 정렬한 배열'	프로그램이 단순하고 설치하기 쉽다. 미리 정렬된 부분이 많을수록 빠르게 처리할 수 있다(이 원리는 셸 정렬과 머지 정렬 등 다른 고속 정렬에 사용한다).	기본적으로 처리속도가 느리다(단, 버블 정렬이나, 선택 정렬보다는 속도가 빠르다).

알고리즘 이미지

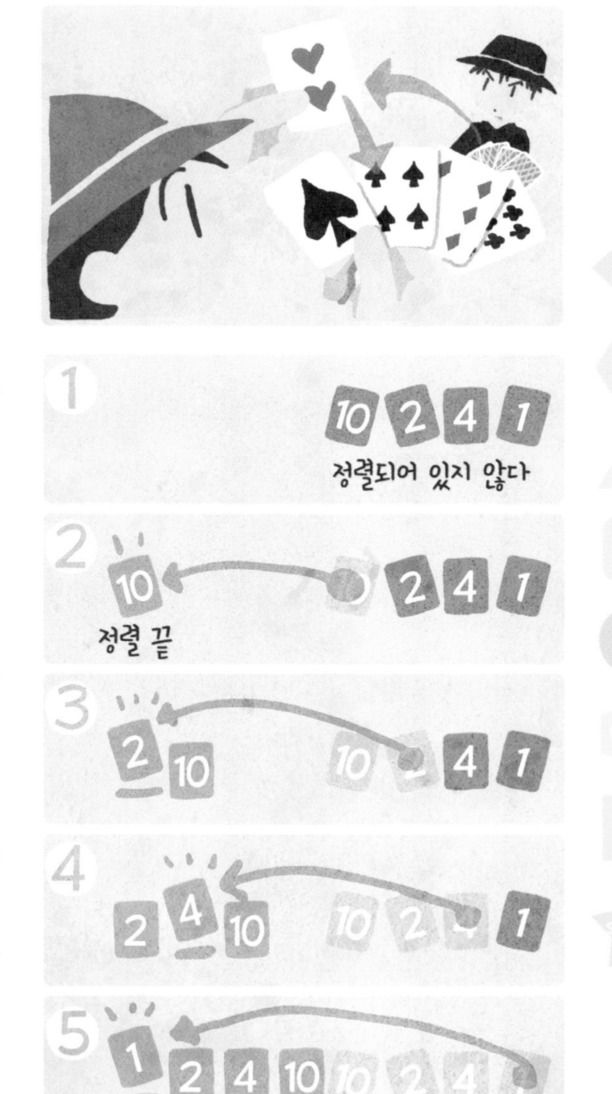

삽입 정렬은 '한 장씩 받는 트럼프 카드를 가지고 있는 카드와 섞어서 순서대로 나열하는 방법'과 비슷합니다.
카드를 한 장 받을 때마다 가지고 있는 카드 사이의 올바른 위치에 삽입해서, 가진 카드를 차례대로 나열합니다. 이때 사용하는 방법이 삽입 정렬입니다.

① 처음에는 '정렬되지 않은 상태'입니다. 카드를 나눠주는 사람이 가지고 있습니다.

② 첫 번째 카드를 받습니다. 남은 카드는 나눠주는 사람의 손에서 정렬되지 않은 상태입니다.

③ 다음으로, 두 번째 카드를 받습니다. 받은 카드를 보고 순서대로 나열되는 위치에 그 카드를 삽입합니다.

④ 세 번째 카드를 받습니다. 같은 처리를 반복합니다. 가진 카드를 보고 순서대로 나열되는 위치에 그 카드를 삽입합니다. 삽입하기 쉽게 카드를 밀어내서 빈자리를 만들고 삽입합니다.

⑤ 마지막 카드까지 받았을 때, 가지고 있는 카드는 모두 순서대로 나열됩니다.

구체적인 순서

이 처리를 구체적인 순서로 생각하면 어떻게 될까요? 카드를 나눠줄 때는 '자기가 가진 정렬된 카드'와 '나눠주는 사람의 정렬되지 않은 카드' 사이에서 카드를 주고받지만, 하나의 배열 안에서도 같은 원리를 이용할 수 있습니다. 배열을 '정렬된 부분(내가 가진 카드)'과 '정렬되지 않은 부분(나눠주는 사람이 가진 카드)'으로 나눠 생각하여 데이터 이동을 처리합니다.

현재 상황 : 첫 번째 카드

① 처음에는 카드를 한 장 받은 상태라고 생각하고 시작합니다. 이 한 장은 '정렬된 카드'라고 생각하고, 다음부터 이 부분에 카드를 삽입해서 나열해갑니다. 즉, 배열의 앞부분(0번)이 '정렬이 끝난 부분 (내가 가진 카드)'이고, 남은 부분이 '정렬되지 않은 부분(나눠주는 사람이 가진 카드)'이라고 생각합니다.

두 번째 카드를 받았을 때

다음으로, 두 번째 카드를 받은 상태를 생각합니다. '정렬되지 않은 부분(나눠주는 사람이 가진 카드)'의 앞부분에서 하나를 꺼내서 '정렬된 부분(내가 가진 카드)'에 삽입합니다. 이때 '정렬된 부분(내가 가진 카드)' 안에서 순서대로 나열되는 부분에 삽입합니다. 이 과정이 ②~⑤입니다.

시작 위치가 변하면서 뒤에서 앞으로 향하는 반복

반복은 'for문'으로 수행합니다. '시작 위치'는 첫 번째에 있는 시작 값으로 지정하고, '진행하는 방향'은 세 번째에 있는 증감 값으로 지정합니다.

'정렬되지 않은 부분 직전(i – 1)부터' 시작해서 '앞부분까지(0)', '뒤에서 앞으로(−−) 진행하므로 'for (var j = i – 1; j >= 0; j−−)'이라 지정합니다.

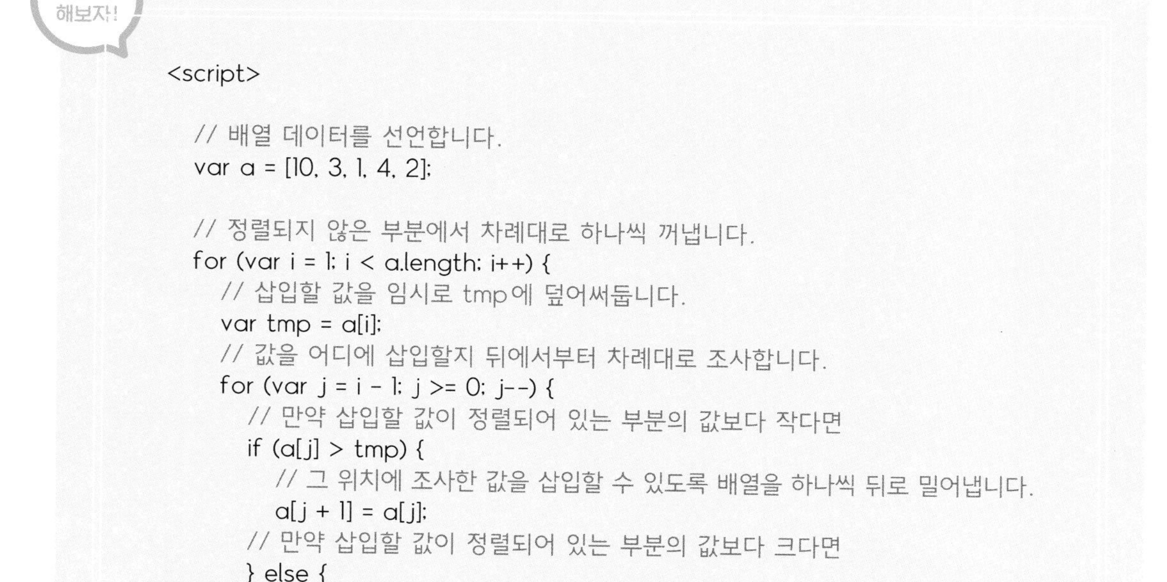


```
<script>

  // 배열 데이터를 선언합니다.
  var a = [10, 3, 1, 4, 2];

  // 정렬되지 않은 부분에서 차례대로 하나씩 꺼냅니다.
  for (var i = 1; i < a.length; i++) {
    // 삽입할 값을 임시로 tmp에 덮어써둡니다.
    var tmp = a[i];
    // 값을 어디에 삽입할지 뒤에서부터 차례대로 조사합니다.
    for (var j = i - 1; j >= 0; j--) {
      // 만약 삽입할 값이 정렬되어 있는 부분의 값보다 작다면
      if (a[j] > tmp) {
        // 그 위치에 조사한 값을 삽입할 수 있도록 배열을 하나씩 뒤로 밀어냅니다.
        a[j + 1] = a[j];
      // 만약 삽입할 값이 정렬되어 있는 부분의 값보다 크다면
      } else {
        // 반복을 종료합니다.
        break;
      }
    }
  // 밀어내는 처리가 끝난 위치에 삽입할 값을 넣습니다.
  a[j + 1] = tmp;
  }
```

```
  // 정렬 결과를 표시합니다.
  document.writeln("Insert sort = ", a);

</script>
```

Insert sort = 1,2,3,4,10

로 정렬하기

시작 위치가 변하면서 뒤에서 앞으로 향하는 반복

반복은 'for문'으로 수행합니다. '시작 위치'는 첫 번째에 있는 시작 값으로 지정하고, '진행하는 방향'은 세 번째에 있는 증감 값으로 지정합니다.

'정렬되지 않은 부분 직전($i – 1)부터' 시작해서 '앞부분까지(0)', '뒤에서 앞으로(––) 진행하므로 'for ($j = $i – 1; $j >= 0; $j––)'이라 지정합니다.

입력 해보자!

```
<?php

  // 배열 데이터를 선언합니다.
  $a = array(10, 3, 1, 4, 2);

  // 정렬되지 않은 부분에서 차례대로 하나씩 꺼내기를 반복합니다.
  for ($i = 1; $i < count($a); $i++) {
    // 삽입할 값을 임시로 tmp에 덮어써둡니다.
    $tmp = $a[$i];
    // 값을 어디에 삽입할지 뒤에서부터 차례대로 조사합니다.
    for ($j = $i - 1; $j >= 0; $j--) {
      // 만약 삽입할 값이 정렬되어 있는 부분의 값보다 작다면
      if ($a[$j] > $tmp) {
        // 그 위치에 조사한 값을 삽입할 수 있도록 배열을 하나씩 뒤로 밀어냅니다.
        $a[$j + 1] = $a[$j];
      // 만약 삽입할 값이 정렬되어 있는 부분의 값보다 크다면
      } else {
        // 반복을 종료합니다.
        break;
        }
    }
    // 밀어내는 처리가 끝난 위치에 삽입할 값을 넣습니다.
    $a[$j + 1] = $tmp;
  }
```

```
    // 정렬 결과를 표시합니다.
    print("Insert sort = ");
    print_r($a);

?>
```

```
Insert sort = Array ( [0] => 1 [1] => 2 [2] => 3 [3] => 4 [4] => 10 )
```

시작 위치가 변하면서 뒤에서 앞으로 향하는 반복

반복은 'for문'으로 수행합니다. '시작 위치'는 첫 번째에 있는 시작 값으로 지정하고, '진행하는 방향'은 세 번째에 있는 증감 값으로 지정합니다.

'정렬되지 않은 부분 직전(i – 1)부터 시작'해서 '앞부분까지(0)', '뒤에서 앞으로(––) 진행하므로 'for (int j = i – 1; j >= 0; j––)'이라 지정합니다.

변수 j는 'for문' 내부에서만 유효하므로, 'for문'이 끝나면 j 값이 무효가 되어 '어디에 삽입하면 좋을지' 알 수 없게 됩니다. 따라서 미리 삽입할 '위치 변수(ins)'를 준비해두고 위치를 저장하여 'for문' 뒤에 사용합니다.

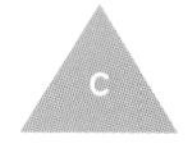

```
#include <stdio.h>

int main(int argc, char* argv[]) {

  // 배열 데이터를 선언합니다.
  int a[] = {10, 3, 1, 4, 2};
  // 배열의 데이터 개수를 조사합니다.
  int length = sizeof(a) / sizeof(int);

  // 정렬되지 않은 부분에서 차례대로 하나씩 꺼내기를 반복합니다.
  for (int i = 1; i < length; i++) {
    // 삽입할 값을 임시로 tmp에 덮어써둡니다.
    int tmp = a[i];
    // 삽입할 위치 변수를 초기화합니다.
    int ins = 0;
    // 값을 어디에 삽입할지 뒤에서부터 차례대로 조사합니다.
    for (int j = i - 1; j >= 0; j--) {
      // 만약 삽입할 값이 정렬되어 있는 부분의 값보다 작다면
      if (a[j] > tmp) {
```

```
                // 그 위치에 조사한 값을 삽입할 수 있도록 배열을 하나씩 뒤로 밀어냅니다.
                a[j + 1] = a[j];
            // 만약 삽입할 값이 정렬되어 있는 부분의 값보다 크다면
            } else {
                // 삽입할 위치를 ins에 저장한 후
                ins = j + 1;
                // 반복을 종료합니다.
                break;
            }
        }
        // 밀어내는 처리가 끝난 위치에 삽입할 값을 넣습니다.
        a[ins] = tmp;
    }

    // 정렬 결과를 표시합니다.
    printf("Inseert sort = ");
    for (int i = 0; i < length; i++) {
        printf("%d ", a[i]);
    }

}
```

```
Inseert sort = 1 2 3 4 10
```

Java
로 정렬하기

시작 위치가 변하면서 뒤에서 앞으로 향하는 반복

반복은 'for문'으로 수행합니다. '시작 위치'는 첫 번째에 있는 시작 값으로 지정하고, '진행하는 방향'은 세 번째에 있는 증감 값으로 지정합니다.

'정렬되지 않은 부분 직전(i – 1)부터 시작'해서 '앞부분까지(0)', '뒤에서 앞으로(––) 진행하므로 'for (int j = i – 1; j >= 0; j––)'이라 지정합니다.

변수 j는 'for문' 내부에서만 유효하므로, 'for문'이 끝나면 j 값이 무효가 되어 '어디에 삽입하면 좋을지' 알 수 없게 됩니다. 따라서 미리 삽입할 '위치 변수(ins)'를 준비해두고 위치를 저장하여 'for문' 뒤에 사용합니다.

```
class InsertSort {

    public static void main(String[] args) {

        // 배열 데이터를 선언합니다.
        int a[] = {10, 3, 1, 4, 2};

        // 정렬되지 않은 부분에서 차례대로 하나씩 꺼내기를 반복합니다.
        for (int i = 1; i < a.length; i++) {
            // 삽입할 값을 임시로 tmp에 덮어써둡니다.
            int tmp = a[i];
            // 삽입할 위치 변수를 초기화합니다.
            int ins = 0;
            // 값을 어디에 삽입할지 뒤에서부터 차례대로 조사합니다.
            for (int j = i - 1; j >= 0; j--) {
                // 만약 삽입할 값이 정렬되어 있는 부분의 값보다 작다면
                if (a[j] > tmp) {
                    // 그 위치에 조사한 값을 삽입할 수 있도록 배열을 하나씩 뒤로 밀어냅니다.
                    a[j + 1] = a[j];
```

```
            // 만약 삽입할 값이 정렬되어 있는 부분의 값보다 크다면
            } else {
                // 삽입할 위치를 ins에 저장한 후
                ins = j + 1;
                // 반복을 종료합니다.
                break;
            }
        }
        // 밀어내는 처리가 끝난 위치에 삽입할 값을 넣습니다.
        a[ins] = tmp;
    }

    // 정렬 결과를 표시합니다.
    System.out.print("Insert sort = ");
    for (int i = 0; i < a.length; i++) {
        System.out.print(a[i] + " ");
    }

  }
}
```

```
Insert sort = 1 2 3 4 10
```

Swift
로 정렬하기

시작 위치가 변하면서 뒤에서 앞으로 향하는 반복

반복은 'for in문'으로 수행합니다. 증감 값을 지정하는 'stride (from : 시작 값, to : 종료 값, by : 증감 값)'을 사용합니다.

'정렬되지 않은 부분 직전(i – 1)'부터 시작해서 '앞부분을 넘을 때까지(–1)', '뒤에서 앞으로(–1) 진행하므로 'for j in stride (from : i – 1, to : – 1, by : – 1)'이라 지정합니다.

변수 j는 'for in문' 내부에서만 유효하므로, 'for in문'이 끝나면 j 값이 무효가 되어 '어디에 삽입하면 좋을지' 알 수 없게 됩니다. 따라서 미리 삽입할 '위치 변수(ins)'를 준비해두고 위치를 저장하여 'for in문' 뒤에 사용합니다.

입력 해보자!

```
// 배열 데이터를 선언합니다.
var a = [10, 3, 1, 4, 2]

  // 정렬되지 않은 부분에서 차례대로 하나씩 꺼내기를 반복합니다.
  for i in 1..<a.count {
    // 삽입할 값을 임시로 tmp에 덮어써둡니다.
    let tmp = a[i]
    // 삽입할 위치 변수를 초기화합니다.
    var ins = 0
    // 값을 어디에 삽입할지 뒤에서부터 차례대로 조사합니다.
    for j in stride (from : i - 1, to : -1, by : -1) {
      // 만약 삽입할 값이 정렬되어 있는 부분의 값보다 작다면
      if (a[j] > tmp) {
        // 그 위치에 조사한 값을 삽입할 수 있도록 배열을 하나씩 뒤로 밀어냅니다.
        a[j + 1] = a[j]
      // 만약 삽입할 값이 정렬되어 있는 부분의 값보다 크다면
      } else {
        // 삽입할 위치를 ins에 저장한 후
        ins = j + 1
```

```
            // 반복을 종료합니다.
            break;
        }
    }
    // 밀어내는 처리가 끝난 위치에 삽입할 값을 넣습니다.
    a[ins] = tmp
}

// 정렬 결과를 표시합니다.
print ("Insert Sort =", a)
```

결과!

```
Insert sort = [1, 2, 3, 4, 10]
```

시작 위치가 변하면서 뒤에서 앞으로 향하는 반복

반복은 'for in문'으로 수행합니다. 증감 값을 지정하는 'range(시작 값, 종료 값, 증감 값)'을 사용합니다. '정렬되지 않은 부분 직전(i – 1)'부터 시작해서 '앞부분을 넘을 때까지(–1)', '뒤에서 앞으로(–1) 진행하므로 **'for j in range((i – 1), –1, –1)'**이라 지정합니다.

변수 j는 'for in문' 내부에서만 유효하므로, 'for in문'이 끝나면 j 값이 무효가 되어 '어디에 삽입하면 좋을지' 알 수 없게 됩니다. 따라서 미리 삽입할 '위치 변수(ins)'를 준비해두고 위치를 저장하여 'for in문' 뒤에 사용합니다.

입력 해보자!

```
#-*-coding : UTF-8-*-

# 배열 데이터를 선언합니다.
a = [10, 3, 1, 4, 2]

# 정렬되지 않은 부분에서 차례대로 하나씩 꺼내기를 반복합니다.
for i in range(1, len(a)) :
   # 삽입할 값을 임시로 tmp에 덮어써둡니다.
   tmp = a[i]
   # 삽입할 위치 변수를 초기화합니다.
   ins = 0
   # 값을 어디에 삽입할지 뒤에서부터 차례대로 조사합니다.
   for j in range((i - 1), -1, -1) :
      # 만약 삽입할 값이 정렬되어 있는 부분의 값보다 작다면
      if (a[j] > tmp) :
         # 그 위치에 조사한 값을 삽입할 수 있도록 배열을 하나씩 뒤로 밀어냅니다.
         a[j + 1] = a[j]
      # 만약 삽입할 값이 정렬되어 있는 부분의 값보다 크다면
      else :
```

```
            # 삽입할 위치를 ins에 저장한 후
            ins = j + 1
            # 반복을 종료합니다.
            break
        # 밀어내는 처리가 끝난 위치에 삽입할 값을 넣습니다.
        a[ins] = tmp

# 정렬 결과를 표시합니다.
print("Insert sort =", a)
```

```
Insert sort = [1, 2, 3, 4, 10]
```

Visual Basic
으로 정렬하기

시작 위치가 변하면서 뒤에서 앞으로 향하는 반복

반복은 'For문' 으로 수행합니다. '시작 위치'는 첫 번째에 있는 시작 값으로 지정하고 증감 값에 'Step – 1'을 사용합니다. '정렬되지 않은 부분(i)의 바로 앞'부터 시작해서 앞부분까지 '뒤에서 앞으로' 진행하므로 'For j = i – 1 To 0 Step – 1'이라 지정합니다.

처리를 멈추는 'Exit문' 대신에, 반복을 멈추고 싶은 부분에서 '반복 변수(j)'에 '0'을 넣어서 강제로 종료합니다.

변수 j는 'For문' 내부에서만 유효하므로, 'For문'이 끝나면 j 값이 무효가 되어 '어디에 삽입하면 좋을지' 알 수 없게 됩니다. 그래서 미리 삽입할 '위치 변수(ins)'를 준비해두고 위치를 저장하여 For문 뒤에 사용합니다.

입력 해보자!

```
Module VisualBasic
  Sub Main()

    ' 배열 데이터를 선언합니다.
    Dim a() As Integer = {10, 3, 1, 4, 2}

    ' 정렬되지 않은 부분에서 차례대로 하나씩 꺼내기를 반복합니다.
    For i = 1 To a.Lenght - 1
      ' 삽입할 값을 임시로 tmp에 덮어써둡니다.
      Dim tmp As Integer = a(i)
      ' 삽입할 위치 변수를 초기화합니다.
      Dim ins As Integer = 0
      ' 값을 어디에 삽입할지 뒤에서부터 차례대로 조사합니다.
      For j = i - 1 To 0 Step - 1
        ' 만약 삽입할 값이 정렬되어 있는 부분의 값보다 작다면
        If a(j) > tmp Then
          ' 그 위치에 조사한 값을 삽입할 수 있도록 배열을 하나씩 뒤로 밀어냅니다.
          a(j + 1) = a(j)
```

```
                ' 만약 삽입할 값이 정렬되어 있는 부분의 값보다 크다면
                Else
                    ' 삽입할 위치를 ins에 저장한 후
                    ins = j + 1 : j = 0
                End If
            ' 반복을 종료합니다.
            Next
            ' 밀어내는 처리가 끝난 위치에 삽입할 값을 넣습니다.
            a(ins) = tmp
        Next

        ' 정렬 결과를 표시합니다.
        Console.Write("Insert sort = ")
        For 0 To a.Length - 1
            Console.Write(a(i) & " ")
        Next

    End Sub
End Module
```

```
Insert sort = 1 2 3 4 10
```

Scratch
로 정렬한다

① 배열과 변수를 준비한다

[변수] ▶ [리스트 만들기]를 선택하여 배열(리스트) ‘a’를 만듭니다. 우측의 ‘a’ 리스트에 ‘+’를 클릭하여 배열의 개수를 5개로 늘립니다. 이후 배열의 값을 각각 [10, 3, 1, 4, 2]를 입력합니다.
다음으로 [변수] ▶ [변수 만들기]를 선택하여 ‘i’, ‘j’, ‘tmp’라는 세 가지 변수를 만듭니다.

② 블록을 나열해서 프로그램을 만든다

오른쪽 스크립트 영역에 블록을 나열해서 프로그램을 만들어 갑니다.

시작 위치가 변하면서 뒤에서 앞으로 향하는 반복

‘시작 위치를 지정해서 뒤에서 앞으로 향하는 반복’하는 블록은 없으므로, [제어] ▶ [○까지 반복하기]와 변수 ‘j’를 사용해서 만듭니다.
‘정렬되지 않은 부분(i)’의 바로 앞부터 앞부분까지 뒤에서 앞으로 진행하므로, ‘시작 위치’는 [j 을(를) (i–1)로 정하기]로 준비하고, 반복의 마지막에 [j 을(를) (–1)만큼 바꾸기]라는 블록을 사용해서 뒤를 향해 반복합니다.
처리를 멈추는 ‘Break문’이 없으므로, 반복 조건에 [(a 리스트의 j 번째 항목) 〈 tmp]라는 조건을 추가해서 ‘삽입할 데이터’가 작지 않으면 그 위치에서 밀어내는 처리를 중단하게 만듭니다.

입력 해보자!

결과

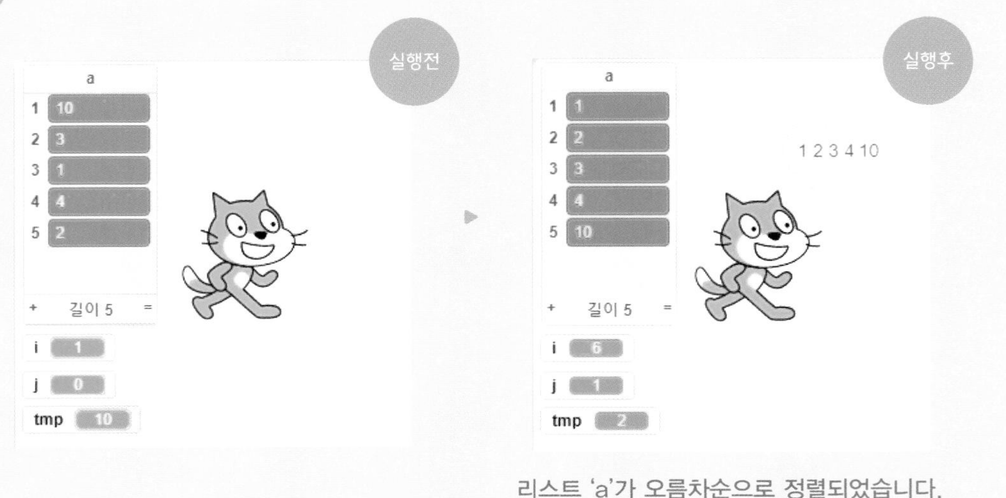

리스트 'a'가 오름차순으로 정렬되었습니다.

6.5 셸 정렬(Shell sort)

대강 정렬하고 점점 정확도를 높여가는 정렬

셸 정렬은 삽입 정렬을 개량한 고속 정렬 알고리즘입니다.

▼

간격을 벌려서 삽입 정렬을 수행하고, 그 간격을 점점 좁혀가는 정렬 방법입니다.
'도널드 셸'이 고안한 알고리즘이라서 '셸 정렬'이라 부릅니다.

목적	현재 상황	결과	장점	단점
데이터를 오름차순(작은 순서)으로 정렬하는 것	알고 있는 것은 데이터 '개수', '각각의 값'	구하는 결과는 '오름차순(작은 순서)으로 정렬한 배열'	삽입 정렬보다 처리속도가 빠르다	알고리즘이 조금 어렵다

알고리즘 이미지

셸 정렬은 잘 고안된 정렬입니다.
대강 설명하자면, 다음의 두 가지 아이디어로 되어 있습니다.

> ① 적은 데이터라면 정렬을 빨리할 수 있다.
> ② 대강이라도 순서대로 늘어서 있는 부분이 많으면 삽입 정렬은 고속으로 처리할 수 있다.

① 적은 데이터라면 정렬을 빨리할 수 있다

정렬이 느린게 문제가 되는 것은 데이터가 많을 때입니다. 데이터가 많아지면, 버블 정렬과 선택 정렬 등과 같은 단순한 알고리즘으로는 시간이 오래 걸립니다. 데이터가 적으면 반복횟수가 적으므로, 어떤 정렬이라도 큰 차이가 없습니다. 그래서 '데이터를 그룹으로 나누어 데이터양을 적게 하면, 정렬 처리는 빨라질 것'이라는 아이디어로 정렬을 처리합니다. 많은 데이터를 통째로 정렬하기보다는 적은 양의 데이터로 나눠서 정렬하는 편이 압도적으로 빠릅니다.

▼

① 배열을 몇 개의 그룹으로 나눕니다. '전체를 빠짐없이 처리할 수 있도록' 간격을 두고 떨어져 있는 값을 하나의 그룹으로 생각합니다. 이 간격을 조금씩 이동해서 모든 데이터를 여러 그룹으로 나눕니다.

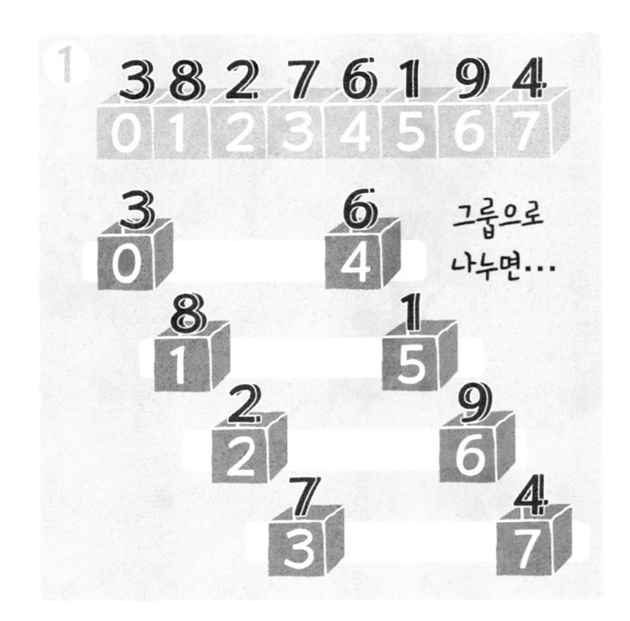

② 각 그룹은 적은 데이터의 모임이므로 각 그룹 안에서 고속으로 정렬할 수 있습니다.

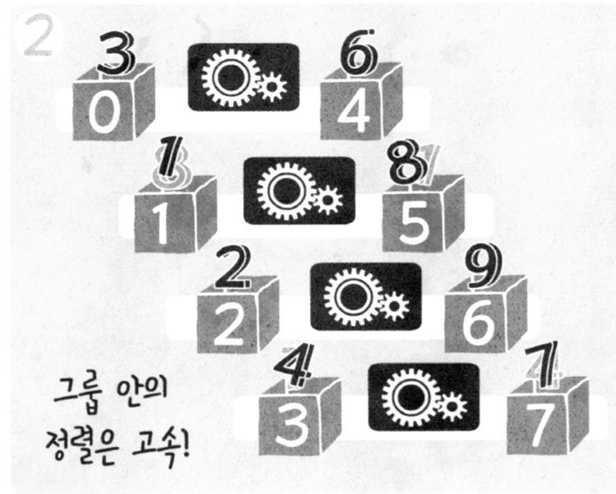

② 대강이라도 순서대로 늘어서 있는 부분이 많으면 삽입 정렬은 고속으로 처리할 수 있다

'그룹으로 나눠서 정렬'하는 것만으로는 '차례로 늘어선 데이터 그룹이 몇 개 만들어질 뿐'이므로, 전체를 정렬할 수는 없습니다. 그래서 작은 그룹을 정리해야 합니다.

이때 '삽입 정렬'의 장점을 이용합니다. 삽입 정렬은 '데이터가 많아도 차례로 늘어선 부분이 많으면 고속으로 처리할 수 있다'라는 장점이 있습니다. 두 번째 아이디어는 이것을 이용하여 정리해 갑니다.

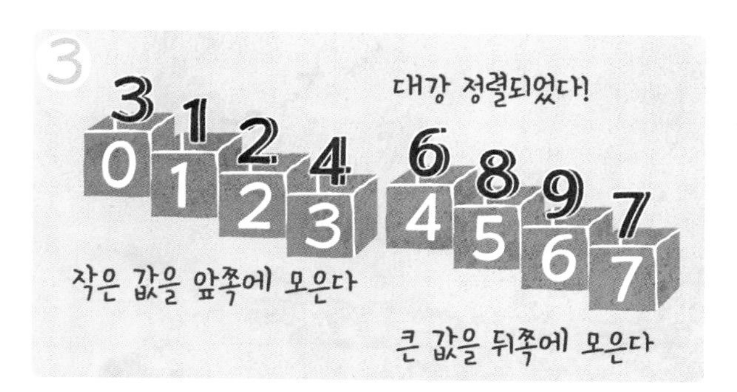

③ 그룹으로 나눠서 정렬한 상태는 '각 그룹 안에서만 정렬된 상태'라서 배열 전체로는 정렬된 것이 아닙니다.

각 그룹은 '간격을 두고 떨어져 있는 값'이므로 '어떤 효과'가 생겨납니다. 간격을 두고 정렬하면 '작은 값은 단번에 앞으로 이동하고, 큰 값은 단번에 뒤로 이동'하는 효과가 생깁니다. 이 효과가 모든 그룹에서 생기므로, 배열 전체로 보면 작은 값이 앞에 모이고, 큰 값이 뒤에 모여서 '대강 정렬된 배열'이 됩니다.

이 상태가 삽입 정렬을 하기에 유리한 조건입니다. 차례로 늘어선 부분이 많으므로 고속으로 처리할 수 있기 때문입니다.

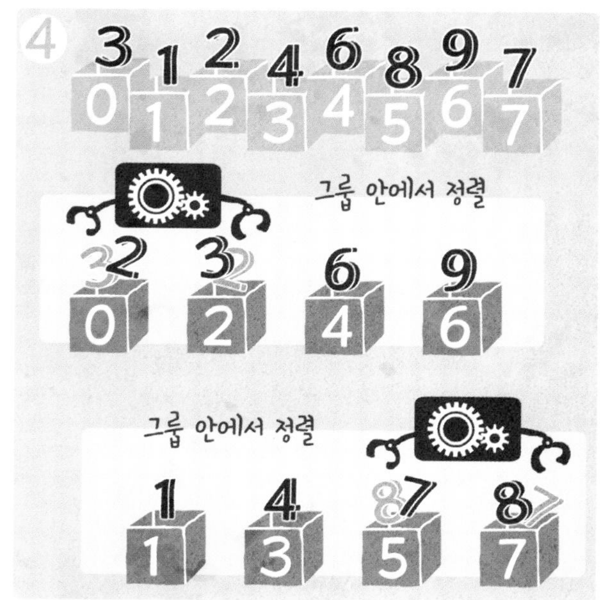

④ 처음에는 '정렬된 작은 그룹이 많이 생긴 것'뿐이므로 다시 크게 정리하기 위해 그룹을 다시 나눕니다. 간격을 절반으로 좁혀서 데이터양이 증가하도록 그룹으로 나누어 삽입 정렬을 수행합니다.

간격이 절반으로 되어 데이터양이 늘었으므로, 정렬의 정확도가 약간 높아집니다. 데이터양은 두 배로 늘었지만, 이미 정렬된 부분이 많으므로 고속으로 정렬할 수 있습니다.

⑤ 다시 간격을 절반으로 좁혀서 더 작은 그룹으로 만들고 삽입 정렬을 수행합니다.

이 과정을 반복해서 간격이 1이 되었다면 '모든 데이터가 삽입 정렬된 상태가 된 것'입니다. 이처럼 삽입 정렬을 잘 이용해서 개량한 것이 셸 정렬입니다.

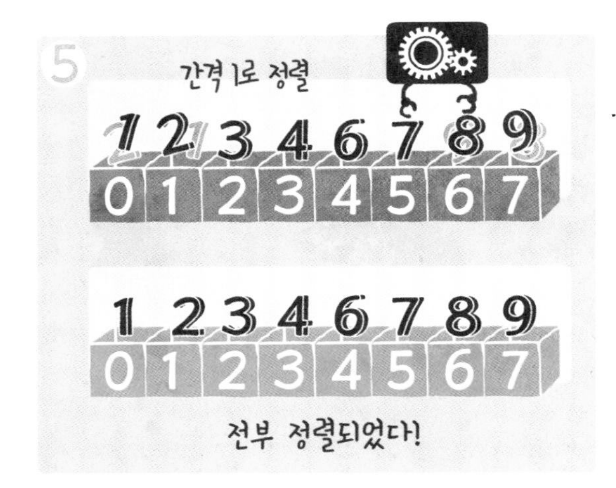

구체적인 순서

이 과정을 구체적인 순서로 생각해보면 어떻게 될까요?

현재 상황

① '배열'에 데이터를 저장합니다. 처음에는 모두 '정렬되지 않은 상태'입니다.

그룹을 나누는 간격을 절반으로 하는 반복

② 배열에서 일정한 간격으로 떨어져 있는 값을 하나의 그룹으로 해서 삽입 정렬을 수행합니다. '간격 변수(step)'를 준비해서 간격을 절반으로 좁혀가면서 삽입 정렬을 반복합니다.

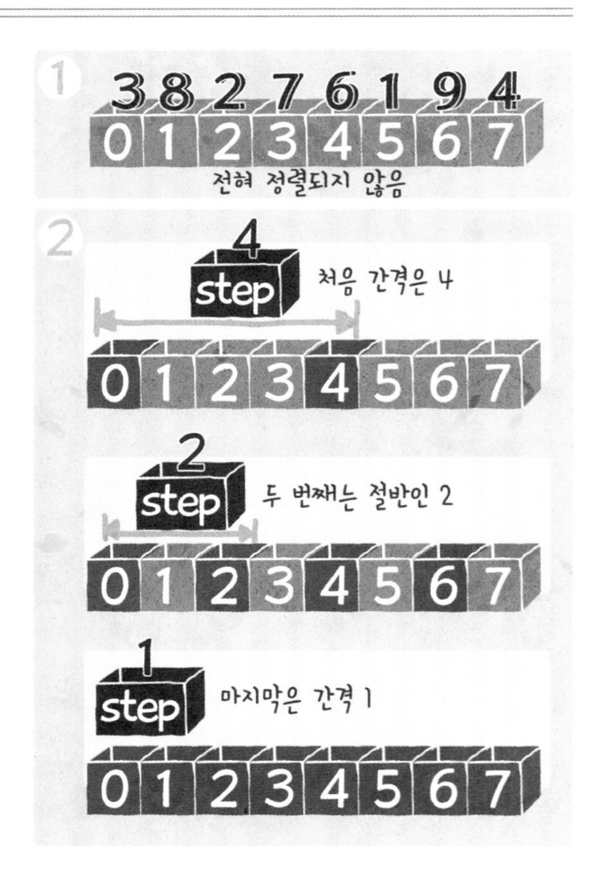

각 그룹 안에서 '삽입 정렬'을 수행한다

③ 각 그룹의 '정렬되지 않은 부분'에서 하나씩 차례대로 꺼내서 삽입을 수행합니다.
삽입 정렬은 앞부분의 첫 번째 그룹을 '정렬된 부분', 두 번째 이후를 '정렬되지 않은 부분'으로 처리를 시작합니다. 셸 정렬은 step 만큼 그룹을 만들므로 '앞부분의 정렬된 부분'은 step 만큼 있습니다. step 이후가 '정렬되지 않은 부분'이므로 여기서 하나씩 꺼내서 삽입 정렬을 수행합니다.

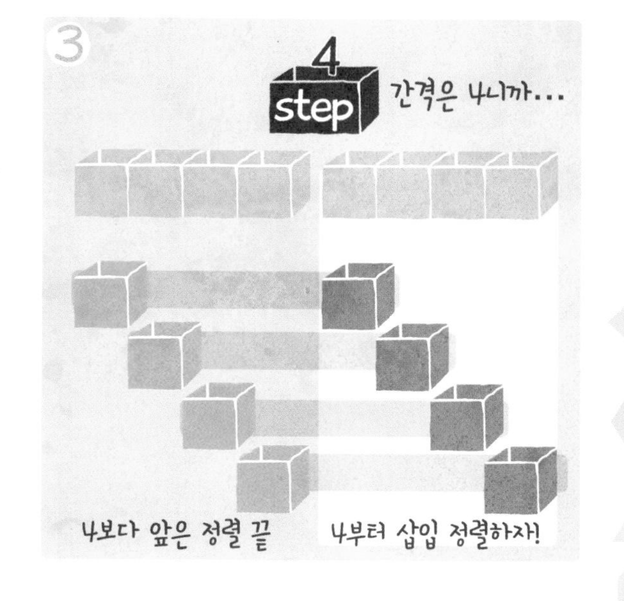

④ 간격(step)을 절반으로 나눈다 해도 step 이후가 '정렬되지 않은 부분'이므로 여기서 하나씩 꺼내어 삽입 정렬을 수행합니다.

⑤ 꺼낸 값을 어디에 삽입할지를 각 그룹의 뒷부분부터 간격만큼 앞부분의 값과 비교 및 교환을 합니다.

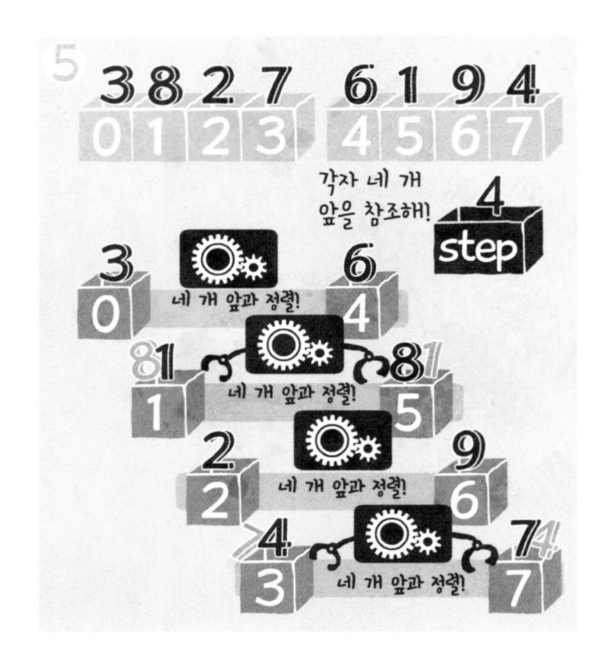

결과

⑥ 간격(step)이 1이 되면 전체가 하나의 그룹이 됩니다.

⑦ 이 상태에서 삽입 정렬을 수행하면 모든 데이터로 삽입 정렬한 것이 되므로, 정렬이 끝납니다.

7
1 2 3 4 6 7 8 9
0 1 2 3 4 5 6 7
전부 정렬되었다!

플로차트

전체적인 흐름을 살펴봅시다.

셸 정렬을 전체적인 시점으로 보면,

> ① '그룹을 나누는 간격을 절반으로 하는 반복'을 수행한다.
>
> ② 각 그룹에서 '삽입 정렬'을 수행한다.

라는 알고리즘입니다.

'삽입 정렬'은 이중 반복을 수행하는 알고리즘이므로, ②에 삽입 정렬을 넣으면, 다음과 같습니다.

> ① '그룹을 나누는 간격을 절반으로 하는 반복'을 수행한다.
>
> ② '정렬되지 않은 부분에서 삽입할 값을 차례로 하나씩 꺼내는 반복'을 수행한다.
>
> ③ '꺼낸 값을 정렬된 부분의 어느 곳에 삽입할지를 조사하는 반복'을 수행한다.

이렇게 삼중 반복 알고리즘이 됩니다.

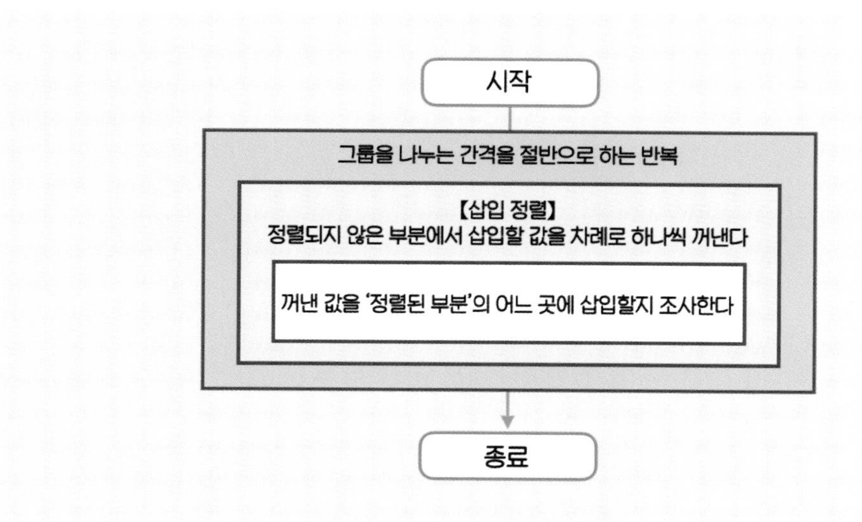

이제 구체적인 플로차트로 표현해봅시다.

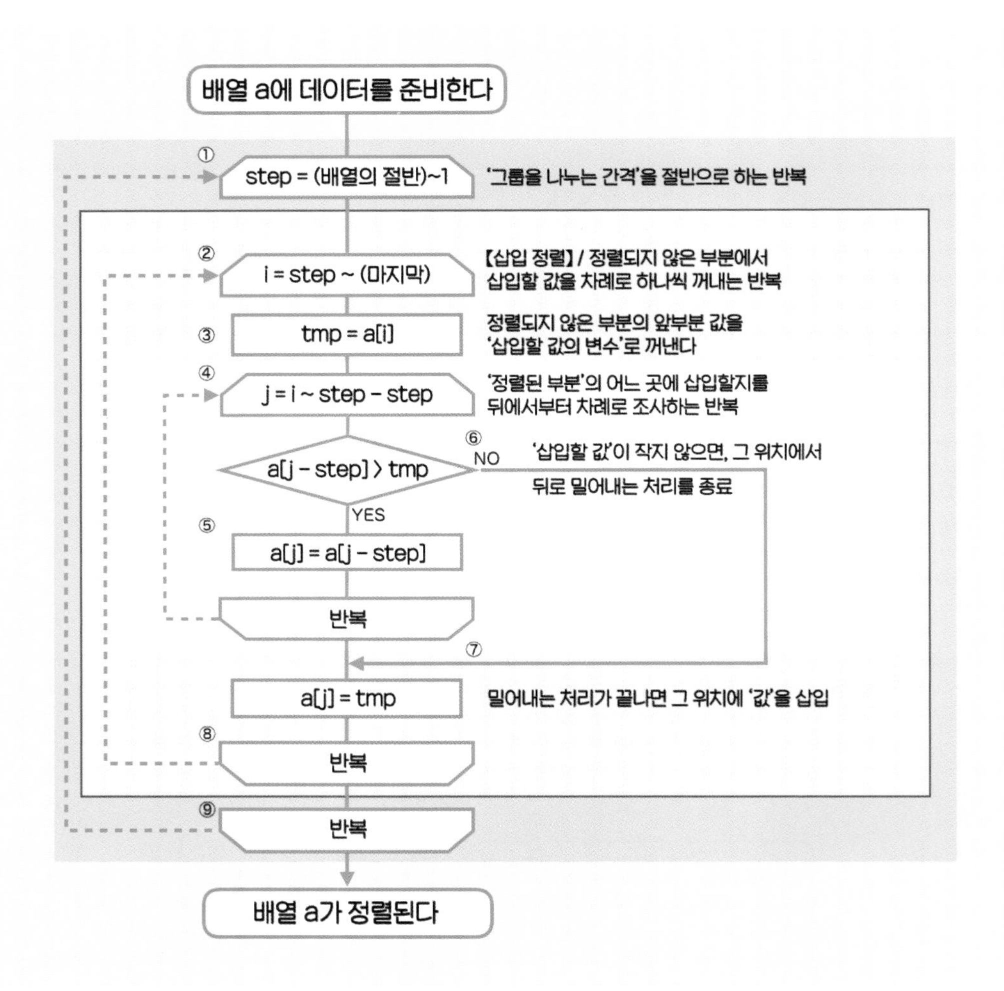

① '그룹을 나누는 간격(step)을 배열 길이의 절반부터 시작해서 반으로 줄여가는 반복'을 수행합니다.

② 반복하는 동안 삽입 정렬을 수행합니다. '정렬되지 않은 부분부터 삽입할 값을 하나씩 꺼내는 반복'을 수행합니다.

③ '정렬되지 않은 부분'의 앞부분 값을 '삽입할 값의 변수(tmp)'에 넣고 꺼냅니다.

④ '정렬된 부분'의 어느 곳에 삽입할지를 '뒤에서부터 앞을 향해 간격(step)을 두고 조사하는 반복'을 수행합니다.

⑤ 만약 '삽입할 값(tmp)'이 작으면, 그 위치에 삽입할 수 있도록 조사한 값을 간격(step)만큼 뒤로 밀어냅니다.
⑥ 만약 '삽입할 값(tmp)'이 작지 않으면, 밀어내는 처리를 종료합니다.
⑦ 밀어내는 처리가 끝나면, 그 위치에 '삽입할 값(tmp)'을 넣습니다.
⑧ 모든 데이터가 '정렬된 부분'이 될 때까지 반복합니다.
⑨ 그룹을 나누는 간격이 1이 될 때까지 반복하면 모든 값이 작은 순으로 정렬됩니다.

알고리즘의 특징(정리)

셀 정렬은 간격을 벌려서 삽입 정렬을 수행하고 그 간격을 좁혀가는 정렬입니다. 처음에는 대강 정렬하고, 점점 정확도를 높여가는 알고리즘입니다.

프로그램

플로차트를 완성했으므로, 각 프로그래밍 언어로 프로그램을 작성합니다.
셀 정렬은 '삼중 반복'을 포함합니다.

▼

가장 바깥쪽은 '값을 절반으로 하는 반복'이며, 그 안쪽은 '정렬되지 않은 부분에서 삽입할 값을 차례로 하나씩 꺼내는 반복'입니다.
'값을 절반으로 하는 반복 방법'은 프로그래밍 언어에 따라 달라집니다.

JavaScript
로 정렬하기

값을 절반으로 하는 반복

그룹을 나누는 간격을 절반으로 하는 반복은 'for문'으로 수행합니다. 간격(step)의 시작은 '배열 개수를 2로 나눈 값'으로 하고, step을 2로 나누기를 반복합니다. 값이 소수가 될 수 있으므로 변수 형식은 'parseInt()'로 정수화합니다.

```
<script>

   // 배열 데이터를 선언합니다.
   var a = [10, 3, 1, 9, 7, 6, 8, 2, 4, 5];

   // '그룹을 나누는 간격'을 절반으로 하는 반복
   for (var step = parseInt(a.length / 2); step > 0; step = parseInt(step / 2)) {

      // [간격을 나눈 삽입 정렬 알고리즘]
      // '삽입할 값'을 배열에서 차례로 하나씩 반복해서 꺼냅니다.
      for (var i = step; i < a.length; i++) {
         var tmp = a[i];
         for (var j = i; j >= step; j -= step) {
            // 만약 '삽입할 값'이 tmp보다 작다면
            if (a[j - step] > tmp) {
               // 그 값을 s만큼 뒤로 밀어냅니다.
               a[j] = a[j - step];
            // 만약 '삽입할 값'이 tmp보다 크다면
            } else {
               // 밀어내는 처리를 멈춥니다.
               break;
            }
         }
      // 밀어내는 처리가 끝난 위치에 '삽입할 값'을 덮어씁니다.
      a[j] = tmp;
      }
```

```
    }

    // 정렬 결과를 표시합니다.
    document.writeln("Shell sort = ", a);

</script>
```

Java Script

PHP

C

Java

Swift

Python

Visual Basic

Scratch

결과!

Shell sort = 1,2,3,4,5,6,7,8,9,10

로 정렬하기

값을 절반으로 하는 반복

그룹을 나누는 간격을 절반으로 하는 반복은 'for문'으로 수행합니다. 간격($step)의 시작은 '배열 개수를 2로 나눈 값'으로 하고, step을 2로 나누기를 반복합니다. 값이 소수가 될 수 있으므로 변수 형식은 '(int)'로 정수화합니다.

```
<?php

  // 배열 데이터를 선언합니다.
  $a = array(10, 3, 1, 9, 7, 6, 8, 2, 4, 5);

  // '그룹을 나누는 간격'을 절반으로 하는 반복
  for ($step = (int)(count($a) / 2); $step > 0; $step /= 2) {

    // [간격을 나눈 삽입 정렬 알고리즘]
    // '삽입할 값'을 배열에서 차례로 하나씩 반복해서 꺼냅니다.
    for ($i = $step; $i < count($a); $i++) {
      $tmp = $a[$i];
      for ($j = $i; $j >= $step; $j -= $step) {
        // 만약 '삽입할 값'이 tmp보다 작다면
        if ($a[$j - $step]>$tmp) {
          // 그 값을 s만큼 뒤로 밀어냅니다.
          $a[$j] = $a[$j - $step];
        // 만약 '삽입할 값'이 tmp보다 크다면
        } else {
          // 밀어내는 처리를 멈춥니다.
          break;
        }
      }
    // 밀어내는 처리가 끝난 위치에 '삽입할 값'을 덮어씁니다.
    $a[$j] = $tmp;
```

```
        }
    }

    // 정렬 결과를 표시합니다.
    print("Shell sort = ");
    print_r($a);

?>
```

```
Shell sort = Array ( [0] => 1 [1] => 2 [2] => 3 [3] => 4 [4] => 5 [5] => 6 [6] =>
7 [7] => 8 [8] => 9 [9] => 10 )
```

Java Script
PHP
C
Java
Swift
Python
Visual Basic
Scratch

값을 절반으로 하는 반복

그룹을 나누는 간격을 절반으로 하는 반복은 'for문'으로 수행합니다. 간격(step)의 시작은 '배열 개수를 2로 나눈 값'으로 하고, step을 2로 나누기를 반복합니다. 값이 소수가 될 수 있으므로 변수 형식은 'int'로 정수화 합니다.

```
#include <stdio.h>

int main(int argc, char* argv[]) {

   // 배열 데이터를 선언합니다.
   int a[] = {10, 3, 1, 9, 7, 6, 8, 2, 4, 5};
   // 배열의 데이터 개수를 조사합니다.
   int length = sizeof(a) / sizeof(int);

   // '그룹을 나누는 간격'을 절반으로 하는 반복
   for (int step = length / 2; step > 0; step /= 2) {

      // [간격을 나눈 삽입 정렬 알고리즘]
      // '삽입할 값'을 배열에서 차례로 하나씩 반복해서 꺼냅니다.
      for (int i = step; i < length; i++) {
         int tmp = a[i];
         int j = i;
         for (int j = i; j >= step; j -= step) {
            // 만약 '삽입할 값'이 tmp보다 작다면
            if (a[j - step] > tmp) {
               // 그 값을 s만큼 뒤로 밀어냅니다.
               a[j] = a[j - step];
            // 만약 '삽입할 값'이 tmp보다 크다면
            } else {
               // 밀어내는 처리를 멈춥니다.
               break;
```

```
            }
        }
        // 밀어내는 처리가 끝난 위치에 '삽입할 값'을 덮어씁니다.
        a[j] = tmp;
    }
}

// 정렬 결과를 표시합니다.
printf("Shell sort = ");
for (int i = 0; i < length; i++) {
    printf("%d ", a[i]);
}

}
```

JavaScript
PHP
C
Java
Swift
Python
Visual Basic
Scratch

결과!

```
Shell sort = 1 2 3 4 5 6 7 8 9 10
```

Java

로 정렬하기

값을 절반으로 하는 반복

그룹을 나누는 간격을 절반으로 하는 반복은 'for문'으로 수행합니다. 간격(step)의 시작은 '배열 개수를 2로 나눈 값'으로 하고, step을 2로 나누기를 반복합니다. 값이 소수가 될 수 있으므로 변수 형식은 'int'로 정수화합니다.

```
class ShellSort {

    public static void main(String[] args) {

        // 배열 데이터를 선언합니다.
        int a[] = {10, 3, 1, 9, 7, 6, 8, 2, 4, 5};

        // '그룹을 나누는 간격'을 절반으로 하는 반복
        for (int step = a.length / 2; step > 0; step /= 2) {

            // [간격을 나눈 삽입 정렬 알고리즘]
            // '삽입할 값'을 배열에서 차례로 하나씩 반복해서 꺼냅니다.
            for (int i = step; i < a.length; i++) {
                int tmp = a[i];
                int j = i;
                for (j = i; j >= step; j -= step) {
                    // 만약 '삽입할 값'이 tmp보다 작다면
                    if (a[j - step] > tmp) {
                        // 그 값을 s만큼 뒤로 밀어냅니다.
                        a[j] = a[j - step];
                    // 만약 '삽입할 값'이 tmp보다 크다면
                    } else {
                        // 밀어내는 처리를 멈춥니다.
                        break;
                    }
                }
```

```
                // 밀어내는 처리가 끝난 위치에 '삽입할 값'을 덮어씁니다.
                a[j] = tmp;
            }
        }

        // 정렬 결과를 표시합니다.
        System.out.print("Shell sort = ");
        for (int i = 0; i < a.length; i++) {
            System.out.print(a[i] + " ");
        }

    }
}
```

```
Shell sort = 1 2 3 4 5 6 7 8 9 10
```

값을 절반으로 하는 반복

그룹을 나누는 간격을 절반으로 하는 반복은 'while문'으로 수행합니다. 간격(step)의 시작은 '배열 개수를 2로 나눈 값'으로 하고, step을 'while문'의 마지막에 2로 나누기를 반복합니다. 값이 소수가 될 수 있으니 변구 형식은 'Int()'로 정수화합니다.

```
// 배열 데이터를 선언합니다.
var a = [10, 3, 1, 9, 7, 6, 8, 2, 4, 5]
// '그룹을 나누는 간격'을 배열의 길이의 절반으로 결정합니다.
var step = Int(a.count / 2)

while step > 0 {
   // [간격을 나눈 삽입 정렬 알고리즘]
   // '삽입할 값'을 배열에서 차례로 하나씩 반복해서 꺼냅니다.
   for i in step..<a.count {
      let tmp = a[i]
      var j = i
      while (j >= step) {
         // 만약 '삽입할 값'이 tmp보다 작다면
         if a[j - step] > tmp {
            // 그 값을 s만큼 뒤로 밀어냅니다.
            a[j] = a[j - step]
         // 만약 '삽입할 값'이 tmp보다 크다면
         } else {
            // 밀어내는 처리를 멈춥니다.
            break
         }
         // 간격을 두고 다음 값을 확인합니다.
         j -= step

      }
```

```
        // 밀어내는 처리가 끝난 위치에 '삽입할 값'을 덮어씁니다.
        a[j] = tmp
    }
    // '그룹을 나누는 간격'을 절반으로 합니다.
    step = Int(step / 2)
}

// 정렬 결과를 표시합니다.
print("Shell sort =", a)
```

결과!

```
Shell sort = [1, 2, 3, 4, 5, 6, 7, 8, 9, 10]
```

JavaScript PHP C Java Swift Python Visual Basic Scratch

값을 절반으로 하는 반복

그룹을 나누는 간격을 절반으로 하는 반복은 'while문'으로 수행합니다. 간격(step)의 시작은 '배열 개수를 2로 나눈 값'으로 하고, step을 'while문'의 마지막에 2로 나누기를 반복합니다. 값이 소수가 될 수 있음으로 '○//○'로 정수화합니다. '○//○'는 소수점 아래를 버리는 나눗셈을 하는 연산자입니다. 여기서는 'step //= 2'로 기술합니다.

입력 해보자!

```
#-*-coding : UTF-8-*-

# 배열 데이터를 선언합니다.
a = [10, 3, 1, 9, 7, 6, 8, 2, 4, 5]
# '그룹을 나누는 간격'을 배열의 길이의 절반으로 결정합니다.
step = len(a) // 2

while step > 0 :

    # [간격을 나눈 삽입 정렬 알고리즘]
    # '삽입할 값'을 배열에서 차례로 하나씩 반복해서 꺼냅니다.
    for i in range(step, len(a)) :
        tmp = a[i]
        for j in range(i, -1, -step) :
            # 만약 '삽입할 값'이 tmp보다 작다면
            if a[j - step] >= tmp :
                # 그 값을 s만큼 뒤로 밀어냅니다.
                a[j] = a[j - step]
            # 만약 '삽입할 값'이 tmp보다 크다면
            else :
                # 밀어내는 처리를 멈춥니다.
                break
        # 밀어내는 처리가 끝난 위치에 '삽입할 값'을 덮어씁니다.
        a[j] = tmp
```

```
    # '그룹을 나누는 간격'을 절반으로 합니다.
    step //= 2

# 정렬 결과를 표시합니다.
print("Shell sort =", a)
```

```
Shell sort = [1, 2, 3, 4, 5, 6, 7, 8, 9, 10]
```

Visual Basic
으로 정렬하기

1값을 절반으로 하는 반복

그룹을 나누는 간격을 절반으로 하는 반복은 'for문'으로 수행합니다. 간격(s)의 시작은 '배열 개수를 2로 나눈 값'으로 하고, s를 2로 나누기를 반복합니다.

값이 소수가 될 수 있음으로 변수 형식은 'Int'로 정수화합니다.

※ Visual Basic 에서는 'step'을 변수로 사용할 수 없어 's'로 대체합니다.

```
Module VisualBasic
    Sub Main()

        ' 배열 데이터를 선언합니다.
        Dim a() As Integer = {10, 3, 1, 9, 7, 6, 8, 2, 4, 5}

        ' '그룹을 나누는 간격'을 배열의 길이의 절반으로 결정합니다.
        Dim s As Integer = a.Length / 2
        While s > 0

            ' [간격을 나눈 삽입 정렬 알고리즘]
            ' '삽입할 값'을 배열에서 차례로 하나씩 반복해서 꺼냅니다.
            For i = 0 To a.Length - 1
                ' 꺼낸 위치에서 앞을 향해서 반복 비교합니다.
                Dim tmp = a(i)
                Dim j = i
                While j >= s
                    ' 만약 '삽입할 값'이 tmp보다 작다면
                    If a(j - s) > tmp Then
                        ' 그 값을 s만큼 뒤로 밀어냅니다.
                        a(j) = a(j - s)
                    ' 만약 '삽입할 값'이 tmp보다 크다면
                    Else
                        ' 밀어내는 처리를 멈춥니다.
                        Exit While
```

```
                End If
                ' 간격을 두고 다음 값을 확인합니다.
                j -= s
            End While
            ' 밀어내는 처리가 끝난 위치에 '삽입할 값'을 덮어씁니다.
            a(j) = tmp
        Next
        ' '그룹을 나누는 간격'을 절반으로 합니다.
        s = Int(s / 2)
    End While

    ' 정렬 결과를 표시합니다.
    Console.Write("Shell sort = ")
    For 0 To a.Length - 1
        Console.Write(a(i) & " ")
    Next

  End Sub
End Module
```

```
Shell sort = 1 2 3 4 5 6 7 8 9 10
```

Scratch
로 정렬하기

① 배열과 변수를 준비한다

[변수] ▶ [리스트 만들기]를 선택하여 배열(리스트) 'a'를 만듭니다. 우측의 'a' 리스트에 '+'를 클릭하여 배열의 개수를 5개로 늘립니다. 이후 배열의 값을 각각 [10, 3, 1, 9, 7, 6, 8, 2, 4, 5]를 입력합니다.
다음으로 [변수] ▶ [변수 만들기]를 선택하여 'i', 'j', 'key', 'step'이라는 네 가지 변수를 만듭니다.

② 블록을 나열해서 프로그램을 만든다

오른쪽 스크립트 영역에 블록을 나열해서 프로그램을 만들어 갑니다.
값을 절반으로 하는 반복
'값을 절반으로 하는 반복'은 [제어] ▶ [○까지 반복하기]를 사용해서 '간격(step)이 1보다 작아질 때까지 반복'이라는 반복문을 만듭니다.
배열 개수를 2로 나누거나, 그 간격(step)을 2로 나눌 때, 계산 결과를 정수로 만들기 위해 [연산] ▶ [버림(○)]을 사용합니다.

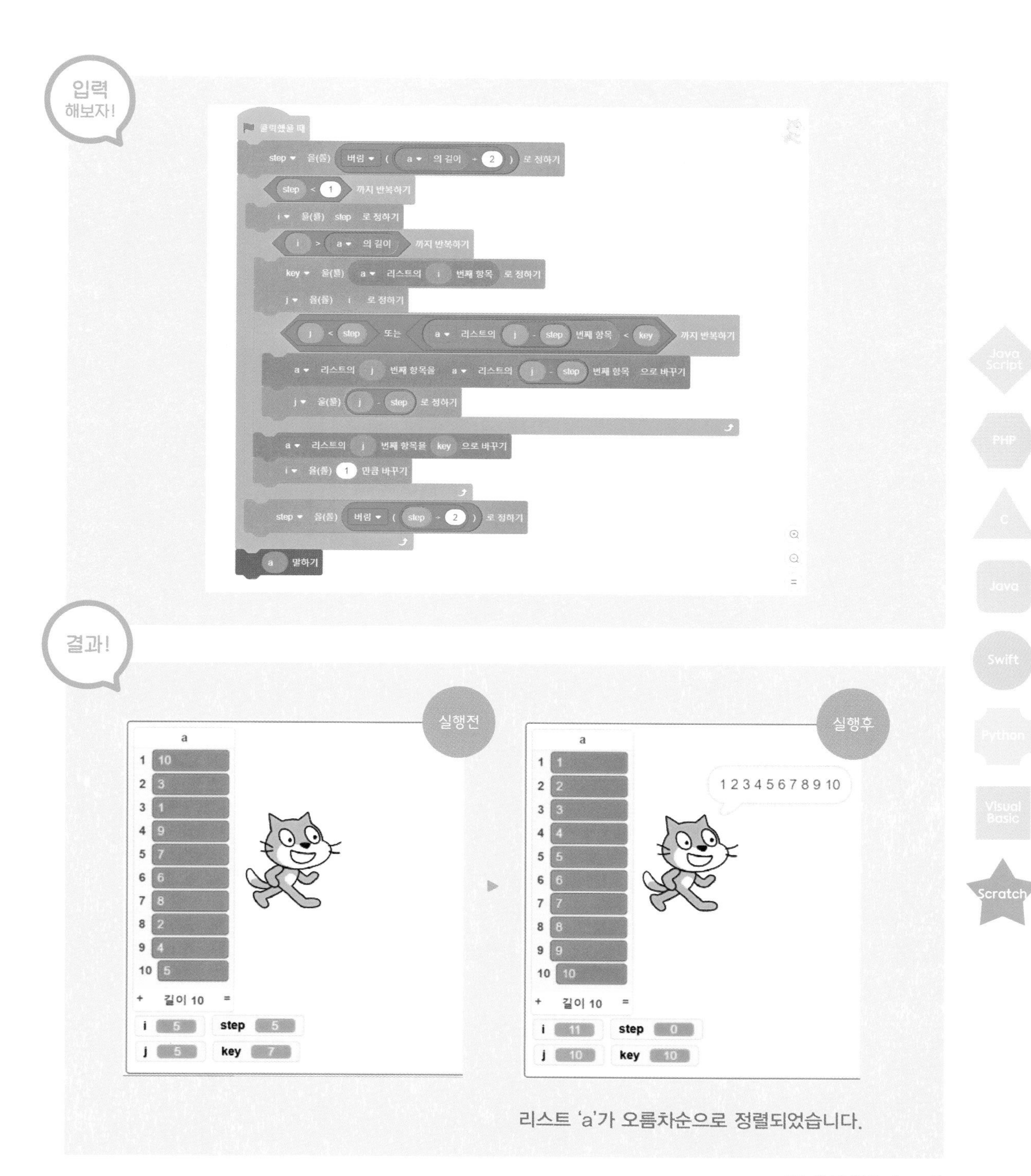
입력 해보자!
클릭했을 때
step 을(를) 버림 (a 의 길이 ÷ 2) 로 정하기
step < 1 까지 반복하기
i 을(를) step 로 정하기
i > a 의 길이 까지 반복하기
key 을(를) a 리스트의 i 번째 항목 로 정하기
j 을(를) i 로 정하기
j < step 또는 a 리스트의 j - step 번째 항목 < key 까지 반복하기
a 리스트의 j 번째 항목을 a 리스트의 j - step 번째 항목 으로 바꾸기
j 을(를) j - step 로 정하기
a 리스트의 j 번째 항목을 key 으로 바꾸기
i 을(를) 1 만큼 바꾸기
step 을(를) 버림 (step ÷ 2) 로 정하기
a 말하기
결과!
실행전
a
1 10
2 3
3 1
4 9
5 7
6 6
7 8
8 2
9 4
10 5
길이 10
i 5
step 5
j 5
key 7
실행후
a
1 1
2 2
3 3
4 4
5 5
6 6
7 7
8 8
9 9
10 10
길이 10
1 2 3 4 5 6 7 8 9 10
i 11
step 0
j 10
key 10
리스트 'a'가 오름차순으로 정렬되었습니다.
Java Script
PHP
C
Java
Swift
Python
Visual Basic
Scratch

6.6 퀵 정렬(Quick sort)

대소 그룹으로 나누는 분할을 반복하는 정렬

퀵 정렬은 가장 빠른 정렬 알고리즘으로 알려져서 그 이름에도 '퀵(Quick)'이 붙어 있습니다. '재귀'라고 하는 방식을 사용해서 약간 어렵다고 평가받는 알고리즘입니다.

목적	현재 상황	결과	장점	단점
데이터를 오름차순(작은 순서)으로 정렬하는 것	알고 있는 것은 데이터 '개수', '각각의 값'	구하는 결과는 '오름차순(작은 순서)으로 정렬한 배열'	가장 빠른 정렬 알고리즘으로 알려져 있다	알고리즘이 어렵다

알고리즘 이미지

퀵 정렬은 어려운 알고리즘이라 평가받지만, 사실은 기본적인 부분은 이해하기 쉬운 알고리즘입니다. '배열 안에서 작은 값을 왼쪽에 모으고, 큰 값을 오른쪽에 모아서 두 개의 대소 그룹으로 나눕니다. 각 그룹 안에서 마찬가지로 작은 값을 왼쪽으로, 큰 값을 오른쪽으로 모아서 대소 그룹으로 나누는 처리를 반복하면, 최종적으로 배열 전체가 작은 값부터 큰 값 순서로 늘어설 것이다'라는 것이 기본적인 아이디어입니다.

① 일단 한가운데에 있는 값을 기준으로 해서 배열을 두 개의 대소 그룹으로 나눕니다.

② 나눈 그룹 안에서 각각 같은 처리를 반복합니다.

그런데 실제로 퀵 정렬은 이것만은 아닙니다. 효율적으로 나열하는 기술로 몇 가지 아이디어를 포함하고 있습니다.

> ③ 교환 횟수를 줄이기 위해 교환할 필요가 있는 것끼리 교환한다.
>
> ④ 알고리즘을 단순하게 만들기 위해 '재귀'를 사용한다.

이 기술들을 잘 조합한 알고리즘이므로 어렵게 보이는 것입니다.
각 아이디어를 정리해서 살펴보겠습니다.

①② 데이터를 대소 그룹으로 나누기를 반복한다

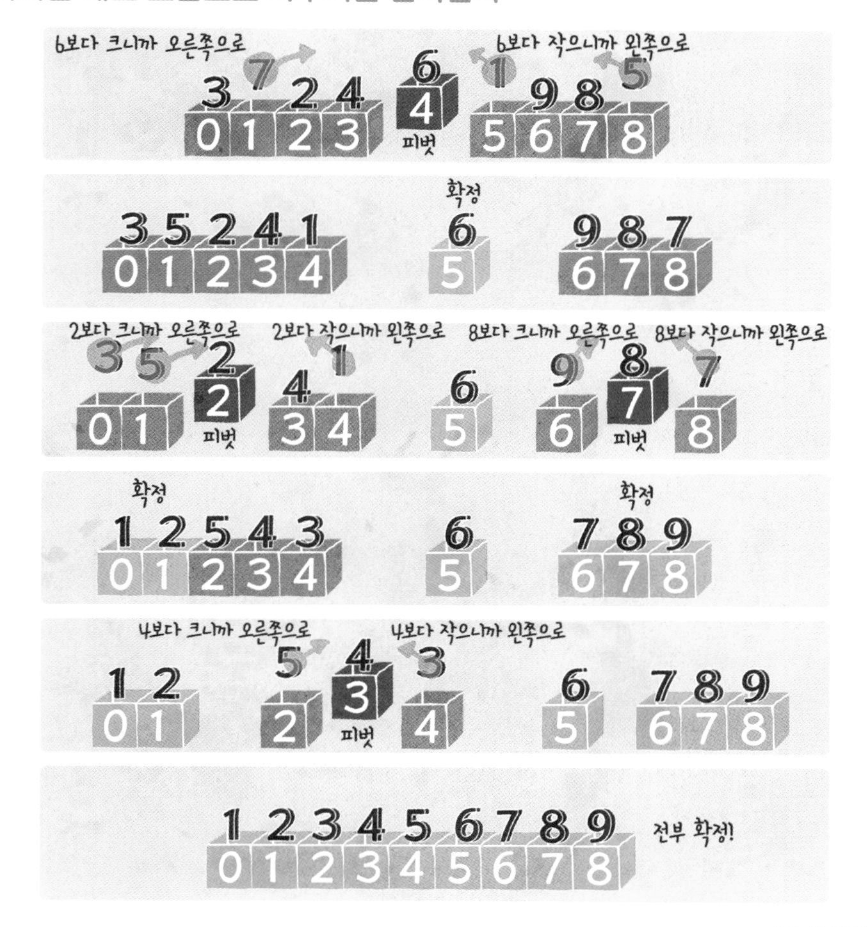

퀵 정렬의 기본은 '데이터를 대소 그룹으로 나누어 정렬한다.'라는 사고방식입니다.

먼저 분할의 '기준이 되는 값'을 정합니다. 이것을 '피벗'이라 부릅니다. 배열 데이터를 '피벗보다 큰 것과 작은 것'으로 나눕니다(피벗을 결정하는 방법은 이 페이지 아래에 있습니다).

피벗보다 작으면 앞쪽으로, 크면 뒤쪽으로 이동해서, 배열 앞쪽에 작은 값을 모으고 뒤쪽에 큰 값을 모읍니다. 배열을 대소 두 그룹으로 나누면, 각 그룹 안에서 다시 대소 두 그룹으로 나누어 갑니다. 나눈 데이터가 하나가 될 때까지 반복하면, 배열 값이 차례로 나열된다는 것이 아이디어입니다.

③ 교환할 필요가 있는 것끼리 교환한다

퀵 정렬은 대소 두 그룹으로 나누어갈 때 '효율적인 기술'을 사용합니다. 이 기술은 똑똑하고 재미있는 방법입니다. 약간 독특해서 이해하기 어려울 수도 있지만, 효율적으로 교환할 수 있는 알고리즘입니다.

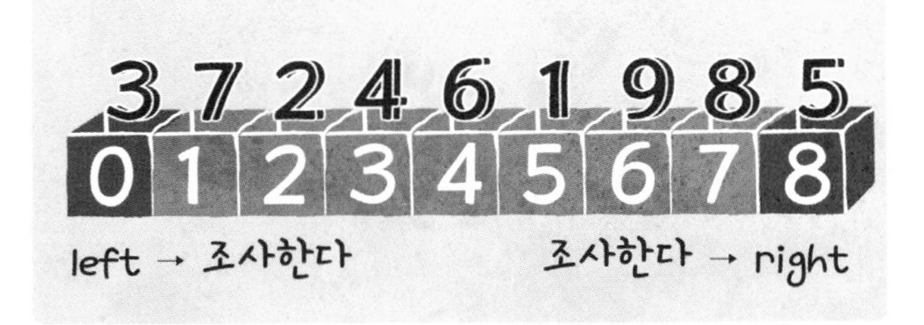

정렬을 수행할 때, '불필요한 교환'이 많으면 그만큼 처리에 시간이 걸립니다. '불필요한 교환을 수행하지 않는 것'이 고속화의 비결입니다. 그래서 불필요한 교환을 수행하지 않는 방법으로서 '절대로 교환해야 하는 것들끼리만 교환한다'라는 알고리즘을 생각했습니다. '교환해야 하는 것이 두 개 갖추어졌을 때 교환한다'라는 아이디어입니다.

이 알고리즘은 범위의 왼쪽 끝(앞쪽)과 오른쪽 끝(뒤쪽)부터 조사합니다.

피벗 결정하는 방법

퀵 정렬의 피벗(나누는 기준이 되는 값)을 결정하는 방법은 여러 가지가 있습니다.
대소 쏠림 없이 나누는 것이 효율적이므로 '중앙값(데이터를 정렬했을 때 한가운데에 위치하는 값)'을 사용하는 것이 이상적이지만, 정렬 앞 단계이므로 중앙값을 알 수는 없습니다.

그래서 여러 방법을 사용합니다.

① '가장 앞에 있는 값'을 피벗으로 한다.
② '한가운데에 있는 값'을 피벗으로 한다.
③ '무작위로 하나 고른 값'을 피벗으로 한다.
④ '무작위로 세 개 골라서 그 중앙값'을 피벗으로 한다.

이 책에서는 '한가운데에 있는 값'을 피벗으로 합니다.

① 배열의 왼쪽 끝부터 차례로 피벗(나누는 기준이 되는 값)과 비교합니다. 배열 왼쪽 끝에 피벗보다 작은 값을 모으기 위한 비교입니다. 만약 피벗보다 작은 값이면 그대로 둬도 문제없습니다. 다음(오른쪽) 값을 조사합니다. 하지만 피벗보다 큰 값이라면 오른쪽으로 이동해야 합니다. 오른쪽에 있는 값과 교환하고 싶어도, 교환할 데이터가 '교환해야만 하는 값인지 어떤지 알 수 없기' 때문에 바로 교환하지 않고 기다립니다. 오른쪽의 있는 아무 값과 교환하면 '불필요한 교환'이 될 수 있기 때문입니다.

② 피벗 데이터보다 큰 값을 찾게 되면 왼쪽부터 비교하는 것을 잠시 멈추고, 오른쪽 끝부터 비교합니다. 배열 오른쪽에 피벗보다 큰 값을 모으기 위해서입니다.
만약 피벗보다 큰 값이면 그대로 둬도 문제없습니다. 다음(왼쪽) 값을 조사합니다.
만약 피벗보다 작은 값이라면 왼쪽으로 이동해야 합니다.

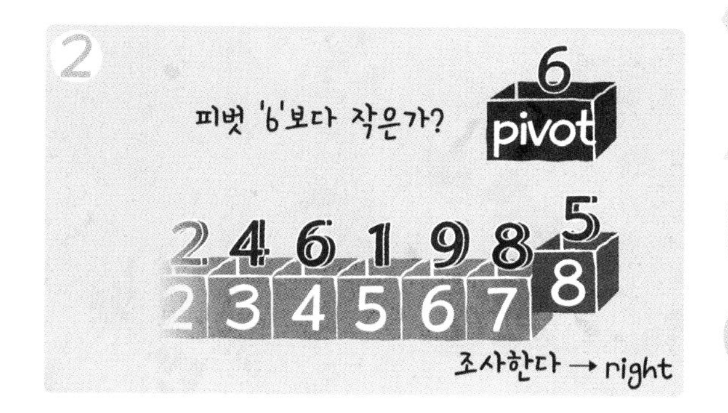

③ 이제 처음으로 '교환해야 하는 것'이 '두 개' 생겼습니다. '오른쪽으로 이동시키고 싶은 값'과 '왼쪽으로 이동시키고 싶은 값'입니다. 이 두 개의 교환은 '불필요한 교환이 아닙니다.' 교환을 수행합니다.

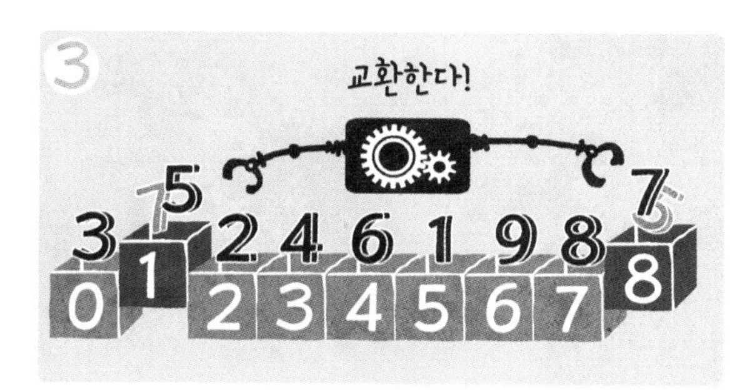

④ 교환했다면 다시 왼쪽을 조사하고, 이어서 오른쪽을 조사해서 교환합니다. 이 과정을 반복해서 왼쪽과 오른쪽이 만나면 '모든 값을 조사한 상태'가 됩니다.

이처럼 퀵 정렬은 '배열을 좌우에서부터 전부 조사한 것'이지만, '교환해야 하는 것끼리 교환해서 대소 두 그룹으로 나눌 수 있다'라고 하는 똑똑하고 재미있는 알고리즘입니다.

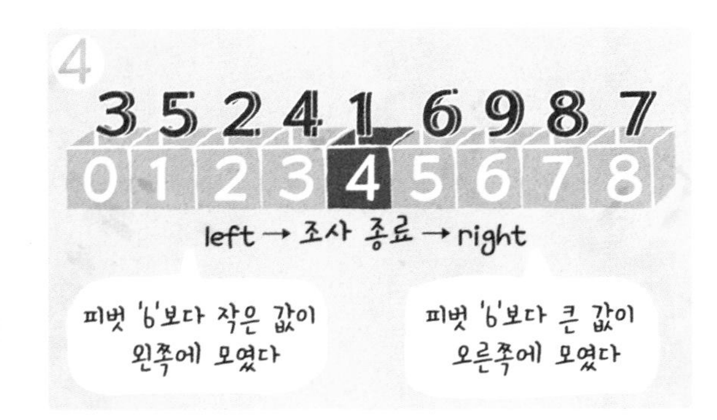

④ 재귀를 사용한다

퀵 정렬은 '재귀'라는 기술도 사용합니다. '대소 그룹으로 나눈 데이터에서 같은 처리를 수행한다'라고 하는 '반복' 처리를 하지만, 여기에 '재귀'를 사용합니다.

▼

'재귀'는 '자기가 자기를 호출한다'라고 하는 이상한 알고리즘이라서 익숙해질 때까지는 어렵게 생각할 수 있습니다.

▼

'같은 처리를 반복한다'라고 해도 앞부분부터 마지막까지를 차례로 찾아가는 '병렬적인 반복'은 '반복 구조(루프)'로 수행합니다. 하지만 퀵 정렬은 '분할한 부분에서 같은 방법으로 나누어 간다'라는 계층적으로 깊어지는 반복입니다. 이처럼 '계층적인 반복'일 때는 '재귀'를 사용합니다.

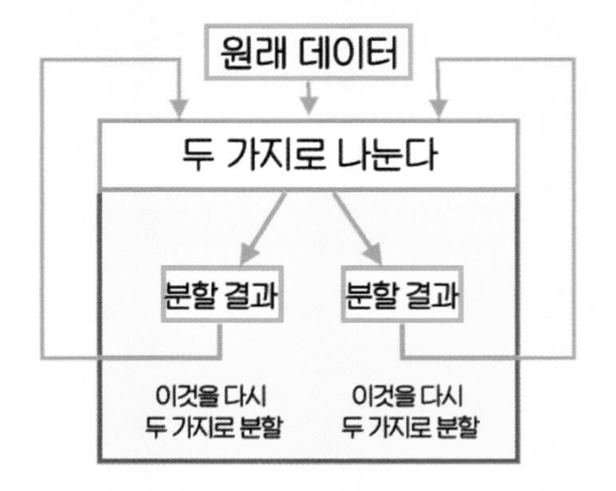

퀵 정렬은 대소 두 그룹으로 나누는 처리를 하고, 그 결과에 '지금 수행한 것과 같은 처리를 실행하라'고 자신에게 명령합니다.

'자신이 자신에게 명령한다'라고 하는 행위는 쉽게 이해하기 어렵지만, 이미지로는 '자신과 같은 일을 할 수 있는 로봇을 만들고, 그 로봇에게 명령해서 일을 시킨다'라는 아이디어입니다. 자신은 '첫 번째 계층의 분할'을 수행하지만, '두 번째 계층의 분할'은 자신을 복제한 로봇이 수행합니다. '세 번째 계층의 분할'은 그 로봇을 복제한 로봇이 수행합니다. 계층이 깊어질수록 복제 로봇을 만들어내서 같은 처리를 반복하는 것입니다.

▼

'재귀'의 장점은 계층 구조 처리를 수행할 때 '한 계층만큼의 처리'라는 단위로 잘라서 생각할 수 있다는 점입니다. '알고리즘을 단순한 구조로 만들 수 있는 편리한 아이디어'입니다.

▼

그렇지만 사용할 때는 주의해야 합니다. 계층이 깊어질 때마다 복제(메모리 소비) 로봇을 만들게 되므로, 계층이 깊어질수록 메모리를 많이 사용하게 됩니다. 그리고 '언제 반복이 끝나는지'를 반드시 정해둬야 합니다. 만약 반복 종료 조건을 정하지 않으면, 무한 반복할 수도 있습니다.

재귀의 장점 : 알고리즘을 단순하게 생각할 수 있다.

재귀의 단점 : 계층이 많아지면 메모리를 소비한다. 반복 종료 조건을 정해두지 않으면, 무한 반복하게 된다.

구체적인 순서

이 과정을 구체적인 순서로 생각해봅시다.

현재 상황

① '배열'에 데이터를 저장합니다. 처음에는 아직 '정렬되지 않은 상태'입니다.

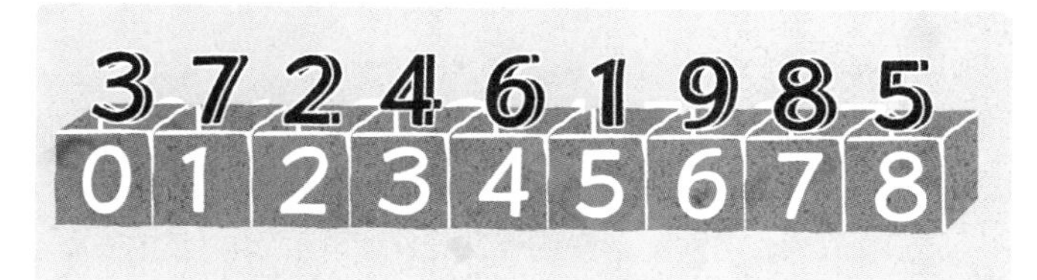

함수로 재귀를 수행한다

재귀는 '함수'를 사용해서 만듭니다.

'함수'는 '어떤 처리를 하는 명령을 사용할 수 있게 모아서 만든 집합'입니다. 일반적으로는 몇 번이고 수행하는 처리를 '함수'로 만들어두고, 다른 곳에서 호출해서 사용하지만, 재귀는 함수를 약간 고쳐서 만듭니다. 함수 안에서 그 함수 자신을 호출하게 만들어서 '자신이 자신을 호출'하는 재귀를 실현합니다.

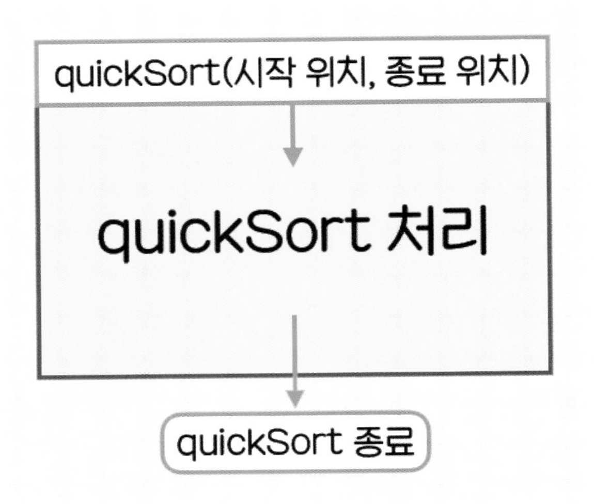

▼

이제 '퀵 정렬을 수행하는 함수'를 만들어봅시다.

어디서부터 어디까지 퀵 정렬을 수행할지를 지정할 수 있도록 '시작 위치'와 '종료 위치'를 인수로 해서 만듭니다.

준비

② '시작 위치'와 '종료 위치'의 한가운데에 있는 값을 피벗(pivot)으로 설정합니다.
그리고 '시작 위치'를 '왼쪽에서 조사할 위치를 보여주는 변수(left)'에 넣고, '종료 위치'를 '오른쪽에서 조사할 위치를 보여주는 변수(right)'에 넣어서 분할 수행을 준비합니다.

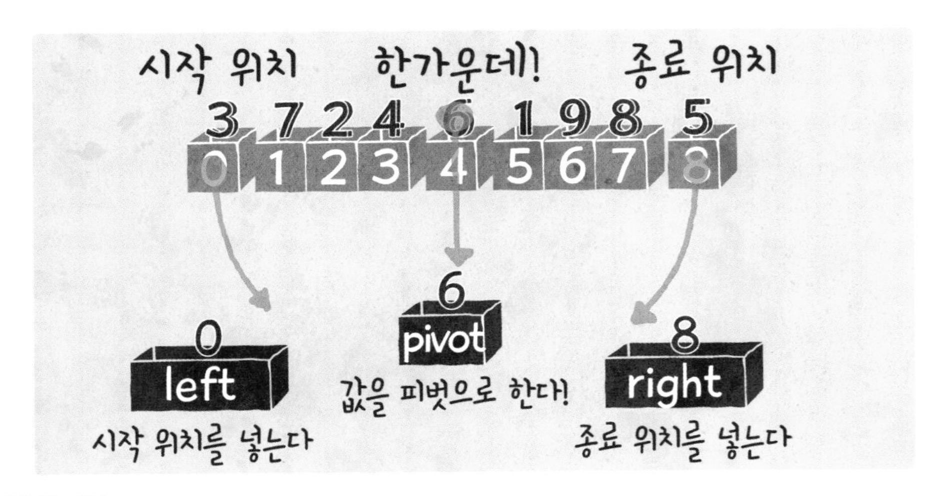

피벗과 비교해서 데이터를 두개의 대소 그룹으로 나눈다

③ 두개의 대소 그룹으로 나누는 처리는 몇 번 반복해서 실행해 보지 않으면 이해할 수 없으므로, '계속 반복하는 반복 구조'로 반복을 수행합니다.

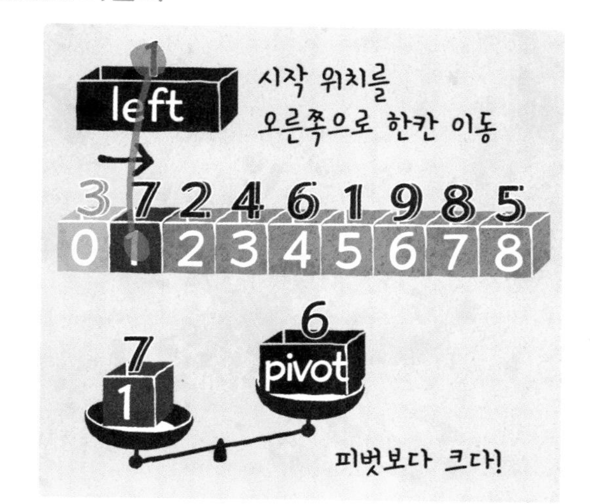

④ 왼쪽(left)부터 피벗보다 큰 값을 찾아갑니다. 값이 피벗보다 작으면 그대로 다음 값(오른쪽)으로 진행합니다. 만약 피벗보다 큰 값을 찾는다면 왼쪽 조사를 중단합니다.

⑤ 다음으로 오른쪽(right)부터 피벗보다 작은 값을 찾습니다. 값이 피벗보다 크면 그대로 다음 값(왼쪽)으로 진행합니다. 만약 피벗보다 작은 값을 찾는다면 오른쪽 조사를 중단합니다.

이 시점에서는 '왼쪽의 위치(left) 값'에는 피벗보다 큰 값, '오른쪽의 위치(right) 값'에는 피벗보다 작은 값이 있는 상태입니다.

⑥ 좌우에서 조사가 멈췄을 때, 조사하는 '왼쪽 위치(left)'와 '오른쪽 위치(right)'가 만나면 비교 조사는 끝납니다.
'만난 위치보다 왼쪽'에는 피벗보다 작은 값, '만난 위치보다 오른쪽'에는 피벗보다 큰 값이 모인 상태가 되었습니다.

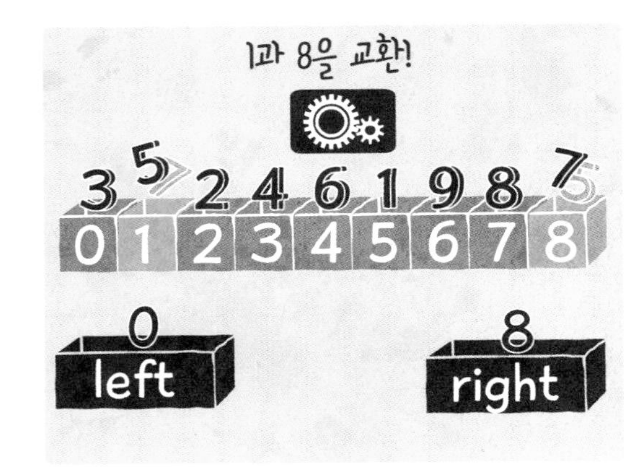

⑦ 조사하는 '왼쪽 위치(left)'와 '오른쪽 위치(right)'가 만나지 않았으면, 처리를 계속 수행합니다.
왼쪽(left)에는 '오른쪽으로 이동시키고 싶은 값'이 오른쪽(right)에는 '왼쪽으로 이동시키고 싶은 값'이 있는 상태입니다. 이 두 값을 교환해서 이동시킵니다. 그리고 다시 ④~⑦을 반복합니다.

나눈 데이터 그룹에서 재귀적으로 같은 처리를 반복한다

⑧ 조사하는 좌우 위치가 만나면, 대소 그룹으로 나누어진 것입니다. 이제 분할된 각 그룹을 조사합니다.
만약 나눈 왼쪽에 아직 분할할 데이터가 있다면(데이터가 두 개 이상 있다면), 왼쪽 데이터를 같은 방법으로 나눕니다. 조사하는 범위를 좁히고 자신을 호출합니다.
만약 나눈 오른쪽에 아직 분할할 데이터가 있다면(데이터가 두 개 이상 있다면), 오른쪽 데이터를 같은 방법으로 나눕니다. 조사하는 범위를 좁히고 자신을 호출합니다.

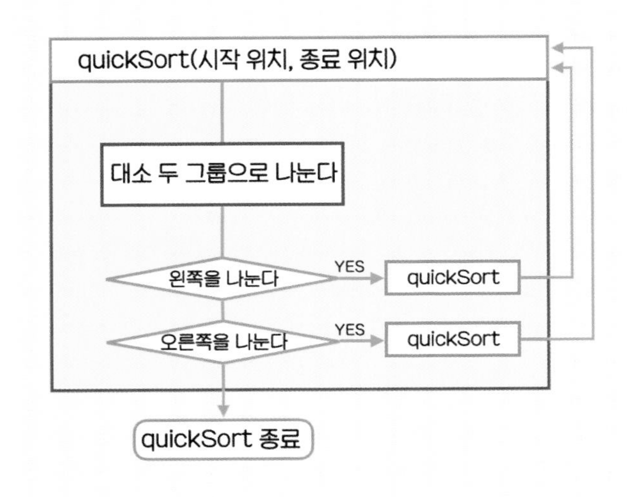

결과

⑨ 나눌 수 없을 때까지 (데이터가 한 개가 될 때까지) 반복하면 정렬이 끝납니다.

플로차트

이 과정을 플로차트로 표현해봅시다.

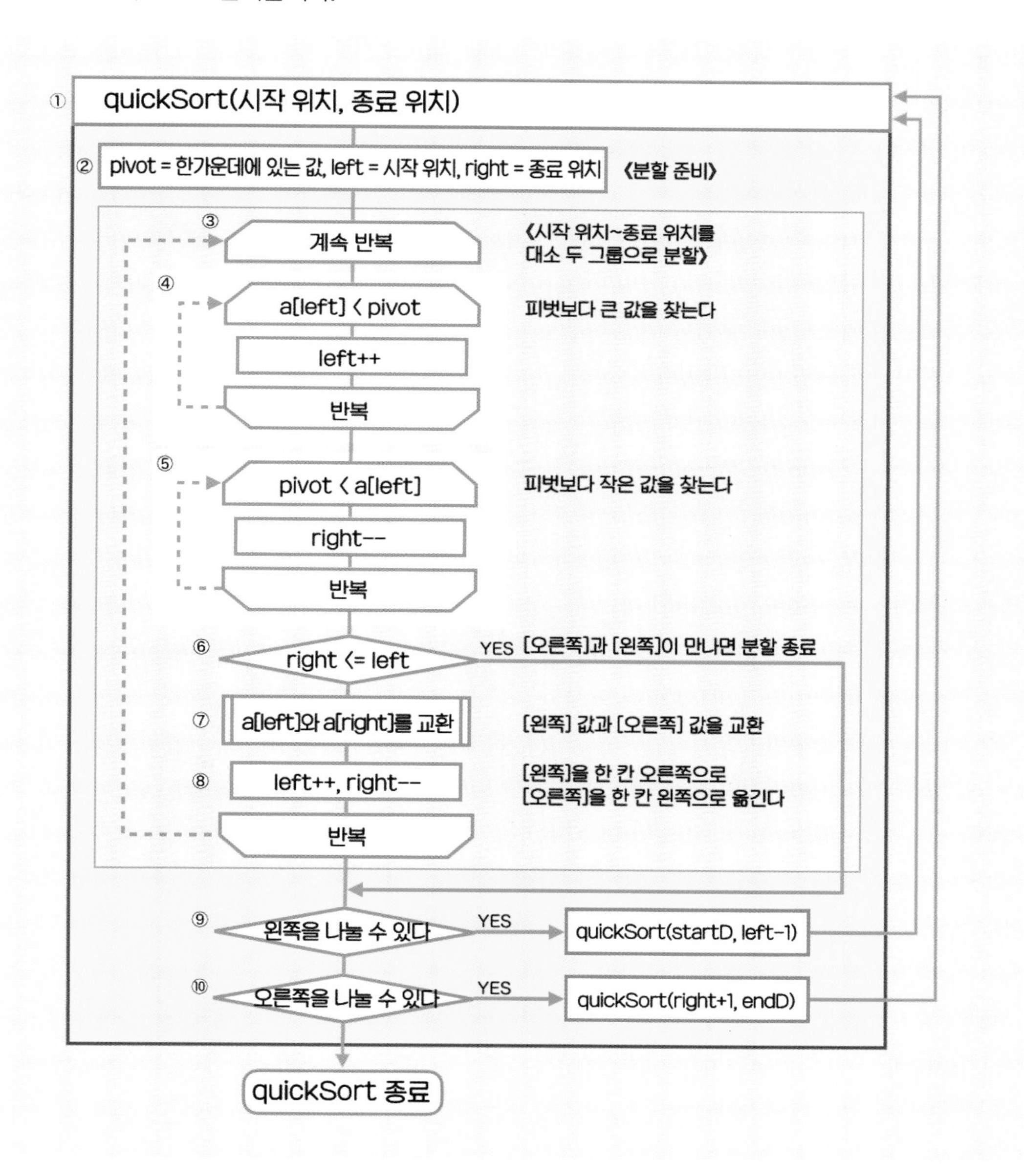

① '시작 위치'와 '종료 위치'를 파라미터로서 받습니다.

② 분할을 준비합니다. '시작 위치'와 '종료 위치'의 한가운데에 있는 값을 '피벗'에 넣습니다. 조사하는 [왼쪽(left)]에는 '시작 위치', 조사하는 [오른쪽(right)]에는 '종료 위치'를 넣습니다.

③ 배열의 [왼쪽]부터 [오른쪽]까지 대소 두 그룹으로 나눕니다. '계속 반복하는 반복 구조'로 반복을 수행합니다.

④ 피벗보다 큰 값을 찾습니다. [왼쪽] 값이 피벗보다 작으면 [왼쪽]을 한 칸 오른쪽으로 옮깁니다 (left++).

⑤ 피벗보다 작은 값을 찾습니다. [오른쪽] 값이 피벗보다 크면 [오른쪽]을 한 칸 왼쪽으로 옮깁니다 (right−−).

⑥ [오른쪽]과 [왼쪽]이 만나면 분할을 종료합니다.

⑦ 만나지 않으면 [왼쪽] 값과 [오른쪽] 값을 교환합니다.

⑧ [왼쪽]을 한 칸 오른쪽, [오른쪽]을 한 칸 왼쪽으로 옮기고, ⑤~⑧을 반복합니다.

⑨ 조사하는 좌우 위치가 만나면, 대소 그룹 분할이 끝났습니다. 이제 나눠진 각 그룹을 조사합니다. 만약 나눈 왼쪽에 아직 분할할 수 있는 데이터가 있다면(데이터가 두 개 이상 있다면), 왼쪽 데이터를 같은 방법으로 나눕니다. 조사하는 범위를 좁히고 자신을 호출합니다.

⑩ 만약 나눈 오른쪽에 아직 분할할 수 있는 데이터가 있다면(데이터가 두 개 이상 있다면), 오른쪽 데이터를 같은 방법으로 나눕니다. 조사하는 범위를 좁히고 자신을 호출합니다.

함수를 호출해서 실행하는 부분

퀵 정렬 함수를 만들었으면 이것을 호출해서 실행합니다.

⑪ 데이터를 배열에 넣고 퀵 정렬 함수를 호출합니다.

정렬을 수행하는 범위는 배열의 앞부분부터 마지막까지이므로, 0부터 '배열 개수 -1'로 지정합니다.

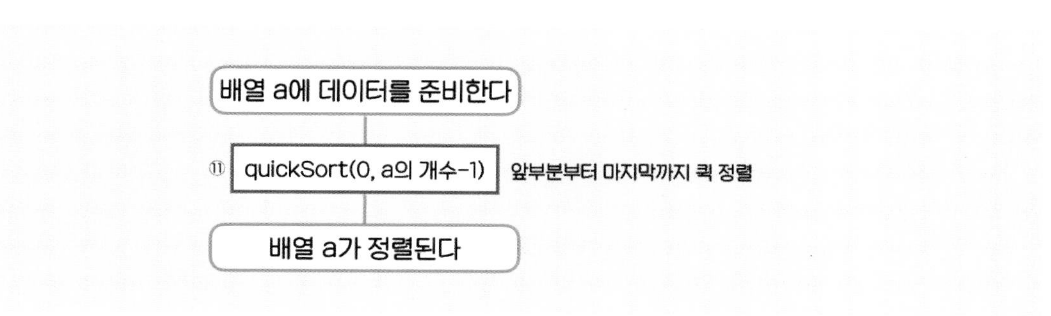

알고리즘의 특징(정리)

퀵 정렬은 피벗과 비교해서 데이터를 대소 그룹으로 나누고, 나눈 그룹 안에서 같은 처리를 재귀적으로 반복하는 정렬입니다. 거기에 더해 '교환해야 하는 값끼리 교환한다'라는 효율적인 기술을 사용하는 알고리즘입니다.

프로그램

플로차트를 완성했으므로, 각 프로그래밍 언어로 프로그램을 작성합니다.

퀵 정렬은 '함수'를 사용해서 재귀를 수행하지만, 함수 밖에 있는 배열을 정렬합니다.

'함수 밖에 있는 배열을 조작하는 방법'은 프로그래밍 언어에 따라 달라집니다.

※ Visual Basic과 Scratch 프로그램은 복잡해지므로 이 책에서는 생략합니다.

JavaScript
로 정렬하기

함수 밖에 있는 배열을 조작하는 방법

JavaScript 언어에서는 함수 밖에서 선언한 변수와 배열을 '전역 변수(프로그램 어디에서라도 다룰 수 있는 변수)'로서 프로그램 어디에서라도 다룰 수 있습니다.

함수 밖에서 준비한 배열 데이터를 함수 안에서 직접 조작해서 정렬할 수 있습니다.

```
<script>

  //《quickSort 함수 정의 시작》
  function quickSort(startID, endID) {
    // 범위 한가운데에 있는 값을 '피벗'으로 선언합니다.
    var pivot = a[Math.floor((startID + endID) / 2)];
    // '왼쪽' 위치를 시작 위치로 선언합니다.
    var left = startID;
    // '오른쪽' 위치를 종료 위치로 선언합니다.
    var right = endID;

    // 반복을 실행합니다.
    while (true) {
      // '왼쪽' 값이 '피벗'보다 작다면
      while (a[left] < pivot) {
        // '왼쪽'을 한 칸 오른쪽으로 옮깁니다.
        left++;
      }
      // '오른쪽' 값이 '피벗'보다 크다면
      while (pivot < a[right]) {
        // '오른쪽'을 한 칸 왼쪽으로 옮깁니다.
        right--;
      }
      // 만약 '왼쪽'과 '오른쪽'이 만나면
      if (right <= left) {
        // 반복을 종료합니다.
        break;
```

```
            }

            // [교환 알고리즘]
            // '왼쪽'과 '오른쪽'이 만나지 않는다면 '왼쪽'값과 '오른쪽'값을 교환합니다.
            var tmp = a[left];
            a[left] = a[right];
            a[right] = tmp;
            // '왼쪽'을 한 칸 오른쪽으로 옮깁니다.
            left++;
            // '오른쪽'을 한 칸 왼쪽으로 옮깁니다.
            right--;
        }
        // 만약 왼쪽에 나눌 데이터가 있다면
        if (startID < left - 1) {
            // 왼쪽 데이터를 같은 방법으로 정렬합니다(재귀).
            quickSort(startID, left - 1);
        }
        // 만약 오른쪽에 나눌 데이터가 있다면
        if (right + 1 < endID) {
            // 오른쪽 데이터를 같은 방법으로 정렬합니다(재귀).
            quickSort(right + 1, endID);
        }
    }
    //《quickSort 함수 정의 종료》

    // 배열 데이터를 선언합니다.
    a = [10, 3, 1, 9, 7, 6, 8, 2, 4, 5];
    //《quickSort》를 호출하여 배열을 정렬합니다.
    quickSort(0, a.length - 1);

    // 정렬 결과를 표시합니다.
    document.writeln("Quick Sort = " + a);

</script>
```

Quick sort = 1,2,3,4,5,6,7,8,9,10

로 정렬하기

함수 밖에 있는 배열을 조작하는 방법

PHP 언어에서는 함수 밖에서 'global $배열 이름'으로 지정하여 선언한 변수와 배열을 '전역 변수(프로그램 어디에서라도 다룰 수 있는 변수)'로서 다룰 수 있습니다.

```
<?php

  //《quickSort 함수 정의》
  function quickSort($startID, $endID) {

    global $a;
    // 범위 한가운데에 있는 값을 '피벗'으로 선언합니다.
    $pivot = $a[(int)(($startID + $endID) / 2)];
    // '왼쪽' 위치를 시작 위치로 선언합니다.
    $left = $startID;
    // '오른쪽' 위치를 종료 위치로 선언합니다.
    $right = $endID;
    // 반복을 실행합니다.
    while (true) {
      // '왼쪽' 값이 '피벗'보다 작다면
      while ($a[$left] < $pivot) {
        // '왼쪽'을 한 칸 오른쪽으로 옮깁니다.
        $left++;
      }
      // '오른쪽' 값이 '피벗'보다 크다면
      while ($pivot < $a[$right]) {
        // '오른쪽'을 한 칸 왼쪽으로 옮깁니다.
        $right--;
      }
      // 만약 '왼쪽'과 '오른쪽'이 만나면
      if ($right <= $left) {
        // 반복을 종료합니다.
        break;
```

```
            }

            // [교환 알고리즘]
            // '왼쪽'과 '오른쪽'이 만나지 않는다면 '왼쪽' 값과 '오른쪽' 값을 교환합니다.
            $tmp = $a[$left];
            $a[$left] = $a[$right];
            $a[$right] = $tmp;
            // '왼쪽'을 한 칸 오른쪽으로 옮깁니다.
            $left++;
            // '오른쪽'을 한 칸 왼쪽으로 옮깁니다.
            $right--;
        }
        // 만약 왼쪽에 나눌 데이터가 있다면
        if ($startID < $left - 1) {
            // 왼쪽 데이터를 같은 방법으로 정렬합니다(재귀).
            quickSort($startID, $left - 1);
        }
        // 만약 오른쪽에 나눌 데이터가 있다면
        if ($right + 1 < $endID) {
            // 오른쪽 데이터를 같은 방법으로 정렬합니다(재귀).
            quickSort($right + 1, $endID);
        }
    }
    //《quickSort 함수 정의 종료》

    // 배열 데이터를 선언합니다.
    $a = array(10, 3, 1, 9, 7, 6, 8, 2, 4, 5);
    //《quickSort》를 호출하여 배열을 정렬합니다.
    quickSort(0, count($a) - 1);
    // 정렬 결과를 표시합니다.
    print("Quick sort = ");
    print_r($a);

?>
```

```
Quick sort = Array ( [0] => 1 [1] => 2 [2] => 3 [3] => 4 [4] => 5 [5] => 6 [6] =>
7 [7] => 8 [8] => 9 [9] => 10 )
```

함수 밖에 있는 배열을 조작하는 방법

C 언어에서는 함수 밖에서 선언한 변수와 배열을 '전역 변수(프로그램 어디에서라도 다룰 수 있는 변수)'로서 프로그램 어디에서라도 다룰 수 있습니다. 그러나 함수 안쪽에서 배열을 선언해서 실행한다면, 다른 함수로 사용할 수 없습니다. 이때 함수의 인수로서 '배열 포인터'를 받아 건네는 식으로 다룰 수 있습니다. 함수의 인수로 '**배열 포인터(*배열 이름)**'를 사용합니다. 여기서는 'void quickSort(int *a, int startID, int endID)'라고 기술합니다.

```
#include <stdio.h>

//《quickSort 함수 정의 시작》
void quickSort(int* a, int startID, int endID) {

    // 범위 한가운데에 있는 값을 '피벗'으로 선언합니다.
    int pivot = a[(int)((startID + endID) / 2)];
    // '왼쪽' 위치를 시작 위치로 선언합니다.
    int left = startID;
    // '오른쪽' 위치를 종료 위치로 선언합니다.
    int right = endID;

    // 반복을 실행합니다.
    while (true) {
        // '왼쪽' 값이 '피벗'보다 작다면
        while (a[left] < pivot) {
            // '왼쪽'을 한 칸 오른쪽으로 옮깁니다.
            left++;
        }
        // '오른쪽' 값이 '피벗'보다 크다면
        while (pivot < a[right]) {
            // '오른쪽'을 한 칸 왼쪽으로 옮깁니다.
            right--;
```

```
        }
        // 만약 '왼쪽'과 '오른쪽'이 만나면
        if (right <= left) {
            // 반복을 종료합니다.
            break;
        }

        // [교환 알고리즘]
        // '왼쪽'과 '오른쪽'이 만나지 않는다면 '왼쪽' 값과 '오른쪽' 값을 교환합니다.
        int tmp = a[left];
        a[left] = a[right];
        a[right] = tmp;
        // '왼쪽'을 한 칸 오른쪽으로 옮깁니다.
        left++;
        // '오른쪽'을 한 칸 왼쪽으로 옮깁니다.
        right--;
    }
    // 만약 왼쪽에 나눌 데이터가 있다면
    if (startID < left - 1) {
        // 왼쪽 데이터를 같은 방법으로 정렬합니다(재귀).
        quickSort(a, startID, left - 1);
    }
    // 만약 오른쪽에 나눌 데이터가 있다면
    if (right + 1 < endID) {
        // 오른쪽 데이터를 같은 방법으로 정렬합니다(재귀).
        quickSort(a, right + 1, endID);
    }
}
//《quickSort 함수 정의 종료》

int main(int argc, char* argv[]) {

    // 배열 데이터를 선언합니다.
    int a[] = {10, 3, 1, 9, 7, 6, 8, 2, 4, 5};
    // 배열의 데이터 개수를 조사합니다.
    int length = sizeof(a) / sizeof(int);
    //《quickSort》를 호출하여 배열을 정렬합니다.
    quickSort(a, 0, length - 1);
```

```
    // 정렬 결과를 표시합니다.
    printf("Quick Sort = ");
    for (int i = 0; i < length; i++) {
        printf("%d ", a[i]);
    }

}
```

```
Quick Sort = 1 2 3 4 5 6 7 8 9 10
```

Java
로 정렬하기

함수 밖에 있는 배열을 조작하는 방법

JAVA 언어에서는 함수 밖에서 선언한 변수와 배열을 '전역 변수(프로그램 어디에서라도 다룰 수 있는 변수)'로서 프로그램 어디에서라도 다룰 수 있습니다. 그러나 함수 안쪽에서 배열을 선언해서 실행하면, 다른 함수로 사용할 수 없습니다. 이때 함수의 인수로서 '배열 참조 변수'를 사용하여 다룰 수 있습니다. 함수의 인수로 **'배열 참조 변수**(int 배열 이름[])'을 사용합니다. 함수 선언에서 'void quickSort(int a [], int startID, int endID)'처럼 인수에 '배열 선언'을 사용하여 기술합니다.

입력 해보자!

```
class QucikSort {

  // 《quickSort 함수 정의 시작》
  public static void quickSort(int a[], int startID, int endID) {

    // 범위 한가운데에 있는 값을 '피벗'으로 선언합니다.
    int pivot = a[(int) ((startID + endID) / 2)];
    // '왼쪽' 위치를 시작 위치로 선언합니다.
    int left = startID;
    // '오른쪽' 위치를 종료 위치로 선언합니다.
    int right = endID;

    // 반복을 실행합니다.
    while (true) {
      // '왼쪽' 값이 '피벗'보다 작다면
      while (a[left] < pivot) {
        // '왼쪽'을 한 칸 오른쪽으로 옮깁니다.
        left++;
      }
      // '오른쪽' 값이 '피벗'보다 크다면
      while (pivot < a[right]) {
        // '오른쪽'을 한 칸 왼쪽으로 옮깁니다.
        right--;
```

```
            }
            // 만약 '왼쪽'과 '오른쪽'이 만나면
            if (right <= left) {
                // 반복을 종료합니다.
                break;
            }

            // [교환 알고리즘]
            // '왼쪽'과 '오른쪽'이 만나지 않는다면 '왼쪽' 값과 '오른쪽' 값을 교환합니다.
            int tmp = a[left];
            a[left] = a[right];
            a[right] = tmp;
            // '왼쪽'을 한 칸 오른쪽으로 옮깁니다.
            left++;
            // '오른쪽'을 한 칸 왼쪽으로 옮깁니다.
            right--;
        }
        // 만약 왼쪽에 나눌 데이터가 있다면
        if (startID < left - 1) {
            // 왼쪽 데이터를 같은 방법으로 정렬합니다(재귀).
            quickSort(a, startID, left - 1);
        }
        // 만약 오른쪽에 나눌 데이터가 있다면
        if (right + 1 < endID) {
            // 오른쪽 데이터를 같은 방법으로 정렬합니다(재귀).
            quickSort(a, right + 1, endID);
        }
    }
    //《quickSort 함수 정의 종료》

    public static void main(String[] args) {

        // 배열 데이터를 선언합니다.
        int a[] = {10, 3, 1, 9, 7, 6, 8, 2, 4, 5};
        //《quickSort》를 호출하여 배열을 정렬합니다.
        quickSort(a, 0, a.length - 1);
```

```
        // 정렬 결과를 표시합니다.
        System.out.print("Quick sort = ");
        for (int i : a) {
            System.out.print(i + " ");
        }

    }
}
```

```
Quick sort = 1 2 3 4 5 6 7 8 9 10
```

Java Script
PHP
C
Java
Swift
Python
Visual Basic
Scratch

로 정렬하기

함수 밖에 있는 배열을 조작하는 방법

Swift에서는 함수 밖에서 선언한 변수와 배열을 함수 안에서도 다룰 수 있습니다.

함수 밖에서 준비한 배열 데이터를 함수 안에서 직접 조작해서 정렬할 수 있습니다.

Swift 3에서는 '++'와 '--' 연산자를 사용할 수 없습니다. 대신 '+= 1'과 '-= 1'을 사용합니다.

입력 해보자!

```
//《quickSort 함수 정의 시작》
func quickSort(startID : Int, endID : Int) {
   // 범위 한가운데에 있는 값을 '피벗'으로 선언합니다.
   let pivot = a[Int((startID + endID)/2)]
   // '왼쪽' 위치를 시작 위치로 선언합니다.
   var left = startID
   // '오른쪽' 위치를 종료 위치로 선언합니다.
   var right = endID

   // 반복을 실행합니다.
   while (true) {
      // '왼쪽' 값이 '피벗'보다 작다면
      while (a[left] < pivot) {
         // '왼쪽'을 한 칸 오른쪽으로 옮깁니다.
         left += 1
      }
      // '오른쪽' 값이 '피벗'보다 크다면
      while (pivot < a[right]) {
         // '오른쪽'을 한 칸 왼쪽으로 옮깁니다.
         right -= 1
      }
      // 만약 '왼쪽'과 '오른쪽'이 만나면
      if (right <= left) {
         // 반복을 종료합니다.
         break;
      }
```

```
            // [교환 알고리즘]
            // '왼쪽'과 '오른쪽'이 만나지 않는다면 '왼쪽' 값과 '오른쪽' 값을 교환합니다.
            let tmp = a[left]
            a[left] = a[right]
            a[right] = tmp
            // '왼쪽'을 한 칸 오른쪽으로 옮깁니다.
            left += 1
            // '오른쪽'을 한 칸 왼쪽으로 옮깁니다.
            right -= 1
        }
        // 만약 왼쪽에 나눌 데이터가 있다면
        if (startID < left - 1) {
            // 왼쪽 데이터를 같은 방법으로 정렬합니다(재귀).
            quickSort(startID : startID, endID : left - 1)
        }
        // 만약 오른쪽에 나눌 데이터가 있다면
        if (right + 1 < endID) {
            // 오른쪽 데이터를 같은 방법으로 정렬합니다(재귀).
            quickSort(startID : right + 1, endID : endID)
        }
    }
    //《quickSort 함수 정의 종료》

    // 배열 데이터를 선언합니다.
    var a = [10, 3, 1, 9, 7, 6, 8, 2, 4, 5]

    //《quickSort》를 호출하여 배열을 정렬합니다.
    quickSort(startID : 0, endID : a.count - 1)

    // 정렬 결과를 표시합니다.
    print("Quick sort =", a)
```

```
Quick sort = [1, 2, 3, 4, 5, 6, 7, 8, 9, 10]
```

JavaScript PHP C Java Swift Python Visual Basic Scratch

함수 밖에 있는 배열을 조작하는 방법

Python 언어에서는 함수 밖에서 선언한 변수와 배열을 'global 배열 이름'으로 지정하면, '전역 변수(프로그램 어디에서라도 다룰 수 있는 변수)'로서 다룰 수 있습니다

```
#-*-coding : UTF-8-*-

#《quickSort 함수 정의 시작》
def quickSort(startID, endID) :
   global a
   # 범위 한가운데에 있는 값을 '피벗'으로 선언합니다.
   pivot = a[int((startID + endID) / 2)]
   # '왼쪽' 위치를 시작 위치로 선언합니다.
   left = startID
   # '오른쪽' 위치를 종료 위치로 선언합니다.
   right = endID

   # 반복을 실행합니다.
   while(True) :
      # '왼쪽' 값이 '피벗'보다 작다면
      while (a[left] < pivot) :
         # '왼쪽'을 한 칸 오른쪽으로 옮깁니다.
         left += 1
      # '오른쪽' 값이 '피벗'보다 크다면
      while (pivot < a[right]) :
         # '오른쪽'을 한 칸 왼쪽으로 옮깁니다.
         right -= 1
      # 만약 '왼쪽'과 '오른쪽'이 만나면
      if (right <= left) :
         # 반복을 종료합니다.
         break
```

```
        # [교환 알고리즘]
        # '왼쪽'과 '오른쪽'이 만나지 않는다면 '왼쪽' 값과 '오른쪽' 값을 교환합니다.
        tmp = a[left]
        a[left] = a[right]
        a[right] = tmp
        # '왼쪽'을 한 칸 오른쪽으로 옮깁니다.
        left += 1
        # '오른쪽'을 한 칸 왼쪽으로 옮깁니다.
        right -= 1
        # 만약 왼쪽에 나눌 데이터가 있다면
        if (startID < left - 1) :
            # 왼쪽 데이터를 같은 방법으로 정렬합니다(재귀).
            quickSort(startID, left - 1)
        # 만약 오른쪽에 나눌 데이터가 있다면
        if (right - 1 < endID) :
            # 오른쪽 데이터를 같은 방법으로 정렬합니다(재귀).
            quickSort(right + 1, endID)
# 《quickSort 함수 정의 종료》

# 배열 데이터를 선언합니다.
a = [10, 3, 1, 9, 7, 6, 8, 2, 4, 5]

# 《quickSort》를 호출하여 배열을 정렬합니다.
quickSort(0, (len(a) - 1))

# 정렬 결과를 표시합니다.
print("Quick sort =", a)
```

결과!

```
Quick sort = [1, 2, 3, 4, 5, 6, 7, 8, 9, 10]
```

Java Script
PHP
C
Java
Swift
Python
Visual Basic
Scratch

Python다운 프로그램

앞에서 '전역 변수를 사용하는 방법'은 '함수 외부 데이터를 변경'하므로 함수형 프로그래밍 언어인 Python에서는 별로 바람직하지 않은 프로그램입니다.

이 책에서는 다른 프로그래밍 언어와 비교하기 위해 '함수 외부 데이터를 바꿔 쓸 수 있는 알고리즘'으로 소개했습니다. 그렇지만 Python 언어답게 '함수 외부에 부작용을 미치지 않는 알고리즘'을 사용해서 아래처럼 작성할 수 있습니다.

'이미 있는 배열을 바꿔 쓰는 방식'이 아니라, '새로운 배열을 만들어서 결과로서 돌려주는 방식'이므로 알고리즘이 약간 다릅니다. 알고리즘이 달라지면, 이렇게 짧은 프로그램이 될 수도 있습니다.

```
#-*-coding : UTF-8-*-

# 《quickSort 함수 정의 시작》
def quickSort(data) :
    # 함수의 데이터가 1개 이하라면 그대로 돌려줍니다.
    if len(data) <= 1 :
        return data

    # 범위 한가운데에 있는 값을 '피벗'으로 선언합니다.
    pivot = data[(len(data) - 1) / /2]
    # 좌우 배열을 비어둡니다.
    left = []
    right = []

    for i in range(0, len(data)) :
        # 만일 '피벗'보다 데이터의 값이 작다면
        if data[i] < pivot :
            # left에 추가합니다.
            left.append(data[i])
        # 만일 '피벗'보다 데이터의 값이 크다면
        elif data[i] > pivot :
            # right에 추가합니다.
            right.append(data[i])
```

```
    #분할한 결과를 같은 방법으로 정렬합니다(재귀).
    left = quickSort(left)
    right = quickSort(right)

    # 왼쪽 결과, 피벗, 오른쪽 결과를 돌려줍니다.
    return left + [pivot] + right
#《quickSort 함수 정의 종료》

# 배열 데이터를 선언합니다.
a = [10, 3, 1, 9, 7, 6, 8, 2, 4, 5]

#《quickSort》를 호출하여 배열을 정렬합니다.
sortdata = quickSort(a)

# 정렬 결과를 표시합니다.
print("Quick sort =", sortdata)
```

```
Quick sort = [1, 2, 3, 4, 5, 6, 7, 8, 9, 10]
```

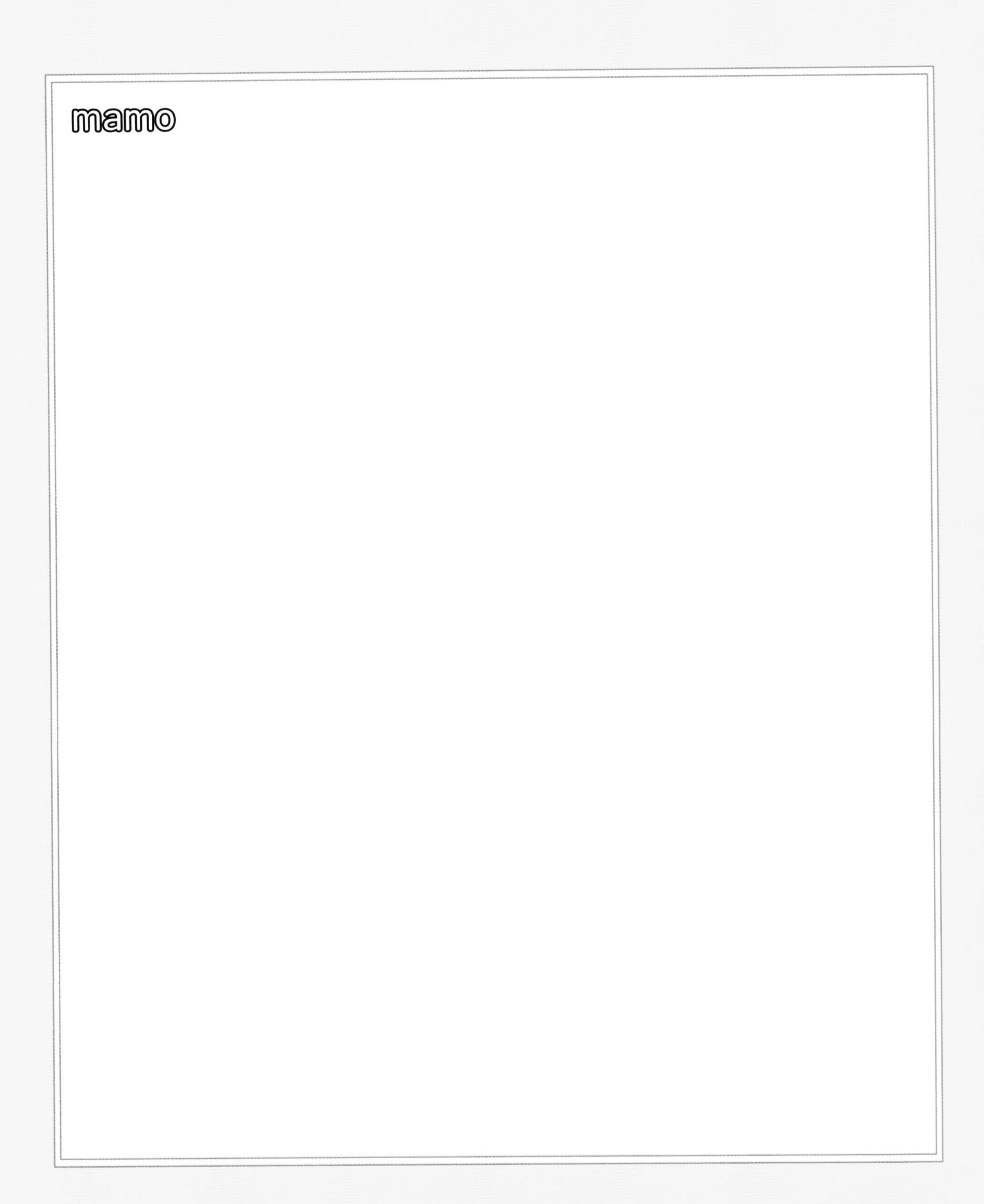
mamo

부록

부록1 객체 정렬하기

이 책에서 설명한 정렬은 '배열 값을 다시 나열하는 것뿐'이지만, 실제로는 '여러 데이터를 정리해서 정렬하고 싶을 때'가 많이 있습니다.
예를 들면, '성적표에서 이름과 점수를 모아서 다시 나열하고 싶다'거나 '상품 데이터에서 가격과 이름을 모아서 다시 나열하고 싶을 때'가 있습니다.
이때는 '객체'를 사용하는 방법이 있습니다.

▼

이 책에서 설명한 정렬은 '배열'에 '값'을 넣고 다시 나열하지만, 이 '값' 대신 '객체'라는 '복수의 데이터 모음'을 넣어서 다시 나열하는 것입니다.

▼

예를 들면, 이름과 점수를 모아서 다시 나열하고 싶으면, '이름과 점수'를 객체로 모아서 배열에 입력합니다. 정렬할 때는 '객체의 점수'를 비교해서 '객체를 통째로' 다시 나열할 수 있습니다.

프로그램

여기서는 '이름과 점수를 모아서 점수 순으로 정렬하는 프로그램'을 작성해봅시다.
여기서는 JavaScript의 버블 정렬로 객체를 정렬합니다.

```
<script>

  // 배열을 선언합니다.
  var a = [];
  // 배열에 이름과 점수를 하나의 객체로 추가합니다.
  a.push({name : "A", score : 10});
  a.push({name : "B", score : 30});
  a.push({name : "C", score : 100});
  a.push({name : "D", score : 80});
  a.push({name : "E", score : 70});

  // 조사하는 범위의 시작 위치를 하나씩 뒤로 이동합니다.
  for (var i = 0; i < a.length; i++) {
    // 뒤에서부터 앞으로 작은 값을 이동합니다.
    for (var j = a.length - 1; j > i; j--) {
      // 이웃하는 두 개의 score 값 중에서 뒤쪽 값이 크다면
      if (a[j].score > a[j - 1].score) {
        // [교환 알고리즘]
        // 객체를 교환하고 앞쪽으로 이동합니다.
        tmp = a[j];
        a[j] = a[j - 1];
        a[j - 1] = tmp;
      }
    }
  }

  // 객체의 이름과 점수를 표시합니다.
  document.write("Sort = ");
  for (var i = 0; i < a.length; i++) {
    document.writeln(a[i].name + " : " + a[i].score);
  }

</script>
```

```
Sort = C : 100 D : 80 E : 70 B : 30 A : 10
```

부록2
셔플 알고리즘(Shuffle Algorithm)

추첨 상자에서 하나씩 꺼내서 나열하는 방법

정렬 알고리즘은 순서대로 나열하는 알고리즘이지만, 반대로 불규칙하게 나열하는 알고리즘인 셔플 알고리즘(Shuffle Algorithm)을 소개하겠습니다.
피셔와 예이츠가 고안해서 'Fisher-Yates 셔플(뒤섞기)'이라고 부르며, 간단하면서도 효율적인 알고리즘입니다.

알고리즘 이미지

Fisher-Yates 셔플은 '추첨 상자에서 하나씩 꺼내어 차례로 나열해가는 방법'입니다.

▼

'꺼내서 나열한다'라는 의미에서는 '선택 정렬'과 약간 비슷할 수 있습니다. 배열 전체를 '꺼내는 범위(추첨 상자)'와 '결과 범위'로 나눠서 생각합니다.

① '꺼내는 범위(추첨 상자)' 안에서 무작위로 하나를 정합니다. 이것은 추첨 상자에 손을 넣어서 하나를 잡은 상태입니다.

② 다음은 마지막 부분의 데이터와 교환합니다. 이 것은 상자에서 꺼내서 '결과의 범위'에 나열한 상태입니다(마지막부터 차례로 '결과의 범위'를 넓혀 갑니다).

③ '꺼내는 범위(추첨 상자)'에서 하나 꺼내서 '결과의 범위'에 나열했으므로, '꺼내는 범위(추첨 상자)'를 하나 앞으로 좁힙니다.

④ ①~③을 반복해서 앞부분까지 가면, 모든 값이 불규칙하게 나열된다.

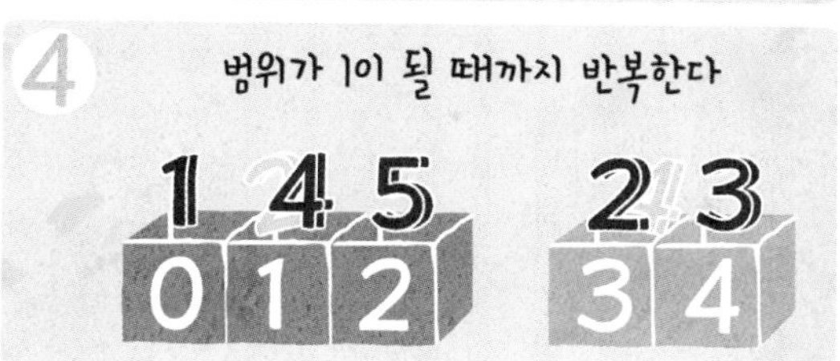

※ 결과를 마지막 부분부터 정하는 것은 꺼내는 범위(추첨 상자)'의 배열의 처음은 0으로 고정이고 꺼낼 때마다 줄어들기 때문에, 무작위로 값을 구할 때는 '0~꺼내는 범위의 마지막값'을 범위로 설정해야 합니다.

플로차트

이 과정을 플로차트로 표현해봅시다.

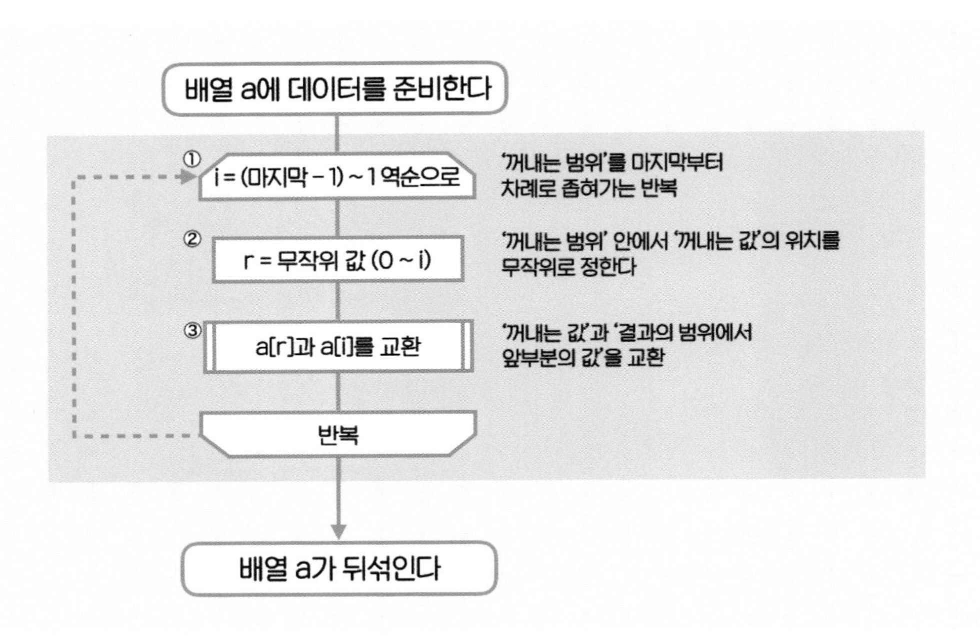

① '꺼내는 범위'를 마지막부터 차례로 좁혀서 반복합니다.

② '꺼내는 범위' 안에서 '꺼내는 값'을 무작위로 하나 정합니다.

③ '꺼내는 값'과 '결과의 범위에서 앞부분의 값'을 교환합니다.

반복이 끝나면, '불규칙하게 늘어선 배열'이 만들어집니다.

프로그램

여기서는 JavaScript를 통해 배열을 뒤섞는 프로그램을 작성해봅시다.

JavaScript

입력
해보자!

```
<script>

  // 배열 데이터를 선언합니다.
  var a = [1, 2, 3, 4, 5];
  // '꺼내는 범위'를 마지막부터 차례로 좁혀갑니다.

  for (i = a.length - 1; i > 0 ; i--) {
    // '꺼내는 범위' 안에서 '꺼내는 값'의 위치를 무작위로 합니다.
    r = Math.floor(Math.random() * (i + 1));

    // [교환 알고리즘]
    // '꺼내는 값'과 '결과의 범위에서 앞부분의 값'을 교환합니다.
    tmp = a[i];
    a[i] = a[r];
    a[r] = tmp;
  }

  // 정렬 결과를 표시합니다.
  document.writeln("Shuffle = " + a)

</script>
```

```
Shuffle = 3,2,4,1,5
```

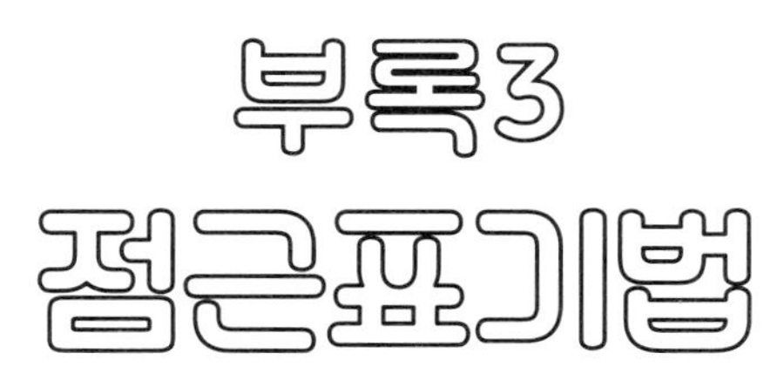

부록3 점근표기법

알고리즘의 '대략적인 처리속도'를 나타낼 때, 점근표기법으로 표현할 때가 있습니다.

▼

'대략적'이라 표현한 이유는 다루는 데이터 내용물에 따라 속도가 달라지기 때문입니다.

▼

예를 들어서, '선형 검색법'에서 값을 찾을 때, 차례대로 값을 찾아가므로 운이 좋으면 첫 번째에 찾아내서 바로 끝날 수도 있고, 운이 나쁘면 마지막까지 찾지 못하는 때도 있습니다. 알고리즘은 같더라도 어떤 데이터에서 어떤 값을 찾는가에 따라 처리속도는 달라지는 것입니다.
그렇지만 '알고리즘 원리'에 주목하면 '대략적인 처리속도'는 생각할 수 있습니다.
'선형 검색법'은 '데이터 개수만큼 반복해서 조사한다'라는 원리로 프로그래밍합니다.
'데이터 개수만큼 반복해서 조사'하므로 데이터가 두 배, 세 배로 증가하면, 조사하는 횟수도 증가하는데, 이를 'O(n)'으로 나타냅니다. 이것이 점근표기법입니다.
'n' 표기합은 데이터 개수를 나타내며, 데이터 개수가 증가하면 '비례해서' 조사하는 횟수도 똑같이 증가하므로 'O(n)'으로 표시하는 것입니다.

▼

'버블 정렬'은 '값을 이동시키는 반복'과 '범위를 좁혀가는 반복'이라는 이중 반복으로 데이터를 나열합니다.
이 방법은 데이터가 두 배, 세 배로 증가하면, 조사하는 횟수다 네 배, 아홉 배로 '제곱에 비례해서' 증가합니다.
이때는 '$O(n^2)$'으로 표시합니다.

▼

이러한 점근표기법을 비교하면 '대략적인 처리속도'가 얼마나 빠른지 느린지 알 수 있습니다.

[빠르다] $O(1)$ > $O(\log n)$ > $O(n)$ > $O(n \log n)$ > $O(n^{1.25})$ > $O(n^2)$ [느리다]

각 알고리즘의 대략적인 처리속도

- 선형 검색법 : $O(n)$
- 이분 검색법 : $O(\log n)$
- **버블 정렬, 선택 정렬, 삽입 정렬** : $O(n^2)$
- **셸 정렬** : $O(n^{1.25})$
- **퀵 정렬** : $O(n \log n)$

※ 덧붙여서 말하자면, '선택 정렬'과 '삽입 정렬'은 빨라지게 만드는 고안이 반영되어 '버블 정렬'보다 약간 빠릅니다. 하지만 '이중 반복으로 조사한다'라는 기본적인 원리는 같으므로, '$O(n^2)$'라고 표시합니다.

부록4
알고리즘 조합 일람

알고리즘은 '여러 알고리즘의 조합'으로 이루어져 있습니다.

▼

어떻게 조합해서 어떤 알고리즘이 만들어지는지 살펴봅시다.
실제로는 '알고리즘 조합'만으로 만드는 것은 아니며, '새로운 아이디어를 더해서' 새로운 알고리즘을 만들지만, 그래도 다른 알고리즘을 이용해서 새로운 알고리즘을 만들 수 있다는 사실은 재미있습니다.

세 가지 기본 구조

72쪽 **[순차]** : 위에서부터 차례로 실행한다.

73쪽 **[조건 분기]** : 만약 ~라면 실행한다.

73쪽 **[반복]** : 같은 처리를 반복해서 실행한다.

간단한 알고리즘

87쪽 **[합계]** : [반복]해서 모든 값을 더한다.

100쪽 **[평균]** : [합계]를 개수로 나눈다.

111쪽 **[최댓값(최솟값)]** : [반복]해서 최댓값(최솟값)을 찾는다.

123쪽 **[교환]** : 대피용 임시 변수를 사용해서 [순차]적으로 값을 교환한다.

검색 알고리즘

137쪽 **[선형 검색법]** : [반복]해서 모든 값을 조사한다.

151쪽 **[이분 검색법]** : 한가운데 값을 조사해서 범위를 좁히는 것을 [반복]한다.

정렬 알고리즘

179쪽 **[버블 정렬]** : [반복]적으로 [교환]해서 이동 시킨다.

197쪽 **[선택 정렬]** : [최솟값]을 찾아서 [교환]하는 처리를 [반복]한다.

220쪽 **[삽입 정렬]** : [교환]해서 올바른 위치에 삽입하는 처리를 [반복]한다.

243쪽 **[셸 정렬]** : 작은 그룹에서 [삽입 정렬]을 수행하고, 점점 그룹을 크게 만들어 가는 처리를 [반복]한다.

268쪽 **[퀵 정렬]** : 좌우에서 기준값과 비교를 [반복]하고, [교환]해서 대소 두 그룹으로 나누는 처리를 [재귀적으로 반복]한다.

언어별 샘플 일람

JavaScript

PHP

C

Java

Swift

Python

Visual Basic

Scratch

PROFILE

모리 요시나오

프리랜서 프로그래머. 주로 웹 콘텐츠와 iPhone앱 등을 제작. 프로그래밍 서적 집필, 간세이학원대학 비상근 강사, PCN 오사카 프로그래밍 강사로도 활약하고 있다. 개인용 컴퓨터 초창기부터 30여 년간 여러 가지 소프트웨어를 개발했다. BASIC, 기계어, C, C++, Pascal, LISP, Python, Java, ActionScript, JavaScript, Perl, PHP, Objective–C, Swift, Scratch 등 언어로 게임 소프트웨어, 음악 소프트웨어, 교육 소프트웨어, 3D 소프트웨어, 웹 앱, 스마트폰 앱 등을 개발하고 있다.

저서(아래 리스트에 있는 서적은 국내에 번역된 것이 없어서 임의 번역하고 원제 병기합니다 – 역자)

《지금부터 시작하는 Apple Watch 앱 개발 입문》(원제: 《これからはじめるApple Watchアプリ開発入門》)
《iOS 앱 개발 AutoLayout 철저 공략》(원제: 《iOSアプリ開発 AutoLayout徹底攻略》)
《Swift 2 & Xcode 7 스위프트로 시작하는 iPhone 앱 개발 교과서》(원제: 《SwiftではじめるiPhoneアプリ開発の教科書【Swift 2&Xcode 7対応】》)
《iOS 8 + Xcode 6 스위프트로 시작하는 아이폰 앱 개발 교과서》(원제: 《SwiftではじめるiPhoneアプリ開発の教科書【iOS 8&Xcode 6対応】》)
《현장에서 통용되는 힘을 기르는 iPhone 앱 개발 교과서》(원제: 《現場で通用する力を身につけるiPhoneアプリ開発の教科書【iOS 7&Xcode 5対応】》)
《쉽게 이해하는 iPhone 앱 개발 교과서 [iOS 6 & Xcode4.6 대응]》(원제: 《よくわかるiPhoneアプリ開発の教科書 [iOS 6 & Xcode4.6対応版]》)
《쉽게 이해하는 iPhone 앱 개발 교과서 [iOS 5 & Xcode4.2 대응]》(원제: 《よくわかるiPhoneアプリ開発の教科書 [iOS 5 & Xcode4.2対応版]》)
《쉽게 이해하는 iPhone 앱 개발 교과서 [Xcode4 대응]》(원제: 《よくわかるiPhoneアプリ開発の教科書 [Xcode4対応版]》)
《쉽게 이해하는 iPhone 앱 개발 교과서》(원제: 《よくわかるiPhoneアプリ開発の教科書》)
《쉽게 시작하는 iPhone 앱 개발 학교 [iOS 7.1 대응]》(원제: 《やさしくはじめるiPhoneアプリ開発の学校【iOS 7.1対応版】》)
《쉽게 시작하는 iPhone 앱 개발 학교》(원제: 《やさしくはじめるiPhoneアプリ開発の学校》)
《기초부터 제대로 이해하는 ActionScript 3.0》(원제: 《基本からしっかりわかるActionScript 3.0》)
《가르쳐줘요!! FLASH 8 ActionScript》(원제: 《おしえて!!FLASH 8 ActionScript》)
《Flash 프로페셔널 스타일 [CS3 대응]》(원제: 《Flashプロフェッショナル・スタイル [CS3対応]》)
《초등학생도 이해할 수 있는 iPhone 앱 만드는 법》(원제: 《小学生でもわかるiPhoneアプリのつくり方》)
《iPhone 게임 앱을 만들자!》(원제: 《iPhoneのゲームアプリをつくろう!》)
《ActionScript + CGI 프로그래밍》(원제: 《ActionScript + CGIプログラミング》)
《프로로서 부끄럽지 않은 Flash 대원칙》(원제: 《プロとして恥ずかしくないFlashの大原則》) 등

마쓰무라 마키오

만화가. 일러스트레이터. Adobe Flash(현재 이름은 Adobe Animate)와 펜 태블릿에 관한 기술적인 기사, 서적도 집필하고 있다.
세이안조형대학 일러스트레이션 영역 교수도 맡고 있다.

역자 전종훈

서울대학교 전기공학부를 졸업한 후 도쿄대학교 문부성 초청 장학생으로 전기공학 석사를 취득하였다. 그 후 스웨덴과 핀란드로 건너가 약 5년간 거주하며 디자인 공부를 한 경험이 있다. 현재는 엔터스코리아에서 일본어 전문 번역가로 활동하고 있다.
주요 역서로는 『프로그래밍으로 무엇을 할 수 있을까』『인공지능 해체신서(출간예정)』『로봇 해체신서(출간예정)』『로봇창조학 입문(출간예정)』『비행기 역학 교과서』『비행기 하마터면 그냥 탈 뻔 했어』『비행기 구조 교과서』『우리가족 재난 생존법』『양자야 이것도 네가 한 일이니』『선박구조 교과서』『낚시줄 매듭(출간예정)』 가 있다.

즐겁게 배우는
알고리즘과 프로그래밍 도감

초판발행일	2021년 02월 05일
발행인	박영일
책임편집	이해욱
저자	모리 요시나오(森 巧尚)
역자	전종훈
편집진행	임채현
표지디자인	이미애
편집디자인	신해니
발행처	시대인
공급처	(주)시대고시기획
출판등록	제 10-1521호
주소	서울시 마포구 큰우물로 75 [도화동 538 성지 B/D] 9F
전화	1600-3600
팩스	02-701-8823
홈페이지	www.sidaegosi.com
ISBN	979-11-254-8591-9
정가	20,000원

※원서에는 IchigoJam을 이용해 BASIC 프로그래밍을 진행했지만 국내 환경에는 적합하지 않아 해당 과정을 일본 출판사의 승인하에 Visual Basic으로 변경하였습니다. Visual Basic 작성 부분은 시대교육의 책임하에 작성되었습니다.

시대인은 종합교육그룹 (주)시대고시기획 · 시대교육의 단행본 브랜드입니다.